U0054421

思想觀念的帶動者

文化現象的觀察者

本土經驗的整理者

生命故事的關懷者

心靈工坊
[PsyGarden]

Holistic

探索身體，追求智性，呼喊靈性

攀向更高遠的意義與價值

是幸福，是恩典，更是內在心靈的基本需求

企求穿越回歸眞我的旅程

夢與幽冥世界
神話、意象、靈魂
THE DREAM AND THE UNDERWORLD

詹姆斯・希爾曼 James Hillman——著

王浩威——審訂
王浩威、康琇喬、陳世勳、陳俊霖、鄭惠如——翻譯

目錄

佛洛伊德、榮格與希爾曼：
關於原型心理學

王浩威

希爾曼的靈魂之旅

一九五四年，二十四歲的詹姆斯·希爾曼帶著新婚妻子到了蘇黎世。他們一開始並沒有想到要學習任何榮格心理學，說不定也還不太清楚這玩意是什麼。他們到瑞士原本是要到策馬特滑雪的，這是他們漫長蜜月旅行的一部分。

出生在美國的亞特蘭大，父親是旅館鉅亨的希爾曼，一九四四到四六年二次大戰期間服役於歐洲的美國海軍醫療部隊，退役後先進入巴黎的索邦大學，取得了英文文學研究的學位；然後再到愛爾蘭都柏林的三一學院，獲得關於心智與道德科學的學位。畢業以後，自然地，和他相伴多年的女友結婚了。

這是他這人生中三次婚姻的第一次。沒想到，就在婚禮進行時，希爾曼昏倒了。這是怎麼回事？希爾曼雖然困惑，但並沒有停止原來的旅行計劃。生活富裕的這對新人，仍然繼續原來計劃好的蜜月旅行，先是去了非洲，然而又到了喀什米爾待了一年。在那個地方，他第一次接觸到榮格的作品，只是當時並沒有特別覺得受吸

引。

二次大戰結束的歐洲到處都是廢墟，但戰後的人心卻是興奮的，一切欣欣向榮。所謂的精神分析或分析心理學，在這個時候已經是人人知曉的時髦流行，開始成為大眾文化的一部分了。不巧的是，一九三八年好不容易逃出納粹魔掌而離開維也納的佛洛伊德，抵達倫敦卻很快在第二年就去世。榮格雖然早在一九一三年就被佛洛伊德趕出精神分析陣營，但他戰前出版的《尋找靈魂的現代人》，當時成為歐美的暢銷書，到戰後依然熱賣。因此，在一般大眾心目中，榮格可以說是在佛洛伊德去世之後，心理學界最閃亮的明星了。

在策馬特與新婚妻子一起滑雪的希爾曼，對於自己當時在婚禮的昏厥一直相當不解。當他們在山上時，一位昔日的朋友提起了山下蘇黎世的榮格，他就決定搭火車下山去，想找個榮格學圈的人做做所謂的心理分析。

這一趟靈魂之旅其實還有點複雜。希爾曼夫婦坐著火車到了蘇黎世又離開，來來去去兩三趟，猶豫許久才終於開始了分析歷程。當時榮格的個案已經太多，希爾曼先找另一位分析師進行分析。後來又先後試了幾位，直到一九五三年接受了梅爾（C. A. Meier）的分析才定下來。

梅爾是榮格當時的當家大弟子，也是一九四八年蘇黎世榮格中心創辦時的負責人。總之，希爾曼開始接受分析了，也同時加入了蘇黎世榮格中心二戰後才開始的分析師訓練學程。他在一九五八年獲得分析師資格。

在蘇黎世的歲月裡，希爾曼與他同期的同學顯然是相當不同

的。一來，在這個學程裡並沒有太多他這樣「正常」的年輕人。按照他寫給美國友人的信件講法，這些同學「大多是老太太、崇拜榮格的愚蠢女人，以及一群男同性戀……」。二來，他在巴黎和都柏林的學術訓練，讓他的背景明顯不同於其他的師長或同學。法國的人文思想在西方世界向來是自成一格的。在他進入索邦讀書的時候，巴黎的知識份子圈子已經又漸漸恢復了戰前的活力。其中有幾個當時活躍的知識份子對希爾曼影響特別深，包括法國伊斯蘭學者考賓（Henry Corbin）、詩學哲學家巴修拉（Gaston Bachelard）和現象學家梅洛—龐蒂（Maurice Merleau-Ponty），這些人在他日後的思想發展中都扮演相當重要的角色。而一般的讀者，如果對法國當代知識傳統略有涉獵，必然知道這幾個人對後來的六〇年代思潮，從結構主義、解構主義到後現代，都有著一定程度的影響，可以說在法國思想的知識系譜中都是佔有一席之地的。

一九五八年成為榮格分析師以後的希爾曼，因為學術上的潛力從學生變成了老師，繼續留下來擔任這個中心的學習負責人。他在婚禮的昏厥，讓二十四歲的他一直留在蘇黎世，到一九七八年回美國為止，又住了另一個二十四年。

對他來說，原來的歐洲文學與哲學的訓練基礎，反而特別能幫助他進入榮格的思想世界。他因為這些哲學素養，很快就掌握了榮格以意象為主的心理學理念；但卻也因為這樣更清楚的哲學素養，讓他更能梳理出榮格思想背後的哲學，因此開始想要提出一個比榮格本身更純粹的榮格思想。

作為榮格第二代弟子的他，想法顯然不同於大部分第一代弟子，譬如馮・法蘭茲（Marie-Louise von Franz, 1915-1998）和雅可

比（Jolande Jacobi, 1890-1973）。當然，還是有些人是支持他的，例如年紀大他七歲的古根彪爾—克雷格（Adolf Guggenbühl-Craig, 1923-2008），就始終都站在他這一邊。然而，也是因為有希爾曼這樣的榮格弟子，榮格一直不接受有所謂的榮格學派而認為每一個人都要成為他自己的想法，才果真更徹底地被執行；同樣，也是因為希爾曼，榮格學派不至於像佛洛伊德學派一樣，在六、七○年代陷入過度強調正統而壓抑了新的發展的困境。

佛洛伊德的企圖

為什麼說是尋找一個更純粹的榮格思想呢？關於這一點，要從佛洛伊德和榮格的差異說起。

關於榮格和佛洛伊德的關係，一九○六到一九一三這短短七年，從熱情深交到絕情分裂的過程，文獻上已經有太多討論了；但是，為了說明希爾曼的位置，我們還是必須再說一次，而且是從佛洛伊德那個時代的科學氛圍說起。

一八九五年，也就是佛洛伊德與布羅伊爾（Josef Breuer, 1842-1925）共同出版《歇斯底里研究》（*Studies on Hysteria*）的那一年，佛洛伊德他同時也在這年的秋天開始進行另一篇重要的論文：〈科學心理學的方案〉（Project for a Scientific Psychology）。那一年的九月他去會見了弗里斯（Wilhelm Fliess, 1858-1928）。弗里斯是小他兩歲、當時在柏林開業的耳鼻喉科醫師。在佛洛伊德還沒認識榮格以前，他是最能夠與佛洛伊德討論想法的對話者和合作者，因此協助了佛洛伊德發展出後來的精神分析理論。

當佛洛伊德九月底在拜訪了弗里斯以後，他從柏林回到維也納，坐在火車上時就寫了這文章的第一和第二部分。然後，當十月初完成了第三部分以後，立即將這三部分寄給弗里斯來徵詢他的意見。而第四部分則是十一月才開始寫的，內容是有關前三部分所討論的潛抑作用有關的科學依據。這部分是最難的，也成為五年後出版的《夢的解析》第七章的基礎。在文章裡，佛洛伊德試著為潛抑作用尋找神經生理學上的解釋，認為這是三種神經元之間相互作用的結果。

　　我們都知道，佛洛伊德原本是從事神經生理學研究的。他離開了學術圈，開始成為開業醫師，才開始注意到歇斯底里的症狀及治療，也因此產生「談話治療」（talking cure）的想法。從談話治療這個觀念出發，才有了後來的精神分析。當佛洛伊德構思的精神分析理論體系剛剛起步的時候，他就希望心中醞釀的這套新的心理學，能夠奠基在神經生理學這一類的「具體的」科學基礎之上。所以在這篇文章的一開頭，佛洛伊德這樣寫著：「這計劃的企圖是想要提出可以成為自然科學的心理學：它的目標，就是探討心靈的過程是如何由特定物質粒子的數量所決定的狀態呈現出來，心理學的一切將藉此而變得平白直述，不再有任何矛盾。」

　　佛洛伊德這樣的企圖是可以理解的。在離開了維也納大學神經生理研究室的學術團隊，而決定成為一位神經精神科的開業醫師時，他還是期待自己可以成為被當時的科學學術圈所接受的科學家。於是，當他從巴黎遊學回來以後，他曾經一度以為自己把握了一個好機會，可以透過在維也納醫學會發表論文的機會得到肯定。沒想到，他介紹男性歇斯底里的這一場演講，卻遭到了維也納醫學

圈同行哄堂訕笑羞辱，年輕的佛洛伊德簡直是無地自容。

於是，如何在同行的面前重新站起來，而且是提出經得起科學考驗的突破性想法，也就成為佛洛伊德內心一直存在的情結。這是他發展精神分析理論最初的動力，當然，他自然也希望將精神分析發展得更科學，讓廣大的科學界，特別是醫學界，願意接受精神分析成為當時的進步科學的一份子。

理性典範與浪漫思潮的更迭

佛洛伊德發明精神分析的當時，他所處的科學環境正經歷著一連串的演化。

整個科學結構在十九世紀的短短一百年內，就經歷了好幾場的激烈革命，典範一個接著一個替換。曾經主導十八世紀下半場的啟蒙時代或理性時代，包括霍布斯（Thomas Hobbes）、狄德羅（Denis Diderot）、笛卡爾（René Descartes）、洛克（John Locke）、休姆（David Hume）等等思想家所建立的論述，既有理性主義，也有經驗主義的。二者的主張有著根本的不同。理性主義的方法是演繹（Deduction)，經驗主義是歸納（Induction）。然而，彼此的想法雖然頗有分歧，終究還是將人類的思想帶往越來越理性和科學的方向。

十八世紀初走向機械論的自然科學，在十八世紀末引發了新的反彈，也就是浪漫主義的抬頭。此時，人文科學與自然科學再次重新結合，包括政治、文學、詩、藝術，又回到合為一體的傳統。人和自然不再對立，不再像啟蒙時代時代的人急著「征服」自然；

相反地，浪漫主義主張重回自然，傾聽自然的聲音。浪漫主義科學家覺得啟蒙時代所鼓勵的價值造成了科學的濫用，他們覺得科學不該是只為了人類福祉，也應該對大自然友善。浪漫主義科學家反對折解、化約的傾向，認為當一件事物被拆解，所拆解出來的各種成分／部分和「整體」還是有所不同的，我們甚至在拆解過程中失去了更重要的價值；他們在認識論上是樂觀的，認為人終究還是跟自然連結一體；他們也強調創造力、體驗和天賦；也強調科學家的角色在於科學知識的發現，從大自然發現的知識是為了更瞭解人類本質，因而我們對大自然應有更高的尊敬。

浪漫主義有四個基本的原則：（一）人和自然的關係重新回到黃金時代基本一體的狀態；（二）啟蒙主義人定勝天的觀念，反而造成的人類機能的碎片化；（三）宇宙的歷史是可以用人本的、靈魂的說法來重新理解的；（四）透過對大自然的誠實將可獲得進一步的解放。而所謂的黃金時代，指的是從希臘神話傳說一直到人類英雄的時代。

康德（Immanuel Kant）、謝林（F. W. J. Schelling）、黑格爾（G. W. F. Hegel）和哥德（Johann Wolfgang von Goethe）是這個時代最重要的思想家。特別是謝林的自然哲學（Naturphilosophie），主張人是不可能跟自然分開的，成為了這個階段唯心主義哲學與浪漫主義最核心的態度。

這一波風潮讓人開始注意到無意識的存在，人類非理性的意義也獲得的肯定。這時候的醫學，強調的是整個人的完整性，所以經常以一整本書來描述單一一個病人，包括他的生活和病症。而這一切都影響了日後的神經醫學的發展，當然也影響了精神分析。

到了十九世紀中期，浪漫主義開始受到了繼承啟蒙思想的實證主義挑戰。實證主義，由孔德（Auguste Comte）回溯十三世紀培根的作品開始，慢慢成為新的科學定義，也成為了新的世界觀。這樣的理論不斷發展，包括二十世紀中期邏輯實證論的維根斯坦（Ludwig Wittgenstein），都可以劃分在這個新的傳統下。於是，浪漫主義時代所還原，主張回到過去人與自然一體的世界觀，這時候又被重新翻轉。實證主義的科學觀想要將個人視為一部可以拆解的機器；大自然同樣也是如此，在實證主義者的眼中都是可以拆解的。

　　這時候，剛好人類知識體系開始從一切都是哲學的狀態，慢慢分出更多不同的學科，包括醫學，更不用提後來才獨立出來的心理學。對過去的知識分子而言，成為知識分子的訓練目的是要對這個世界有全面性的理解；而現在的知識分子則只被要求專攻某一領域，成為某一種專家而已。

　　化約，或不斷拆解的科學態度，成為所謂「科學」的主流，甚至成為一套想法是否能是科學的唯一檢證標準。這樣的態度一直延伸到我們現在的社會，而且越來越嚴格。人們開始相信自己可以找到人體和大自然的所有祕密，只要透過足夠的分析和拆解，一切就可以不再是問題。批評者則說這樣的態度是「科學主義」，對「只有符合實證的才是科學的」這樣的看法不以為然。原本「科學」這一個詞所含括的範圍其實是更廣濶的，但在實證主義的主導下，變得只有狹義定義的科學了。儘管如此，一切依然朝向越來越「科學」的方向走了。

　　就這樣，主流的醫學開始強調有系統、可分解的知識。甚至，

伴隨著這樣的態度，原本的實證主義可能還不夠，計量科學又成為新的標準。結果是，一切的學問最好要可以量化，甚至是有證據為基礎（evidence-based）的，才是科學。

精神分析與精神醫學的分合

佛洛伊德選擇了實證主義，或者說，實證主義選擇了他，因為那一個時代的氛圍就是如此。在十九世紀末，實證主義代表的是下一個更進步的時代。佛洛伊德十七歲時到維也納大學，原本是想學法律的，最後卻轉向醫學院，其中的因素之一就是這些老師的魅力，特別是哲學家也是心理學家布倫塔諾（Franz Brentano）、生理學家布儒克（Ernst Brücke）和生物學家克勞斯（Carl Claus）。而這幾位正是當時將科學帶向實證主義的代表人物。

雖然佛洛伊德在一九一四年的《精神分析運動史》裡，一直覺得精神分析的處境是相當受到迫害的，是不為主流社會並所容許的。然而，回頭看那一段歷史，其實並不全然如此。他雖然抱怨一九〇〇年出版的《夢的解析》一開始賣不到一百本，但其實這本書真正的影響力是遠遠超過當時他所描述的，至少榮格就是看了他這本書而開始練習精神分析，也因此在一九〇六年開始和他通訊，展開了日後的熱烈友情。從歷史上看也的確如此。佛洛伊德的著作迅速地獲得了出版的機會，甚至在一九〇五年就同時出版了《玩笑與潛意識的關係》、《性學三論》和《歇斯底里案例的分析片段》等三本書。

佛洛伊德擔心精神分析不被醫學界所接受，但事實上完全相

反。精神分析慢慢取代了原來描述性的科學，成為了精神醫學最主要的哲學基礎和方法。

　　一九二〇年代起，由精神分析師執業的精神醫學慢慢取代了原先的描述性精神醫學，甚至在二次大戰以後成為了精神醫學最高的標準，或者說，是精神醫學領域新的知識典範。今日多數的精神分析人士，往往是十分痛恨精神醫學的診斷聖經，也就是 DSM 系統（《診斷與統計手冊》）。殊不知，在一九七五年出版的《診斷與統計手冊》第三版，所有的診斷標準都是以精神分析的理念來建立的。

　　佛洛伊德剛剛發明精神分析的時候，也許曾經被醫學界或精神醫學界廣泛的懷疑；但是這個情形在一、二十年內就徹底翻轉。甚至，精神分析一度爬升而成為精神醫學裡的文化霸權，一九七五年的《診斷與統計手冊》第三版可以說是達到最高峰。但是，在達到最高峰的時候，新的典範早已準備好，躲在一旁等著隨時冒出頭了。於是，我們可以看到六〇年代精神病藥物的發明逐漸成為精神醫學的新趨勢，精神藥理學與神經生理學逐漸地將精神分析逐出了精神醫學領域。這樣的命運，恐怕也是佛洛伊德當初所料未及。精神分析在成為巔峰的同時，也面臨開始退下的時刻，甚至慢慢離開了精神醫學。

　　現代的精神醫學慢慢被分子化學、影像醫學和神經生理學所佔據。佛洛伊德的精神分析當初雖然恪守著實證主義，但是比當年的實證主義還要更嚴謹的實證主義標準出現了，整個醫學界走向要求更高的量化方法學，以及更具體的證據。這一切主導了今日的精神醫學，新的典範也就取代了精神分析。

當然，離開精神醫學的精神分析還是充滿活力的。後來精神分析的發展，選擇了與實證主義完全相反的方向（可以說是反向作用？）。在七〇、八〇年代以後，在法國拉岡學派和英國客體關係學派的影響下，精神分析開始鬆綁它和實證科學的關係。精神分析終於逐漸不再受到佛洛伊德幽靈的侷限。目前的精神分析雖然一隻腳還踩在實證主義裡頭，試著與最新的神經生理學做結合，但另一方面則是甩開了科學的限制，開始重新擁抱文化和藝術。

佛洛伊德追求科學心理學的方案，這一百二十年經歷了由弱而盛、再由盛而衰的過程。從十九世紀末期被視為邊緣而岌岌可危的階段，也就是佛洛伊德擔心精神分析被視為猶太人心理學的階段，慢慢爬升，而且爬升的速度比佛洛伊德想像的還要迅速，最後在六、七〇年代成為當時科學界中精神醫學的典範，然後又開始被逐出科學領域。

佛洛伊德、榮格與心理學的典範轉移

佛洛伊德走向了實證科學，也將整個心理學帶向了實證科學。從十八世紀末以來逐漸發展的心理學，到後來只剩下實證科學的心理學了；那些十八世紀以來就慢慢累積的心理學研究，只要不符合實證科學的要求，也完全都被拋開。當年佛洛伊德為了學習歇斯底里治療而去巴黎追隨的夏爾科（Jean-Martin Charcot, 1825-1893）及其主要弟子賈內（Pierre Janet, 1859-1947），在法國以外的心理學或精神醫學，都已經忘記了他們的貢獻。至於美國的威廉·詹姆士（William James, 1842-1910）又是另一個典型的例子。

在十九世紀下半葉大放光彩的威廉‧詹姆士，可以說是當時美國唯一具有代表性的心理學家。他比佛洛伊德先成名，甚至在佛洛伊德事業剛開始時曾經站出來支持他。詹姆士提倡實用主義，認為實踐是生活之路；但他不相信人可以透過實踐來獲得客觀的真理。每個人都是在生活中實踐，從而獲得自己對世界的看法，但詹姆士強調，每個人從生活實踐中獲得的看法是彼此不同的，而這理所當然。在生活當中，個人的主觀性要比真理的客觀性來得更具影響力也更重要。在這樣的脈絡下，對威廉詹姆士而言，實證主義所強調的客觀性不是他興趣所在。他更關心每個人對於生活實用價值的主觀性，這也就是為什麼他投入宗教研究，而寫出《宗教經驗之種種》（*The Varieties of Religious Experience*），以致後世反而忘記了他的心理學家身分，誤以為他是宗教學家。

在現代的心理學教科書裡，即便是美國的版本，威廉‧詹姆士已經不再有任何的介紹，能夠提到名字就相當不錯了。不只是威廉‧詹姆士、夏爾科和賈內（賈內的理論，直到今天因為創傷和解離有關的治療與研究，而重新稍稍被提到），還有很多心理學的先驅都面臨這樣的情況：當心理學的認識論或學科哲學改變，轉向實證主義，他們的一切研究成果也就被趕出心理學的領域了。

佛洛伊德的走向，強化了心理學的實證主義傾向；但同樣地，二十世紀七〇年代以後，當心理學從實證主義走向量化科學，佛洛伊德也逐漸被甩出心理學領域。

這樣的科學典範演變過程，影響著我們對心理學的定義。

從這樣的脈絡之下重新看榮格，也許我們更可以瞭解一九〇六年才開始與榮格密集通信、一九〇七年才第一次與榮格見面的

佛洛伊德，為何馬上熱切地認定榮格是他的皇儲子，又為什麼在一九一一年他們開始出現歧異，甚至到一九一三年完全決裂。

對於原來跟隨布魯勒（Paul Eugen Bleuler, 1857-1939）在蘇黎世大學附設伯格霍茲里（Burghölzli）精神病院學習精神醫學的榮格，從一開始認識佛洛伊德的時候，一方面著迷於佛洛伊德精神分析的成就，但是在另外一方面也知道自己所追求的是和佛洛伊德不一樣的。

任教於英國艾塞克斯（Essex）大學的榮格分析師與研究者雷諾斯・帕巴多博洛斯（Renos K. Papadopoulos）在他〈榮格的認識論與方法論〉一文裡，提出了十分精彩的看法。

一九〇六年早春，三十一歲、在蘇黎世的榮格，在好好閱讀了《夢的解析》以後，將他自己的論文〈字詞聯想關於診斷的研究〉（Diagnostic Association Studies）寄給五十歲、在維也納的佛洛伊德，開始兩個人濃厚的友誼和密集的通信。

在頻繁的書信討論中，當年十二月二十九日有一封信，榮格感覺有必要將他們的差異描述出來，並且辨認出五點，是「我們的見解不同的地方」。第一點是關於榮格正在研究不同的臨床「材料」。第三點是關於他們在經驗上的差異（榮格比佛洛伊德年輕十九歲）。第四點是關於「精神分析的天份」，榮格感覺佛洛伊德擁有更多，「無論是數量與品質」。第五點，榮格引述這個「缺點」：他並沒有直接從佛洛伊德那裡獲得訓練，及欠缺跟這位年長老師的接觸。最值得注意的是第二點：「我的教養，我們的環境，與我的科學前提，無論如何，不同於你的」。

在新年那天（1907 年 1 月 1 日），佛洛伊德回信了，但根本

就沒有處理榮格辨認的這些差異，但前人是相當在乎榮格這樣的察覺。他在信裡懇求榮格：「我請求你⋯⋯不要偏離我太遠，既然你實際上已跟我非常接近。」

榮格對知識的哲學態度

佛洛伊德擔心什麼呢？

榮格當時仍在伯格霍茲里工作，這裡可以說是當時的歐洲精神醫學歷史悠久的名門正派，恰恰與佛洛伊德才新創沒幾年精神分析完全不同。

榮格才剛剛完成精神醫學訓練，是個以精神病患者為主要治療對象的年輕醫師。在發表過的論文或想法裡，最主要的就是他的博士論文與佐分吉亞（Zofingia）系列演講；其次，這時期的他完成一生在傳統精神醫學議題上的大部分論文，以及最早的精神分析的論文（是支持佛洛伊德歇斯底里症的理論的）。當時他在伯格霍茲里醫院，除了精神醫學工作，還正進行著精神分裂（思覺失調）症相關的前衛研究，主要的研究方法是運用字詞聯想測驗（Word Association Test）。

進行佐分吉亞系列演講時，榮格還是醫學生，他在自己所屬的佐分吉亞學生社團所發表的五場演講（1896-1899）議題，涵蓋科學的本質、心理學、宗教，以及科學研究的本質，全都是從思想與哲學的觀點出發的。這些演講顯示他對於認識論議題與方法論議題的理解深度。

首先，榮格在探索「精確科學的邊界地區」時，拒絕「當代

懷疑主義唯物論意見」（contemporary sceptical materialist opinion）
（而這一點等於拒絕了佛洛伊德的哲學態度），也拒絕了形上學的
立場（1896-1899:63 段），而主張贊同處於中間的第三個立場。

在當時，他認為生機論（vitalism）是那個第三個可能性。依照
生命論，生命（life）是活力（vital）的原則；這雖然和物理、化學
的物質領域有關，卻是截然不同的：「物理現象是曾經被研究，甚
至是追根究柢的。而形上學現象則幾乎就是一本封閉的書。假如我
們能夠研究一些屬性，不同於長久以來我們耳熟能詳的那些屬性，
將會非常有價值。」（1896-1899: 65 段）

其次，相對於「科學的演繹法」，榮格強調個人體驗。「哲
學唯一真實的基礎，是我們自己體驗的一切，是經由我們自己產生
的，是屬於我們周遭世界的。每一個從我們的體驗轉變出來的抽象
先驗理論的結構，不可避免地，必然是一再引導到錯誤的結論。我
們哲學的構成應該是由未知事物中所獲得的推理……，是根據真實
的體驗為基礎；而不是根據外在世界的基礎來獲得有關內在世界的
推論，或僅是憑藉內在世界的肯定，就否認外在的現實。」

第三，榮格堅持強調他的「實證」方法。這是他後來方法學
上的另外一個標誌。「所有的哲學都必須有實證的基礎。」（175
段）他宣稱自己的研究具實證特性，又宣稱心理學具有優先性，
這引起相當的困惑。可是，對榮格來說，這些立場並沒有互相牴
觸。「實證心理學首先要關注的是提出支持理性心理學理論事實的
記錄。」「這種新的實證心理學所提供給我們的資料，是十分理想
地設計成我們對有機生命相關知識的擴充，同時也是我們對於世界
觀點的深化……我們由物質組成的身體，朝向高處凝視的靈魂，結

合為一個有生命的有機體……人生活於這兩個世界之間的邊界。」這樣的看法，在表面上乍看是對立的方法，卻是榮格一直努力做到的。我們可以這麼說，榮格認為他自己既是一位「實證論者」，又是一位「現象學者」。

第四，榮格介紹了另一種認識論的觀念，目的論（teleology）。他十分弔詭地將目的論跟因果律連接一塊。榮格相信驅使人類去探究事物因果的這股力量非常強烈，以致他甚至提出「因果追求的本能」（causal instinct）。這種探究，事實上，關注的不僅是事情的起源，也包括它們的秩序，它們的目的，最後是它們的意義（von Franz, 1983）：「能夠如此滿足了人們對因果思維需求的一切，就是真理。」在因果律背後，有一個客觀的目的：「基進的主觀主義者，他們將世界視為是錯覺，並且是因為經歷多重化而成為閃爍空無的展示，他們否認任何客觀性的目的。這也就是說，他們並不承認外在於人的任何目的論之存在；相反地，他們宣稱，人們將自然的目的性（the purposefulness of nature）這樣的觀念，從自己的腦海中投射到這個世界。」最開始時他就以目的論作為中心，認為這不但跟人類的動機與探究息息相關，而且自然就是（大部分的）一般的原則。

最後一點，是榮格給予道德的特有位置。榮格遵循康德的道德優先論，批評科學與唯物論「毒害到道德」（137 段），並且宣稱「憑藉非倫理的方法獲得的真理，沒有一樣擁有道德的權利來存在」（138 段）。榮格的強烈感覺反映在他為了強化自己的觀點而使用的語言。他甚至主張「『由上而降的革命』會將道德強加在科學之上……因為，科學家終究會毫不猶豫地就將他們的懷疑主義與

道德的無根性賦加在世界之上。」(138 段)

透過這些演講，榮格建立起以強烈道德為基礎的認識論，一直到他生命結束。（以上引用自雷諾斯‧帕巴多博洛斯文章。）

走向田野的浪漫主義心理學

用最簡單的話來說：

第一，因為佛洛伊德在他創建的精神分析中，對於潛意識的探討深度和建立的具體方法，讓榮格因認識佛洛伊德而感到驚喜，這一點榮格終其一生都是依循著佛洛伊德精神分析方法上的啟示。直到現在，榮格學派的分析心理學在臨床工作上，甚至是理論上，還是有相當一大部分是依循著佛洛伊德的。也因為如此，榮格的後繼者能夠在心理學日後的發展裡，繼續從新創的精神分析理論中吸取養分，持續保持對話。就這一點來說，某些榮格分析師因此會覺得自己是更寬廣的佛洛伊德學派，或者說，佛洛伊德學派只是榮格學派廣泛理論和學習的重要基礎之一。

第二，佛洛伊德終其一生希望精神分析被醫學界接受，因此精神分析也就隨著當時醫學的科學典範走向了實證主義。然而，對於師出名門的榮格來說，他從來就沒有這種不被正統醫學界接受的擔心，或者說沒有太多這樣的焦慮。因為如此，他相對較能堅持自己不同於佛洛伊德的科學態度，也就是他和佛洛伊德通信時所說的：「我們的見解不同」。

榮格的科學態度，或說他對知識的哲學基礎，可以用許多不同的名詞來形容。許多人稱呼他是諾思底主義者（Gnosticism）。諾

思底這個字在經歷了漫長歷史傳遞後，變成了一個充滿神祕色彩的字眼。如果我們回到最早的原文，「Gnosis」（靈知、真知）在希臘語原文是指透過個人經驗所獲得的一種知識或意識。諾思底主義者相信這樣的個人經驗，甚至認為這樣的個人經驗有著一定的優先性。其中，有一些基督教派的諾思底主義者，甚至相信透過這種超凡的經驗可使他們脫離無知及現世。

對榮格而言，重點並不是認為這樣的經驗是否有一種優先性。然而，這些十分個人的經驗，這些無法實證、無法再被複製的個人體驗，在他的理念當中，卻是心理學領域重要的來源之一。這一點，榮格和威廉·詹姆士其實相去不遠。

如果要將榮格的知識哲學加以歸類，不妨把它放到浪漫主義，特別是不被實證主義接受的浪漫主義，或者可以說是一種比較廣泛定義（榮格的定義）的實證主義。威廉·詹姆士的情形，也是如此。

當心理學的知識慢慢進入到狹義的實證主義時代以後，原來的浪漫主義並沒有完全消失。寫出《錯把太太當帽子的人》、《火星上的人類學家》等暢銷書籍的神經內科醫師奧立佛·薩克斯（Oliver Sacks），就自稱他自己的這一切寫作是繼承俄羅斯神經學兼心理學家盧瑞亞（Alexander Luria, 1902 -1977) 浪漫主義醫學的傳統。

像薩克斯這樣的人，只是其中的一個例子。許多廣義的心理學家本身不願意進入以量化科學為基礎的學術殿堂，反而寧可化身在大眾文化裡，或選擇在人類學、社會學等其他的人文學科裡繼續教學與研究，或者是留在自己的田野裡，包括在自己臨床工作的世

界中。這樣的選擇所付出的代價，當然就是不被越來越實證主義、也越狹窄定義的心理學或精神醫學所接受，只能留在殿堂之外的荒野。

而榮格，只是這些堅持自己理念而被驅逐在荒野的許多心理學者之一。

後榮格時代的基進者

佛洛伊德走向了實證主義，榮格則選擇了與時代氣氛相逆的古老浪漫主義，這使得榮格被逐出了心理學界，但也因此將實證主義所不接受的其他心理學保存在人文科學的領域。

然而，這樣的情形到了希爾曼，又有了不同的轉折。

年紀比榮格小五十一歲的希爾曼，到了蘇黎世學習榮格分析心理學，一九五九年獲得榮格分析師資格，同時也開始擔任蘇黎世榮格中心教學部主任一直到一九六九年。在這期間，剛好經歷了一九六一年榮格的去世。

榮格去世以後，榮格理論的發展開始有了不同的動力。就像佛洛伊德學派一樣，以安娜・佛洛伊德（Anna Freud）為代表的許多佛洛伊德信徒，在佛洛伊德逐漸衰老之初就開始害怕佛洛伊德被遺忘，因此開始堅持一種所謂的正統佛洛伊德。這一點堅持，埋下日後許多紛爭的種子，包括安娜・佛洛伊德與克萊恩（Melanie Klein）的大辯論，以及拉崗（Jacques Lanan）被趕出國際精神分析學會的事件。同樣地，在蘇黎世的榮格學派，在二戰結束後榮格逐漸衰老之際，也出現了同樣的氛圍。儘管這個時候，許多歐美城市

已經早早就不顧榮格的反對而建立了自己的榮格訓練中心。（榮格一直反對所謂榮格派分析師的訓練，認為每一個都是屬於自己，沒有所謂的榮格學派。）許多所謂古典派的榮格分析師，就像安娜·佛洛伊德擔心她父親的理論被扭曲一樣，擔心著榮格的理論將因為他的衰老而被曲解誤用。其中，馮·法蘭茲就是最具代表性的例子。她在榮格的陣營扮演著如同安娜·佛洛伊德在佛洛伊德陣營所扮演的角色，只不過馮·法蘭茲的創造力豐富了許多。在那時候的蘇黎世，馮·法蘭茲這樣的榮格弟子也就在這樣的氛圍下，十分積極地主張一種正統的榮格學派。

然而，希爾曼這位小馮·法蘭茲才十一歲的年輕榮格分析師，卻有著不一樣的看法。他在蘇黎世持續學術和臨床工作多年以後，逐漸在一本又一本的著作裡提出自己的獨到觀點，認為榮格太不夠浪漫主義，或者說不夠榮格。

他開始質疑一些榮格學派的正統理念，而其中提出的一些想法，甚至持續終生繼續探討。當希爾曼被任命為教學部主任以後，他希望能夠為這個組織開展「重生和復活的過程」，開始直接挑戰老一輩分析師們有關這機構方向的既定想法。他整個人滿心想著如何更新這些既定理念，因此著迷於古老和年輕這樣充滿張力的對話之中。「年老和年輕」（senex vs puer）這個古老的原型對偶，也是他一輩子不斷探討的主題。

根據他的傳記，他當時參加了一個由學生和每季輪流的督導所組成的一個團體，討論某些臨床案例。他十分厭惡這整個過程。他觀察到「每個人都在講不在現場的某個人，這全是幻想」。他因此建議應該讓病人坐進來，說說他自己的心理歷程；然而督導拒絕

了，說他的想法太基進了。

這樣的評論似乎成了有關希爾曼的預言。幾乎可以確定，希爾曼從一開始就不斷地被批評：「太基進了」。

當時馮・法蘭茲正在進行一系列的講座，主題是有關永恆少年的病理學[1]。馮・法蘭茲繼承榮格的想法，強調少年和母親之間的關係，並且強調要墜落土地才能夠獲得療癒。她偶而還會送年輕的男性病患到農場裡，認為讓他們鞋子沾上骯髒的泥土，年輕的靈魂才得以降落在大地之上。

但希爾曼卻認為這樣的安排和想法實在太可怕了，尤其是所謂回到大地的想法。他反而主張「應該好好地看透這一切，好好地回到心靈，而不是讓心靈回到（現實的）大地」。他因此寫出了〈年輕和自性化〉一文，挑戰傳統榮格學派主張的「自性化是後半人生才開始」的看法，認為在青少年階段，許多心理的自性化改變就已經開始。他的看法慢慢地與古典的學派有所不同，甚至也相當不同於第二代榮格學者。在一九六五年的一封信中，他自己這麼說著：「我是屬於許多的東西的：我的家族樹，我所學習的地方，我所屬的心理學派，我所降落的國家。信條（doctrine）是支撐我站起來的一部分。我試圖在這上面工作，每天感觸一些些，跟它戰鬥，改變它，打破它。但是是從裡面慢慢去進行的。」

---

[1]　這個講座內容，即日後編成的《永恆少年：從榮格觀點探討拒絕長大》（The Problem of the PUER AETERNUS）一書，中文版由心靈工坊出版。

原型心理學：希爾曼自己的路

　　一九六七年希爾曼受邀到愛洛思論壇（Eranos），他對於榮格心理學被老一代掌控的狀況，表達了不同於過去的感受與見解。老一代學者將永恆少年與母親結合在一起，強調這個角色是對負面年老意象的回應，是對智慧老人壓迫力量的抗拒。但希爾曼認為，中老年和少年是需要彼此的，儘管他們是一條線的兩個盡頭，卻十分弔詭地需要有一種「相似的連結」。

　　這樣的情形只是其中一個例子。當他試著在永恆少年的觀點裡放進一些他自己所謂「溫潤的火花」時，已經開始跟老一輩的人產生對立了，自然地，他會走向與正統或古典榮格心理學有所差異的境地，這也就是他日後所稱的「原型心理學」（Archetypal Psychology）。

　　他第一次採用「原型心理學」的說法，是在一九七〇年的文章〈為什麼要原型心理學？〉裡。他提出許多理由來說明為什麼不使用「榮格心理學」、「分析心理學」或「情結心理學」這些過去別人所用的名詞來稱呼自己的心理學。他認為自己應將榮格這個名字、這個人完全切除開來，就留給榮格自己的家族，不要有所謂的榮格學派了。他也強調「原型的」這個形容詞，「帶給心靈離開診療室的機會」以及「帶給診療室本身一個原型的觀點」。他認為，分析心理學或情結心理學所強調的是個體的心理學，原型心理學則是將這個領域打開，放到文化、歷史以及「原型形態的多元」的領域裡。

　　希爾曼終其一生，以原型心理學來重新對榮格心理學，以及

整個精神分析加以檢視、質問、批評，將許多最初的特色都加以拋棄。他對榮格和佛洛伊德的態度是這樣的：對他們學說裡面可以接受的部分，他會拿來加以應用，然後再用自己的方法將之變成自己的。他特別重視拋開字面上的理解，用「這些泥土被犁過」的方式重新耕作。他採用了他所瞭解的榮格方法進行工作，而不是對他的作品作文字上的堅持。榮格對不尋常和怪異現象的喜愛，以及他能夠將這些現象及其底下根源連結的天賦，都讓榮格變得更基進；希爾曼認為自己是特別追隨這樣的精神，「榮格代蒙（daemonic）的繼承」，他說自己才是「真正藍色的榮格信徒」（True blue Jungian）。

希爾曼開始發展自己的原型心理學，將心理學的整個基礎加以翻轉，他在方法學上可以說是透過相反的方式（via negativa），或說是透過否定（negation），來加以描述及解構。這樣的結果當然招來各式各樣的批評。儘管原型心理學經常是有爭議的，甚至有點祕教傾向，但確實對心理學的領域帶來相當強大的衝擊。然而，對於建構心靈結構的努力本身，其實也是許多幻想當中的一個幻想而已。於是當我們透過否定來揭露更多思考時，自然就會跟戴奧尼索斯支解自己的力量相會。戴奧尼索斯式的呈現，加速了這個基進的過程，包括對這些穩定且極其暴力地固定住的教條理論和實踐加以重新檢視和撕扯的過程。而原型心理學就是要讓戴奧尼索斯般的解構，和阿波羅式的自然科學心理學同時並列。

希爾曼認為，解構的過程將是自身必然產生的結果；同樣的，在他的心目中，原型的意象必然有著自己的溢出和緊密。對他來說，原型心理學是多神主義的心理學，試著要辨識出一切塑造了我

們心理生命、也被心理生命所塑造的大量幻想和神話；而自我只是許多幻想結合體的其中一個幻想。希爾曼為了呈現出心靈的多元人格化，他開始指稱許多的男神、女神、半神、英雄，以及其他的意象／想像人物，因為這些就像是回聲板，「用來回應每天的生命，或是低音的弦給每天生命的一些小小共鳴」。

翻轉心理學的視野

希爾曼所提出的原型心理學，認為自己是榮格心理學的一部分，源頭是來自榮格，但某一方面來說也是基進的重新出發。

當榮格心理學強調著自性，包括他的動力和相關的結合（自我、阿尼瑪、阿尼姆斯、陰影）時；希爾曼的原型心理學則是忽略自我，而聚焦在心靈或靈魂，以及古老靈魂（archai）上，這是心靈功能比較深層的部分，是「讓一切生命活起來的最基本幻想」（Moore, in Hillman, 1991）。

他在《重新檢視心理學》（Re-Visioning Psychology, 1975）中描述了原型心理學：「經由榮格召喚才有了這一切的開始，所以原型心理學在每一個部分上都有著根深蒂固來自榮格的源頭。榮格是在這漫長的祖先系譜當中最靠近我們的祖先，往回追溯，還有佛洛伊德、狄爾泰（Dilthey）、柯利茲（Coleridge）、謝林（Schelling）、維科（Vico）、費奇諾（Marsilio Ficino）、普羅提諾（Plotinus）和柏拉圖及赫拉克利特（Heraclitus），還有其他更多的分支可以追索。」簡單來說，原型心理學受到榮格的影響，甚至可以說還在榮格心理學的範圍內，但是是加上古典希臘羅馬哲

學、文藝復興思想以及浪漫主義的結合。這一切的源頭，都是每一個人內心所懸繫的一切，也就是所謂的心靈。

在《夢與幽冥世界》這一本書裡，希爾曼展現了對心理學這樣的基進態度，把所有的一切都上下倒翻過來重新思考。也因為如此，這本書在理解上顯得特別困難，要進行中文的翻譯自然更是不容易。許多第一稿的翻譯者[2]必然發現，他們原來的文字可能完全消失在最後的定稿裡。我想，閱讀過這本書的人都必然能夠理解，整個閱讀的過程都是不斷被作者顛覆的過程。因為如此，翻譯不斷被顛覆也就成為一個必然的過程。

所以，在這裡特別要感謝所有參與翻譯的朋友，面對希爾曼這樣否定再否定的思考方式，他們的辛苦是可想而知的。最後，要感謝魏宏晉先生，對本篇文章提出了許多相當重要的意見。

---

[2] 本書第一稿的翻譯者均為國際分析心理學會（IAAP）台灣榮格發展小組成員，包括（依姓氏筆畫排列）：江琪彬（昱捷診所兼任諮商心理師）、汪士瑋（暖心全人諮商中心諮商心理師）、康琇喬（華人心理治療研究發展基金會諮商心理師）、陳世勳（神經語言程式學與催眠授證訓練師）、陳俊霖（亞東紀念醫院心理健康中心主任）、陳雪均（諮商心理師、美國加州整合研究學院東西方心理學博士候選人）、鄭惠如（跨領域工作者），而後則由王浩威作全書的審訂與部分譯文之重譯，並撰寫全書譯註。

這一股恐懼和阻抗，是每個平常人探索自己太深時會體驗到的，就像是到了內心的底部，是進入黑帝斯[1]冥界旅程時的那一般害怕。

——卡爾・榮格
《心理學與煉金術》
CW12, §439

---

[1]　譯註：黑帝斯（Hades），希臘神話中冥界的神，相當於羅馬神話的普魯托（Pluto）。

……我曾經有過一個極其罕見的靈視。我做了個夢，但沒有人說得出那是怎樣的夢；沒有人會想要解釋這個夢，除非他是頭驢子……人們的眼睛從來沒有聽到過，人們的耳朵從來沒有看見過，人們的手嚐不出那是什麼味道，人們的舌頭想不出那是什麼道理，人們的心也講不出來這究竟是怎樣的一個夢……這夢應該稱為「底部的夢」（Bottoms's Dream），因為這個夢可沒有個底；我要在戲的最後唱唱這個夢……或者好一些的講法，等咱們死的時候再唱這夢。（離場）

——威廉・莎士比亞

《仲夏夜之夢》[2]

act4 s.c.1. 205-26

---

[2]　譯註：在《仲夏夜之夢》中，六位工匠想在婚禮排戲，其中織布匠巴頓（Bottom，底部）換裝時，被小精靈惡作劇變成驢頭。不巧，受小精靈滴上花液汁的仙后，醒來第一個看到的就是他，立刻瘋狂愛上。

第一章

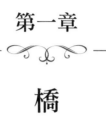

橋

就像蘇格拉底之前的哲學家留下的書寫片段[1]，有些時候，許多的想法只要幾個字就可以表達了，而這幾個字濃縮就成一個題目。相對來說，所謂一本書，就沒有那麼容易了。這本書的題目有許多種可能，例如「夢之橋」，或「人間和地下世界[2]之間的橋」。佛洛伊德曾經用過類似的比喻，他表示，夢是通往潛意識的皇家大道（via regia）[3]。只是這條皇家大道，在佛洛伊德以後絕大多數的心理治療裡，一直都是早上上班巔峰時間的單行道，是從潛意識前往自我之城的方向。而我選擇去面對的，是另一方向的路。因此我必須在一開始就先承認，我是以相當專注的意圖來搭建這一座橋。

這本小書試著以完全不同於過去熟悉的一切的方式來討論夢。書的論點，既不採取佛洛伊德的潛抑作用，也不採取榮格的補償作用；而是對與靈魂有關的夢和與死亡有關的靈魂來進行想像（imagine）[4]。我越來越相信，我們如果將夢整個解釋過程的重心放在意識層面的生活，根本就是錯的。我這裡所謂的「錯」，是全面性的錯：傷害的、扭曲的、詐欺的、不當的、誤解的，而且還侮

---

[1]　譯註：在蘇格拉底之前，許多古希臘著作只留下片段。

[2]　編註：本書的「地下世界」，即指 underworld。「underworld」一般指「冥界」、「地府」，是靈魂的去處，嚴格說來並不指涉特定方位上的空間，而是指一個昏暗（幽）不清（冥）的心靈之地，譯作「幽冥世界」，更能彰顯其內涵與質地。然因本書內文涉及諸多「地上」、「地下」的對比，由佛洛伊德出發，討論「深度（deepth）心理學」，有「向下探索」的意象，故統一譯為「地下世界」。

[3]　譯註：「康莊大道」或「皇家大道」（Via Regia〔Royal Highway〕），是中世紀時代的歷史性道路。通常不是指某幾條路，是和國王的行動有關，在等殊的保護和公共安全的確認下的正式狀態。

[4]　譯註：想像（imagine），這個字有「意象」（image）的字眼。作者在本書不斷強調意象，用些包括 imagine、imaginary、imagination 等字，有時因前後的需要而加上意象的字眼。

辱了這些材料，也就是侮辱了夢。當我們弄錯了夢，便弄錯了靈魂。假如靈魂與死亡的關係果真就如一般所認為的那樣密不可分，那麼這一切對夢解析的誤解便會欺騙了我們的瀕死過程。而瀕死和死亡與夢個別的關係，在以下的文章裡將會加以陳述。

我們先從一個明顯易懂，卻經常被忽略的問題開始：夢是屬於哪個神祇，或是哪個神話領域？這個問題存在了一個假設：如果我們知道夢屬於「哪裡」，就比較可以知道夢是要什麼，它們代表什麼意義，以及我們可以對它們做什麼。這些問題的答案，帶出了將夢的理論建構在神話基礎之上的這本書——一本關於夢是屬於幽冥的地下世界以及掌管它的神的書。這說法一點都不是祕密，這本書的書名就等於是宣告了這事實。而且在短小的第二章裡就會指出，所謂夢，是以神話為基礎，原本就是存在許久的事。即便是佛洛伊德，不經意之中多少也轉向了神話中幽冥的地下世界，而為他的夢理論建立了基礎。

所以這一本書如果有任何新意，無非就是完全從神話的立場重新來看夢。夢的理論有一大堆。任何運作不錯的分析或治療團體，無論是位在曼哈頓上城、哈利街或漢普斯特德，比佛利山莊[5] 還是蘇黎世，都可以找到五花八門的門派：佛洛伊德派、古典佛洛伊德派、新佛洛伊德派、佛洛伊德心理動力修正派，各形各色的榮格派、完形戲劇派、超越神話派、科學實證派、自我行為學派、原始超心理學派，還有可以追溯到浪漫主義之前的存在取向或現象學取向的。然而在我知道的範圍裡，這些團體沒有一個探討過關於神話

---

[5]　譯註：這些地名皆是西方名流的居住所，從紐約、倫敦到洛杉磯。

的問題，甚至連提出神話的問題都沒有。沒有任何是從原型所衍生來的理論及其相關實踐來討論關於夢的一切。也許有人曾經在夢中尋找神話，也有人用神話來擴大夢的動機。然而，有個方法是完全不同於過去的，就是將夢視為特定的、原型式的「地方」（place）來加以突顯，在這裡和特定神話的地理學互相輝映，然後再進一步從心理學理論中展現出這個地下世界。我們將透過心理學理論與神話理論（「檢視」和「想像」）的連結，寫出和地下世界永遠保持關聯的，關於夢的心理學。

　　像這樣將當下的理性法則（logos）推回到神話（Mythos），對日常的文化歷史潮流進行對抗，我已經投入了相當時間的努力了。這篇文章第一次報告是在 1972 年，由親切的史丹利・羅曼・哈波（Stanley Romaine Hopper）主持、大衛・米勒（David Miler）及詹姆士・維金士（James Wiggins）邀請，在紐約市美國藝術宗教文化協會進行的演講。接下來，1973 年的「人與世界的相互對應」（Correspondences in Man and World）又發表一次，在瑞士亞斯科內市（Ascona）的愛洛思會議（Eranos Conference），進而由波特曼（Adolf Portman）及利采瑪（Rudolf Ritsema）編輯而出版了這本書[6]。這版本雖然已經更完善了，是掛在愛洛思的名字出版的。在愛洛思這論壇，我曾連續好幾年主講這一類的主題，包括對特定原型主題的闡述是如何影響我們的意識，特別是對心理學有關的想法和態度的影響。

　　我討論過的題目包括以兒童原型談自我的發展和成長

---

[6]　原註 1：*Eranos, Jahrbuch 42*(1973)(Leiden: E. J. Brill, 1975).

（1971），以青春—衰老配對（puer-senex pair）來討論年老與年輕的心理（1967），用酒神戴奧尼索斯[7]的原型構成來診斷歇斯底里及自卑傾的女性特質（1969），以及討論透過阿南刻和雅典娜[8]的形態將非正常改變為正常的治療（1974）。這一切都是企圖將已經確定的心理學說法放置到相關的神話背景下來看看另一種可能的努力。我希望這些原型的觀點可以改變我們對心靈的視野，讓目前心理學所說的或所做的一切，變得以更心理（也就是更多自我反思、想像，並且更有深度）。

這篇文章因此和其他文章一樣，都是來回徘徊（epistrophe）[9]的文章，一再地反溯（reversion）、回頭（return），將現象喚回到它們原來的意象背景中。這個以彼此的相似性來思考現象的原則，是直接從愛洛思的一位朋友亨利‧考賓（Henry Corbin）那裡來的。特別從他的研究中，以及他致力發展出來的塔偉（ta'wil）法（象徵式的釋經學）。[10]

透過相似性（resemblance）進行回溯，是所有心靈事件進行原

7　譯註：戴奧尼索斯（Dionysos），希臘神話的酒神，散布歡樂和慈愛，形象瘋癲、迷狂，是生命力的象徵。

8　譯註：阿南刻（Ananka）是木星的第十二顆衛星，根據希臘神話，她是命運、定數和必然的女神。雅典娜（Athena），希臘神話的智慧與戰爭女神，亦主司公正。

9　譯註：來回徘徊（epistrophe），一般譯為結句重疊，指的是同一個詞再三重覆的重調。

10　原註2：他說塔偉字面上的意思是：「引導某個事物回到它最初和最原則的，也就是回到它的原型。出自亨利‧考賓（Henry Corbin）《關於伊朗的伊斯蘭》（*En Islam iranien;Paris: Gallimard*, 1972, 3:215）。「進行塔偉時，必須從感知形式回到想像形式，然後提高到更高的層次；如果以相反的方式進行（從想像形式回到它們源起的感知形式），就毀了想像力的擬真性。」（H. Corbin, *Creative Imagination in the Sufism of Ibn'arabi, trans.* R. Manheim; London: Routledge and Kegan Paul, 1970; p. 240〔《詩人依本‧阿拉比蘇菲主義中的創造想像力》〕）。編註：《可蘭經》的釋經學分為「Tafsir」和「Taiwil」兩種，前者按字面意義註釋，後者採象徵、隱喻方式。

型的探討時最主要的原則之一。回溯本身也是橋梁，將事件連接到意象，將心靈過程連接到神話，將靈魂的苦痛連接到表現其中的意象神祕。當心靈現象混亂時，來回徘徊，或者是相似性的回溯，對心理的理解提供了一條康莊大道，可以讓心靈現象在開始混亂時又找到了秩序。這是不同於佛洛伊德發展觀點，也不同於榮格對立觀點的方法。而且，這個方法還有另外兩個優點。首先，它可以讓我們將眼光落到了現象：什麼是真的被夢到、真的敘說出來、真的體驗到，因為只有將掌握在手中的這事件詳細檢查，才可以找到一切可能相似的原型組合。而「由一到多」（which of many）則是第二的優點：單一的解釋原則，不論這解釋的構想是多偉大或多不同，包括榮格的自性和對立，或是佛洛伊德的力比多發展，都沒有為心靈天生的多樣性提供這相似性的多元。來回徘徊意味著回歸到多元的可能性，正是回應著了無法被包含在任何論述中的許多意象。

意象（image）一直是我開始建構原型重見心理學（archetypal re-visioning psychology）[11] 的出發點。在本書裡，對意象的強調以及更多的相關細節，我們會談得更遠。事實上，這本書成了進入我其他寫作的主要橋樑（或地下道）。因為在這書裡，有關意象的心理學是更明確地擺在夢或死亡的心理學中。這個深度心理學是藉由幻想的陰暗意象，藉由深化或病理化，藉由作為靈魂儀式的治療，而指向在神話中的地下世界。深度心理學要從意象開始，就是從神話

---

[11]　譯註：作者希爾曼雖然是榮格分析師，終其一生投入自己心理學的建立，自認為不同於榮格且更基進於榮格，更不同於其他心理學。他對自己心理學的稱呼有時用原型心理學（archetypal psychology）或是用重見心理學（re-visioning psychology），意即「心理學的再深入省視」，有時則用兩者。

　　　　　　　　　　夢與幽冥世界：神話、意象、靈魂

的地下世界開始，所以這本書等於對我們的意象心理學提供了神話的觀點。我們主張意象是最前提的，意即認為夢才是最初的獲得，白天的意識其實都是從夜晚開始，並且背負著夜晚的陰影。我們的深度心理學，將從死亡的觀點開始展開。

這樣的觀點轉換，並不只是批評和矯正過去的心理學，包括其在夢這個主題上所說過的一切而已。這樣的觀點轉換更意味著：傳統的事件或理念以及它們的神話相似性間的橋樑，如果遭到撞擊了，全新的洞察軸線也就忽然打開，我們過去經驗中許多理所當然的心理學，以及許多當代相近的心理學理論裡，也就可以重新冒出許多完全不同的看法。

儘管我對這些基進而聲名狼藉的新奇事物，向來都有著強烈的嗜好，像是看透了國王新衣的孩子般興奮，但我還是會努力著去遵守一些嚴格的限制。我很願意從一開始就闡明我所遵守的這些限制原則，因為這些原則既是描述的角度與方法，也是信心的宣言。

首先，我們自己的想像和相關的一切，無論是在心靈當中上天下地到了多遠的地方，我們還是應該努力停留在西方定義的心靈範圍裡，包括它文化的、地理的和歷史的傳統根柢。一切要去開創或發展的浪漫企圖，只有在古老的、已知的和有限的古典疆界中，才是有可能的。從這樣的觀點來看，所謂的新，只不過是更新、復活或復原而已——而不是創造；所說的這一切，都是針對死者或過去，不是準備付諸實現的未來。所以一切都只是評論，只是註腳，是在別人已經做過且做得更好的基礎上，搭起一座往後退的橋樑。

順著這點因此有了第二個原則：我們應該努力繼續待在心理學的領域裡。佛洛伊德與榮格以心靈為前提，公開棄絕了解剖學、

生物學、自然科學和神學，因此深度心理學的傳統是在發展過程中繼續待在自己的領域，創造出自己的基礎。而這個基礎，包括心理動力學、心理治療和精神病理學，即使只有八十年的歷史，確實是昂首跨步向前的。但我不想要另闢領域來耕耘茂盛；我們腳下的這一片土地本來就還可以更茂盛，只要我們努力工作讓這一切煥然一新。而這一切努力在深度心理學裡指的就是，挖得前所未有的深，挖出一座通往地下的橋樑。

　　第三，為了讓限制更嚴謹，我們投入的這片心理學領域，將與佛洛伊德、榮格所的工作範圍一模一樣。我們應該將繼續在這領域挖掘，只不過是以另一個角度——不用他們兩人的挖掘方式，或沿著他們的挖掘軌跡，而是以我們自己的方式去耕墾他們的土。呈現出來的輪廓也許不同，但是領域都限制在同樣的範圍：是西方人在自己歷史傳統及文化困境中的心靈。而且我們的意圖和他們兩人也是相同的：所敘說出來的心理學是可以反映出關於個人靈魂的熱切重要性。這橋梁於是浮現，一座朝向我們的內在橋梁。

佛洛伊德和我的論點

　　本章一開始要討論的問題，是亞里斯多德早就提出的。這是一個很實際的問題，一個與每個早上醒來想解釋自己夢境的人都有關的問題。亞里斯多德說：「最擅長釋夢的人是有能力觀察相似性的人。」[1] 然而夢本身又跟什麼相似呢？我指的不是夢中的意象或想法，而是夢本身。然而夢的相似物是什麼樣的東西，足以讓我們用那些神話或世界來詮釋夢中的諸多意象？而和夢相呼應的世界又是什麼？如果我們有答案，是否可以幫我們將夢的所有內容，更真實也更深刻地擺回到他們原來的正確背景呢？

　　在回答這個提問以前，我希望我們先好好享受一下這個屬於浪漫時期、文藝復興時期和希臘時代的一段漫長的幻想。我要讓時光倒流。我想要回到佛洛伊德更早以前的時代，好重新來看看夢的一切。

　　佛洛伊德有關夢的偉大著作是 1899 年 11 月 4 日（*ID*, p.xii）[2] 問世的，儘管標題頁印的是 1900 年，彷如在宣告著新世紀的到來。而這本書也的確代表了一個轉捩點。這轉捩點不只是開啟了我們看待心靈的新紀元，也同時結束了前面先行的那一時代。

　　在佛洛伊德之前有三種關於夢的主要觀點：浪漫論（romanitc）、理性論（rationalist）、和身體論（somaticist）。[3] 佛洛伊德從這三者各自採擷後，重新編織成為一套雅緻的新系統。從

1　　原註 1：《Aristotle, *De divinatione per somnum* 2, *Parva Naturalia* 464b.》（《論睡眠占卜》）

2　　編註：本書以此簡寫方式標示之文獻完整篇名，請見附錄一。

3　　原註 2：關於夢的這三個觀點曾短暫出現在佛洛伊德作品（*OD*, 2-3）。可以參考我的論文 "Methodological Problems in Dream Reaserch," *Loose Ends*, (Zürich: Spring Publications, 1975)。

浪漫論裡，他採擷了夢中暗藏著來自另一個世界的重要個人訊息的看法。從理性論裡，佛洛伊德接受了以下的觀點，認為顯性的夢，也就是夢所展現的語言，是沒有價值、亂七八糟的大雜燴；只不過，對佛洛伊德而言，這一切都可以解讀出潛藏的價值和意義。從身體論裡，他同意夢反映了身體的經歷；只不過，對佛洛伊德而言，這部分主要是關於性和睡眠。

這三種的立場之中，浪漫主義是和佛洛伊德最接近的。也因為如此，正是這個曾經被採用最多的浪漫主義，在我們生活和作夢的這個後佛洛伊德時代，也消失得最多。佛洛伊德和許多浪漫主義者一樣，他在夢這裡建立起一個世界，主要是將夢連結到睡眠的國度（*TD*, p.137-38）（也就是夜間世界），以及連結到古典神話，然後賦予它擁有自己的地形拓樸而成為獨立的區域。佛洛伊德表示夢是「絕對的自我中心（egoistic）」（*TD*, p.138），「不是一種社會性的發言，不是用來讓自己被瞭解的方式」（*NIL*, p.17），所以他堅持夢的私密意義，而這又是一次浪漫主義的觀點。夢百分之百是心靈內部的現象，是無法理解的，即便是作了這個夢、在夢裡頭扮演某個角色的這個人。

然而，佛洛伊德對理性主義做出了兩大讓步。首先，他將夢世界視同暫時性的精神病，因為夜間世界和精神病世界兩者都是「從現實外在世界中遁退遠離」（*NIL*, p.27）。佛洛伊德的立場是站在日間世界的精神正常（sanity）觀點，在這裡現實指的是外在的、社會的、和物質的。[4]

---

[4]　原註 3：E. S. Casey, "Freud's Theory of Reality: A Critical Account," *Rev. Metaphysics* 25, no. 4 (1972): 659-90。

第二項讓步其實影響更大，甚至幾乎是毀滅了他的成果。我指的是把白天的殘遺（Tagesreste）當作夢的建築材料的想法：「經驗告訴我們幾乎在每一個夢中都結合了……前一天……某件事情的殘留記憶，或引喻；而如果我們追隨這些連結，經常會突然間發現一座橋梁，從那個顯然十分遙遠的夢中世界，通向病人真實生活」。（*NIL*, p.20-21）類似的還有：「……不可能例外地，每個夢都可回溯到過去幾天的某個印象……或者……就在作夢前那一天，就在『夢日』」（*OD*, p.31）。

　　這裡開啟的就是我前面提到的單向道橋樑。「如果回溯這些連結……，」我們可以從夢中世界跨回「病人的真實生活」，跨回到「夢日」。維也納的奧圖・波茲爾[5]不久前透過實驗確認，夢可能包含當天殘餘的意象，甚至也包含我們不記得自己曾經感受過的意象[6]。因此舊有的理性經驗論對心智所持的白板（tabula rasa）觀點[7]，基本上還是沒有因為佛洛伊德新的夢理論，而產生任何的撼動。夢因此被視為在白天世界下意識裡覺察到的意象所組合而成的。在人類心智中，仍然沒有任何東西是只要感覺（sense）就存在的。夢或許有著怎樣的意含，但基本上只是依照睡與性的本能需求，而將白天生活殘餘的一切重新排列組合罷了。推到底來說，佛

---

[5]　譯註：波茲爾（Otto Pötzl, 1877-1962），奧地利精神科醫師，是維也納精神醫學學派的代表人物之一。他是瓦格納—堯雷格（J. Wagner-Jauregg）的學生，也是他診所的繼承者。他因為夢研究而被佛洛伊德接受並承認他是精神分析師。

[6]　原註4：請參考 "Preconscious Stimulation in Dreams, Associations and Images," by O. Pötzl, R, Allers, and J. Teler, intro. Charles Fisher, monograph, *Psychological Issues* 2, no.3(New York: International University Press, 1960)。

[7]　譯註：白板（tabula rasa）是十七世紀英國哲學家洛克提出，形容人出生時的心靈是一塊空白的蠟板，是後來的經驗留下了痕跡。

洛伊德的說法就是，夢成了夜間世界和日間世界兩種需求之間的一種「妥協」。或者更好的說法是，佛洛伊德對夢的觀點是浪漫的夜間世界和理性的日間世界兩者之間的妥協？只不過在經過了最後的審思，這份妥協終究破裂了。理性主義勝利了。

理性主義的論點之所以打敗了浪漫主義，是因為佛洛伊德將夢歸還給地上世界（upperworld）。所以才先出現了有關日間殘遺和回歸前一天的說法（*CP* 5:136），然後再出現佛洛伊德將解析視為「翻譯成清醒生活的語言」的主張（*CP* 5:150）。

這樣一來，佛洛伊德等於是完全承認了，即便是從最浪漫主義的看法，夢本身還是屬於幽冥的地下世界的。他說，日間殘遺「不是夢本身……它們本身無法構成一個夢。嚴格來說，它們只是夢運作時所引用的心靈素材……」（*CP* 2:138）。日間世界只是夢的材料因素；夢的正式、有效且最終的原因則是愛洛斯[8]在夜間心靈進行工作，好維持它持續在睡眠中的希望[9]（*OD*, p.66; *ID*, p.160起）。

尤其，佛洛伊德對於夢的最終原因，也就是夢的目的，是非常明確而堅定的。他認為這個和日間世界是一點關係也沒有的。佛洛伊德說：「……如果認為夢是在關注我們眼前的生活任務，或試圖為我們白天工作的問題尋求解答，這樣的說法恐怕是誤導。……這種用途絕不是夢的功能……唯一有用的任務……可以歸因給夢的，就是護衛睡眠……」（*CP*, 5:150-51）。夢中的每一件事物，

---

[8]　譯註：愛洛斯（Eros）是希臘神話裡的愛欲之神，相對應於羅馬神話的愛神邱比特。

[9]　原註 5：*BPP*, p.40，佛洛伊德在討論創傷性精神官能症時，表示這是「夢是希望完成這個主張的一個例外。」

對清醒的生活而言都顯得陌生，包括它的話語，它的道德觀（*CP*, 5:154），它的邏輯性，它的時間感。夢事實上是如此地陌生，以致於佛洛伊德只能用精神病理學的語言來談論：自戀、幻覺、精神病（*CP*, 4:38, 145; *NIL*, p.27; *TD*, p.145）；還有歇斯底里症狀和強迫意念（*OD*, p.72）。

這個矛盾現在更清楚突顯了。一方面，夢完全屬於睡眠；另一方面，夢的解析則是要把它們帶回到日間世界，可以說是要從地下世界的瘋狂和享樂原則的耽溺中將夢加以拯救或「教化」（reclaiming，佛洛伊德自己的比喻）上來。從夜間世界愛欲歡愉的擁抱中，從自身形象的自戀式欣喜中，佛洛伊德想將心靈加以喚醒。這是他的野心。他的書名不叫作「夢的本質」、「夢的研究」或「夢的世界」，而是《夢的解析》（*Die Traumdeutung*,〔 *The Interpretation of Dreams*〕）。而解析的意思，就是像他自己常說的，「轉譯」（translation）成清醒生活的語言（*CP*, 5:139-40, 152; *OD*, p.69）。

於是治療性解析的目標就是沿著夢的皇家大道走出夜間世界。就像佛洛伊德說的，這個「朝著相反方向進行的工作……是我們解析的工作。這項解析的工作試圖要反向操作夢的工作（dreamwork）」（*IL*, p.170），「用來拆解夢工作所編織的一切。」（*OD*, p.71）。

夢本身對於被人喚醒去做轉譯這件事，是阻抗的（*ID*, p.525）。事實上，阻抗的觀念和解析的觀念是直接透過相反方向的關係而連結（*CP*, 5:137-38, 152; *NIL*, p.23-5）。在「清醒的自我」和「無意識」之間，如果阻抗越是強大，就越不可能做出夢的

解析；夢和日間世界之間的阻抗如果越弱，就越能將夢成功地轉譯成清醒的語言。換句話說，對夢而言，被轉換進入到日間世界而為日間世界所用，夢確實是極其明確地表示阻抗。

然而這項轉換工作，已經成為目前夢的治療用途上最主要的努力方向了。我們清晨開燈照亮它們，將夢寫下來，把它們帶到分析師前，一起解讀，尋找夢中有關生活處境、方向選擇以及意識生活的訊息，包括相關的問題、感受和思考。透過夢，我們可能憶起過去原本遺忘的，覺察到當下忽略的，或做出關乎未來的決定，像預言、神諭一般，讀出夢裡有關地下世界的趨勢，來幫助我們將生活處理得更好。

而我們自己的論點（反對將夢轉譯成自我〔 ego 〕的語言），勢必同時遭到佛洛伊德學派和榮格學派的反對意見。佛洛伊德學派應該會堅持「教化的工作」（*NIL, p. 106*）恰恰就是治療該做的工作。「『精神─分析』是幫助自我能夠逐步征服本我（id）的工具」（*EI, p.56*）。夢的解析是這個教化工作每天的白日部分。

而榮格學派反對的論調有兩種。順著佛洛伊德的想法來看，夢的解析就是要提升自我意識的工作，是對本我進行全面性的征服，或將無意識內容加以意識化的一部分，而這一點在榮格學派的煉金術觀點裡，就是對抗自然的工作（opus contra naturam ）。然而，對榮格學派而言，大自然本身的天性就想要有這個工作的，因為「變成可意識的」本身就是種埋藏在夢本身願望中的原型歷程。於是，夢在每個早晨就會歸來，自己就會要求被解析，即便它也阻抗著可能到來的解析。解析則服事了自然，即便它干擾了自然。

對於我們不贊成透過治療式轉譯將夢帶入清醒世界生活的這

一論點，榮格學派的第二種反對理由則是較為細膩。榮格學派的心理分析所遵循的是個體化的歷程。在這情況下，將夢帶入清醒的自我，是為了要將心靈視為整體。榮格學派並不是因為生活發生的一切而如此認真地討論夢。因此對榮格學派的我們來說，這爭論大概會延續下去，因為夢的解讀為的是關注個體化歷程的相關訊息，是用來觀看它們象徵的一切，而不是表面的內容。夢需要和自我建立關連的就只有「補償作用」而已，用來填補自我不當的觀點。夢的解析在日夜之間架起了一道橋樑，創造了兩者之間新的立足點，因此更加完整了，兼具了夢和自我，內在生活和外在生活。

接下來的部分，我會回應這些佛洛伊德學派和榮格學派的反對論調，而這些論調是可以總結濃縮成一段話：夢需要被轉譯成清醒的語言，以擴展清醒意識的疆域，或是去滿足天性的呼喚，去尋求一個具有更宏闊、更平衡的意識。為了進一步發展我的論點，我需要同時去跟隨佛洛伊德和榮格兩人的腳步；但不只是他們兩人：我會依循佛洛伊德說的，認定夢和清醒世界沒有關連，而是心靈用自己的語言在對自己說話；也會依循榮格說的，認定自我是需要根據夜間世界去進行調整。但我將不遵照他們用任何夢自身以外的型態把夢帶回日間世界的做法，也就是不認為夢應該是用來破解給日間世界的訊息（佛洛伊德），或當作是對日間世界的補償作用（榮格）。

說到日間世界和日間光線時，我指的不是日常的白天世界。我指的是看待世界的方式——看事物呈現的樣子，卻沒去看其中的陰

暗處，沒有認識出其中致命的毒性（deadly nightshade）[10]。如果想要追隨夢走進它的原鄉，就必須要把這種日間世界的思考方式（即字面的現實、自然的對照、相對的兩極、依序的步驟）擱在一旁。因為在原鄉的國度裡，思考的進行是透過意象（images）的，相似（resemblances），相應（correspondences）。我們要往這個方向前進，就必須切斷與日間世界所有的連接，放棄源自日間世界所有想要重拾翻譯、教化、補償的念頭。我們必須跨過這座橋樑，讓這座橋在我們過後崩斷；如果不能崩斷，就乾脆燒燬了它。

費希納、佛洛伊德以及地下世界

嘗試將夢放到生活脈絡中來進行解析的企圖，已經遭到許多致命的批判。這裡就是個例子：

在我們這個時代，因為病態的緣故而出現了嘗試解釋夢境的愚蠢企圖，於是睡眠的正向產物只能從清醒意識來看待。然而這個解釋方法看不到夢裡的所有一切，除了白天留下來而部分潛抑的想法和意象[11]。

---

10   譯註：此處「致命的毒性」，原文做 deadly nightshade，night-shade 字面上既是「黑夜—陰影」，合在一起又是指龍葵之類有毒的茄科植物，確有致命之虞，難以用中文包含其中的雙關，特此另註。

11   原註6：出自《關於神聖世界的諷刺畫》（Heinrich Steffens, *Caricaturen des Heiligsten*〔Leipzig, 1821〕, 2:696〔quoted from Béguin, *Traumwelt*, trans. mine〕）。作者史帝芬斯（Heinrich Steffens, 1773-1845）是挪威出生的丹麥哲學家、科學家和詩人，在哈雷（Halle）、弗斯瓦夫（Breslau）和柏林進行學術工作，在弗雷堡和耶拿學習。他最典型的浪漫特質，就是追隨席勒的足跡，一再皈依天主教又退出，寫童話和自傳，興趣從自然科學到神學無所不包。將德意志浪漫主義引入丹麥。

這段文字是由海因里希・史帝芬斯（Heinrich Steffens）所寫，1821 年在萊比錫（Leipzig）發表的，早於佛洛伊德的時間大致就是我們在佛洛伊德之後的時間[12]。史帝芬斯的敘述代表著浪漫主義對清醒意識的批判，不論早於或晚於佛洛伊德，都是立基於日間世界和夜間世界在本體論上的差異所展開的批判。這一觀點如果推到極致，任何一方的世界都是試著要去否定另一方，而且任何一方都會診斷另一方是瘋狂或邪惡的。

當佛洛伊德走進了夢以及睡眠和清醒意識間的關係，他就已經走進了十九世紀最主要的原型幻想之一。對於古斯塔夫・西奧多・費希納（Gustav Theodor Fechner）[13]這位我們稍後會進一步討論的哲學家來說，醒、睡之間的關係是與整個生命相關的，是生命的根本定義。因為按浪漫派諸人的想法——如阿爾貝・貝甘〔Albert Béguin 〕）在他那本所有深度心理學派都應該列入書單的著作《浪漫的心與夢》（*L'âme romantique et le rêve*）[14]當中已經將這

---

[12]　譯註：本書是 1979 年出版，佛洛伊德《夢的解析》為 1899 年。

[13]　原註7：古斯塔夫・西奧多・費希納（Gustav Theodor Fechner），德國物理學家、哲學家和實驗心理學家。「人活在世上不是一次，而是三次。他生命的第一階段是快速睡眠，第二階段是睡醒交替，第三階段永遠醒著……從第一到第二階段的過渡稱為出生；第二到第三的過渡稱為死亡。」（證明完畢：睡與醒改變之間的過渡階段就是所謂的生命。）以上出自費希納《死後的生命》（*Das Büchkein vom Leben nach dem tode*, 3d. ed. Hamburg and Leipzig: Voss, 1887; pp1-2; trans. mine）。主要因為這一本書，W. Wili（*EJ* 13 [1945]:50）將費希納列為新柏拉圖主義者；而考賓（*EJ* 22 [1953]:97 f）引用他另一本後來的書《關於靈魂》（*Über die Seelenfrage, ein Gang durch die sichtbare Welt, um die zu finden*; Leipzig, 1861），視他為伊朗啟示的西方連結。有趣的是，當榮格在愛諾思會議引用費希納時（EJ 14 [1946]:394）卻是引用另一個他，也就是作為科學家的他（即《心理物種學綱要》〔Elemente der Psychophysik〕）。甚至佛洛伊德也引用他更浪漫主義的作品《有關有機體起源和演化史的一些想法》（*Einige Ideen Zar Schöpfungsund Entwicklungsgeschichte der Organismen*, 1873），在這本書可以看出費希納對達爾文主義的立場。

[14]　原註8：《浪漫的心與夢》（Albert Béguin, *L'Âme romantique et le rêve*, 2d ed. [Paris: Corti, 1939]）。

些想法如此完整、如此美好地呈現出來——睡和醒，日與夜，已經變成任何可能的想法的貯藏所。這些「日夜作息制度」（diurnal and nocturnal regimes）」，用吉伯‧杜蘭（Gilbert Durand）[15] 的話來說，已成為對立事物的主要承載物：本體論的、心理學的、象徵的、道德的，一切皆然。當我們把問題擺進這樣的語言中，如同我們現在正在做的這樣，我們同時也等於走進一個有關夜與日、睡與醒的傳統中。而這一傳統至少始於赫拉克利特 [16]，傳至柏拉圖和他的洞穴之喻，經過新柏拉圖派哲學和浪漫主義，再經過佛洛伊德的兩套心智功能系統，而化為榮格月性的與日性的良知（lunar and solar consciousness）。

關於這個比喻，再也沒有人超越過萊比錫的費希納。他不只是思想，連自己真實人生也活出了一個具有「白晝面」（Tagesansicht）和「黑夜面」（Nachtansicht）的奇幻人生。他一方面是心理物理學的創始者，一位敏銳的實驗家，用計量法和生理學的方式探究心理問題；而另一方面，他以米塞斯博士（Dr. Mises）之名，寫出看似嚴肅實則嘲諷的論文，像〈天使的比較解剖學〉、〈植物的靈魂生命〉、〈亞吠陀〉[17] 這一類從題目就開始

我用的德文譯本是 J. P. Walser 譯的 *Traumwelt and Romantik*（Bern and Munich: Francke, 1972），其中的德文已編修為現代德文。貝甘（Albert Béguin）瑞士出生，以自殺終結生命。譯註：貝甘（1901-1957）二次大戰前後活躍於巴黎的知識份子圈，作品似乎沒有中譯，亦少有英譯。

[15]　原註 9：Gilbert Durand，《想像界的人類學結構》（*Les Structures anthropolgiques de l' imaginaire*; Paris: Presses Université de France, 1963）。譯註：吉伯‧杜蘭（Gilbert Durand, 1921-2012），法國學者，以想像界、象徵人類學和神話研究聞名。

[16]　編註：赫拉克利特（Heraclitus，約 540-480 BC），為古希臘哲學家，愛菲斯學派的創始人，被稱為辯證法的奠基人之一，其理論以畢達哥拉斯的學說為基礎，提出永恆的活火、邏各斯（logos，理性原則）、對立統一等概念，作品只有片段方式留下與呈現。

[17]　譯註：波斯古經。

調侃醫學的許多文章 [18]，同時也撰寫死後的生活。

　　費希納比當時其他任何人將兩個世界的實相說的更明白，因為這兩個世界在他身上是完全分道揚鑣的。在三十九歲時，經歷大量閱讀和實驗操作，特別是在針對色彩知覺的心理物理學上從事研究後，他的雙眼大損，先是得戴上藍眼鏡，之後終究還是失明了。他掉進憂鬱自閉、思想失控、幻覺折磨和腸胃大亂等等困擾中。他困在這個身心折磨的夜間世界狀態長達三年之久。然而兩件事讓他奇蹟一般地療癒了：有一次，一位女性友人夢到自己幫他準備一道鄉村火腿（Bauernschinken）餐，是用檸檬汁和萊因河地區的白酒醃漬過的重辣生火腿所做成的。她照這夢備了餐，帶去給他；而他，違反了向來明智的判斷，真把東西吃了，反而恢復了他的胃口和消化功能。第二次，也是最後一次，有一天早上黎明時分，他突然發現自己稍微能看到光，並且很想看到光，那之後他開始漸漸復原。之後他又活了四十四年，活到八十六歲 [19]。

---

[18]　原註 10：主要是收集在《米塞斯醫生的短篇》（*Kleine Schriften* von Dr. Mises; Leipzig: Breitkopf und Härtel, 1875）。

[19]　原註 11：這些細節是來自費希納自己的《個案史》（*Krankheitsgeschichte*），是他 1845 年寫的，也就是復原兩年後，而且印在他外甥為他寫的傳記中（J. C. Kuntze, *Gustav Theodor Fechner*[Dr. Mises][Leipzig: Breitkopf und Härtel, 1892], pp. 105-35。這場疾病的報導是艾倫柏格（Ellenberger）在《發現潛意識》（The Discovery of the Unconscious; London: Allen Lane, 1970）書中描述的，並且沒加任何新資料地又寫進了這兩本書：K. Lasswitz, *Gustav Theodor Fechner*; Stuttgart: Fromman, 1896; pp. 41-48，和 M. Wentscher, *Fecher und Lotze*; Munich: Reinhardt, 1925; pp. 31-37。

關於火腿：費希納每天吃了一陣子，這個好婦人固定送來給他。「漸漸地，我也可以消化其他刺激和辣味的肉，還有酸酒，不再只是單只吃純溫和的食物。有一段時間，我再也無法忍受白水、麵包和粉狀食物了，而各種的肉類，特別是強烈胡椒味，我都消化的很好。」（Kuntze, *op. cit.*, pp. 111-12）。在長期平淡食物後，再夢到肉然後吃肉（不再阻抗）這樣突然的轉變，恰恰與基士拿（Gopi Krishna，譯按：1903-84，瑜珈大師和思想家）發生的危機一樣（我在其他地方討論過）。還有其他驚人的相似之處：兩人都經歷了折磨，卻無法閱讀，都

　　　　　　　　　　　　　　　　　　夢與幽冥世界：神話、意象、靈魂

復原之後費希納變了個人。他的大學教職從教物理學變成教哲學。日間世界和夜間世界之於他，有了和浪漫主義的前輩們不同的意義。日間世界是光明、精神、神靈與美的國度。夜間世界則是重要的、悲觀的和無神的世俗主義的。而潛意識的概念則被他放在夜間世界裡[20]。光暗屬性雖然改變了，但兩組式的原型想像仍然是他最基本的想法，就像它仍然是所有深層心理學的基本想法一樣。

會提到費希納，這個念頭是來自佛洛伊德。他寫了一封信給弗里斯（*OPA* Letter83, 9 February 1898）[21]：「我正深研夢書。……每一個人都應該讀它！有關這個主題的文獻，如同所見，對我而言已經太多了。關於這個主題唯一明智的看法是老費希納所說的……。」

這個老費希納所說的「明智看法」，佛洛伊德加以引用，並排版成斜體字（*ID*, p.48, 536）：「夢中的行動場景並不同於清醒時意念的生活。」佛洛伊德的這個想法引自費希納《心理物理學的綱要》（1889 編）中的一段文句。

如果心理物理活動的行動場景在睡著和清醒的時候都一樣，

認為他們的問題是來自頭部，都是由妻子照顧，都因此和更高的神有了新的連結。（Cf. my "Commentary" to Gopi Krishna's *Kundalini* [London and Berkeley: Watkins and Shambala, 1970], pp. 204f. on the meat, and n..42 below.）

[20] 原註 12：《夜的看法與日的看法》（G. T. Fechner, *Die Tagesansicht gegen□ber der Nachtansicht*; Leipzig und H rtel, 1897; p. 22。）這樣典型而浪漫的日夜對比，但相反的，是 G.H. von Schubert（參見 Béguin, Traumwelt。譯按：von Schubert，1780-1860，德國醫師和自然學者）和 F. Splittgerber 的《睡眠和死亡，或靈魂生命的黑暗面》（*Schlaf und Tod order die Nachtseite des Seelenlebens*, 2d. ed.; Halle: Julius Fricke, 1881）。這本書貝甘沒有提到。

[21] 譯註：弗里斯（Wilhelm Fliess, 1858-1928）。德國猶太人，於柏林執業的耳鼻喉科醫師，在佛洛伊德剛開始發展精神分析過程扮演了重要角色。

就我看來，夢只可能是清醒時的意念生活一段強度較弱的延續，尤其，勢必具有相同的素材和形式。但事實上卻不是這樣。

就是夢不同的行動場景會有不同本質的這個想法，讓佛洛伊德發展出潛意識的「心靈位置」（psychical locality）的概念。夢的「心靈位置」，他繼續說著：「會呼應著一個點⋯⋯在這個點上，某個還在預備階段的意象將會成形而存有。」

佛洛伊德此處的想法，就像費希納的想法一樣，是一種拓樸思考（topos thinking）。當說出「在夢中會發生拓樸學上的退行（topographical regression）」（TD, p.144）時，佛洛伊德已經將夢以及夢的心理學本身，從功能的、描述的天地，挪到拓樸式的宇宙。他為心理治療重建了內在空間的國度。在這裡，佛洛伊德開始撰寫內在世界的地理學（interior geography），一趟邁向想像世界的旅程於是展開 22。藉由夢，他重新探索了幽冥的地下世界。這情形，他透過《夢的解析》引自維吉爾史詩《埃涅阿斯記》23 的一段格言說出來：「若我不能撼動上天，我就要搬挪阿刻戎冥河（阿刻戎冥河〔Acheron〕是位在陰間世界那條最恐怖、最不祥的河流）24」。

---

22   原註 13：心理的、表現的或想像的地理學，在考賓的書中有充分的描述。有篇英文文章介紹他對這主題的想法：《想像世界：或意象和想像的》（"Mundus Imaginalis: or the imaginary and the Imaginal," Spring 1972〔New York and Zürich: Spring Publications, 1972〕, pp. 1-19）也可以參考收錄在《靈性身體和天上人間》的〈靈視地理學〉（"Visionary Geography", Spiritual Body and Celestial Earth, trans. N. Pearson [Princeton, N.J.: Princeton University Press, 1997], pp. 24-36。）

23   譯註：《埃涅阿斯記》（Aeneid）是古羅馬詩人維吉爾（Virgil, 70BC-19BC）西元前 29-19 年的史詩，敘述該英雄在特洛伊陷落後來到義大利，成為羅馬人的祖先。

24   原註 14：佛洛伊德《夢的解析》一開始地下世界的引用，還有兩種理解方式。一是

夢與幽冥世界：神話、意象、靈魂

佛洛伊德跨入未知領域的這個大膽而英勇的舉動，是在不知道這將會為心理學帶來怎樣的結果下所進行的。這舉動雖然為心理學的思考開啟了新的基礎，賦予心理學新的深度面向，然而這深度卻也被鎖進了結構性層級的幻想中。佛洛伊德雖然察覺到把心理學的拓樸思考（topos-thinking）和生理學的拓樸思考（皮質和延腦區域）混淆在一起的危險，但卻沒太察覺到這個比喻附帶的其他危險。這個想像的空間不是單純的容器，而是附帶著有關「上」與「下」、「表面」與「深處」、「近」與「遠」等意義了。這樣它本身也就夾帶了許多本體論的、美學的與道德的想法，反映在多個宗教的靈性拓樸空間（spiritual topographies）之中。「潛意識」這個觀念本身，也就受到佛洛伊德將它放到下層而深受影響。對於它的描述，也就像「本我」那樣，再也無法擺脫名稱裡所夾帶的感覺，讓人覺得潛意識既是意識生活的底基，也「卑鄙地」（basely）顛覆了意識生活的本體論及其價值。

　　稍後我們將詳細地進行我們自己「對地下世界的向下探索」。

Carl E. Shorske，佛洛伊德《夢的解析》中的〈政治和弒親〉（"Politique et parricide dans 'L'Interpretation des reves' de Freud," Annales 28,no.2 [1973]: 308-28）；另一是 K. A. Grigg〈「條條大路通羅馬」：佛洛伊德夢中的保姆角色〉（"'All Roads lead to Rome': The Role of the Nursemaid in Freud's Dreams," *J. Amer. Psychoanalyt. Assoc.* 21 [1973]: 108-26）。Shorske 充分表達了他的看法，認為佛洛伊德透過他的自我分析和解夢書所克服的地下世界是他的父親和政治世界，這讓佛洛伊德得以成為大學教授和抵達羅馬，也就是政治史的象徵中心。透過《夢的解析》世紀末的時代氛圍和佛洛伊德偶而顯露的政治想像，Shorske 豐富了我們對這一切的理解。然而困難依然存在：這本夢書和作者的夢是以白日世界的方式建構、滿足、和關心的。對 Shorske 來說，佛洛伊德作品中的政治層次決定了它的神話氛圍和心理學成果。對我們來說反而覺得是相反的，因為佛洛伊德細膩的拓樸並不是父親、專業世界、政治、和羅馬，而是夢。佛洛伊德在他的冥河遊以後，他像埃涅阿斯（將父親背在背上）一樣，終於可以進入「羅馬」。在 Grigg 的論文中，羅馬、政治和地下世界皆化約成佛洛伊德童年對他羅馬天主教信仰的保姆的亂倫期望。

我會這樣說，是假定大家已經從神話、宗教、繪畫和文學當中，或多或少熟悉地下世界大致的地理空間，包括地獄的慘烈和深淵的苦難、到達那裡之前必須跨越的水道、大門口的守衛、裡頭住的人物等等，早已經好幾世紀的共同傳說，代代傳下給我們。當我在這裡再次提到佛洛伊德有關潛意識的拓樸空間學時，且讓我們放下你我記憶中那套共同的傳說背景，而是好好聆聽他的描述。至於那套傳說背景，在下一章會更仔細地具體說明。

首先，佛洛伊德說潛意識是一個在意識底下的區域。因為這個區域的存在，而有強烈的心靈苦痛、精神官能症以及精神病；而夢也是從這個區域而來。

在這兩個區域之間——佛洛伊德還畫了地圖（*NIL*, p.105; *EI*, p.24）——有一個關卡或「屏障」（*NIL*, p.103）使它通行不易，甚至有個限制嚴格的「審檢」（*CP* 4: 105 f.; *IL*, p.140 f.）。心理學用潛抑（repression）這名詞，表示有個事實，就是一大堆影像（eidola）[25] 或「意象」（images）被擋在另外那側。而發生在這個另一「心智省份」（mental province）（*NIL*, p.96）的事，會造成我們在清醒生活中的焦慮。

佛洛伊德常常用避諱的（apotropaic）方式提到這個另一邊，用一種「非人稱的代名詞」（*NIL*, p.94）。「Das Es」，本我的德文，在他後期的理論取代了拓樸式的無意識。「Das Es」應該是有個來自哲學思想上的背景（尼采和叔本華），但佛洛伊德的命名方式和相關的描述都更像是指向神話思想的背景；在那裡，常常會避

---

[25] 譯註：伊壁鳩魯（Epicurus, 341-270 BC）稱空氣中飛行的影像為 eidola，它有物體本身的形狀和顏色，但薄得我們不能感受到它。影像，其實是先於文字的；先有心像，再有言說。

諱而婉轉地遣詞用字，討論神話有關冥王黑帝斯和地下世界的事。古根包爾—克雷格 [26] 曾經評述：「佛洛伊德學派無法正確地理解佛洛伊德，因為他們用他的字面意義來理解他。榮格學派的人可能還更理解佛洛伊德，因為他們可以用他的神話學來解讀他。」

所以，佛洛伊德在描述潛意識時說到了「心理的地下世界」（*NIL*, p.79），形容所有的潛抑像是在「陌生之地」（*NIL*, p.78），而本我的能量則是「液體」（*NIL*, p.100）。（直至今日，許多心理治療師仍視夢中的水體是「潛意識」，例如：浴缸、游泳池、海洋等等。）佛洛伊德接著說，本我應該被想像成比自我還要再大上很多很多的空間，而我們所能知道的只是其中小小部分，主要還是透過催眠（Hypnosis，用睡神希普諾斯〔Hypnos〕來命名的）、透過受苦，以及透過對夢的研究。（*NIL*, p.98）

我們也可能因為掉進意識層面的說溜嘴、裂痕和夾縫，而知道了潛意識。這些現象就是佛洛伊德所謂日常生活的精神病理（psychopathology of everyday life），而榮格則是稱之為注意力的擾動（disturbance of attention）。而神話學則是在腳下這塊綿延的土地上找出這些縫隙，像窟穴和孔洞之類的，這些都像是前往地下世界的入口。而且，就像傳統的地下世界一樣，無意識所接收的主要還是負面的描述（*NIL*, p.98），因為從定義來說，潛意識既是無法看到，也是沒法直接知道的。

佛洛伊德說：「我們可以透過意象而更接近本我，可以稱之為混沌（chaos），一個正在激昂沸騰的大鼎。」（*NIL*, p.98）但是

---

[26]　譯註：古根包爾 - 克雷格（Adolf Guggenbühl-Craig, 1923-2003），榮格的重要弟子，蘇黎世榮格分析師。

「它沒辦法說出它要些什麼」（*EI*, p.59），跟任何神話中地下世界的亡靈一樣，頂多只能輕聲低語[27]。佛洛伊德在他將「本我」觀念引入心理學的那篇論文最後一句表示：「描繪本我是有可能的，即便在沉默但強而有力的死亡本能宰制下……」（*EI*, p.59）。和傳統的死亡想法一樣，佛洛伊德的死亡本能是「隱晦的」（elusive），也就是難以明白的（*EI*, p.40, 42, 46）。在本我中，邏輯的法則是無法適用的；而本我也不懂什麼價值觀，沒有善惡，也沒有道德（*NIL*, p.99; *EI*, p.54; *CP* p.155）。尤有甚者，本我內部也不會感受到時間的流逝（*BPP*, p.33）。保存在本我那兒的衝動「確實是不死之身，即便是它們才剛剛發生的，也是之前就已經保存數十年的。」（*NIL*, p.99）。因為它不死的特性，佛洛伊德把它和英雄連結在一起（*CP* 4: 313），而那裡，「在本我中……有著無數個自我存在過而留存下來的殘跡。」這些「過往的自我們所重生的樣貌」在個人的生活中復活了（*EI*, p.38）。神話中的地下世界（譬如說荷馬的）也會出現亙古不變的英雄角色，彷彿時間並不存在，甚至還活在我們每個人的生命中，而不只是在文字裡而已。

在佛洛伊德想像中，自我是「站在理性與謹慎的一方」（*NIL*, p.102; *EI*, p.25）。我們可以想像它和本我的關係，就好像英雄和地下世界的關係一樣，對英雄而言也得用些「伎倆」（tricks，伎倆這個字是循用佛洛伊德的用字）（*NIL*, p.102）以便為自己獲得

---

[27]　原註 15：《地下世界》（*Lex*, s.v. *"Unterwelt,"* pp. 81-82）。死者的說話是輕聲細語的，而羅馬詩人們（如奧維德《變形記》〔*Ovid, Meta.* 5. 356〕，或維吉爾《埃涅阿斯紀》〔*Virgil, Aen.* 6. 264, 432〕）認為死者是無語的。當代詩人艾略特再次提及這形象，在《空洞的人》（*The Hollow Men*, IV [1925]）一詩中，死亡的形象是會「一起摸索／而且避免言談」。

能量。如果它不使用伎倆，就得用「肌肉」（musculature，這同樣也是循用佛洛伊德描述自我的用詞）（*EI*, p.41, 56; *TD*, p.148; *CP* 4: 148; *OTL*, p.7）。自我像是英雄，必須面對被潛抑事物的暴戾要求，在那裡「期望（wishes）看起來就像是從正向地獄裡湧現出來的」（*IL*, p.143）。地下世界裡的常客，用佛洛伊德的話來說，乃是「尋求發洩的本能投注（instinctual cathexes）：從我們的觀點說，就是本我所涵容的一切。」（*NIL*, p.100）這些能量投注對自我提出了龐大的索求。（還記得對尤里西斯〔Ulysses〕狂吼而進行攻擊的那些亡靈嗎？）而到了最後，這個本我，就如同荷馬筆下的地下世界一樣，和外在世界的聯繫都完全切斷了，只能「透過自我的居中協調」來因應外在世界（*NIL*, p.104; *OTL*, p.69）。

佛洛伊德早期甚至也稱治療是「談話治療」（the talking-cure），而進行治療的方法是兩個人的位置安排成沒法互相對望，視線也就像儀式一般避開了，這情形也可以在古代找到同樣的模式：「奉獻給亡靈之神的犧牲祭品是要遮住臉；不能看見，在離世者的國度裡只容許聲音。這樣或許可以產生奇蹟……，」[28] 這是神話學家克昂尼提到的[29]。在談到關於回望而失去亡妻的奧菲厄斯（Orpheus）時，克昂尼說到了這一點。

將心理學的概念神話學轉換成地下世界的神話學是不難的，把

---

[28] 原註 16：《希臘的英雄》（K. Kerényi, *The Heroes of the Greeks* [New York: Grove Press, Evergreen ed., 1962], p. 283; *Cults*, 3:287）：「……而黑帝斯沒有任何特性可以辨識，只有將頭避開了。」有件埃及文本（*ERE*, pp. viii, 22a）說死亡：「不是將頭轉向他們，不是走向懇求中的他，不是在被崇拜時去傾訴；他不顯示自己，不論如何賄絡。」這又是另一個例子，地下世界是精神分析治療法去除熱情的科學客觀性的背景。

[29] 譯註：克昂尼（Károly Kerényi, 1897-1973）匈牙利古典學家，著名神話學家，二次戰後因為榮格緣故而定居瑞士。

日間世界和夜間世界的關係看做英雄的下探也是不難的[30]，而我們現代對潛意識的看法是反映著冥府塔塔羅斯和冥河斯蒂克斯，冥河渡夫卡戎和三頭冥犬克伯魯斯、冥王黑帝斯和普魯托。[31] 尤其是普魯托，當我們婉轉地將潛意識當作所有一切的賦予者、無盡藏的貯存處、一個並非只有折磨而是適當安撫就可以提供豐饒的地方時，這名字就更重要了。然而婉轉是掩飾焦慮的方式。在古代，說普魯托（「豐饒」）是用來掩飾黑帝斯所帶來的深沉恐懼的婉轉說法。到了今天，所謂的「創造性」潛意識則婉轉地隱飾了在靈魂深處破壞與死亡的歷程。

當佛洛伊德在進行夢書的工作時，正是他自己的中年危機的時候。艾倫伯格（Henri Ellenberger）稱之為「創造性的疾病」（creative illness），而將之與榮格和費希納的疾厄相比擬。佛洛伊德的崩潰危機是因為他過去曾用過催眠、古柯鹼和歇斯底里治療等方式來突破進入深處國度卻未成功的企圖，如今終於突破了。

在這裡我們要記得，佛洛伊德《夢的解析》一書幾乎完全以他自己的夢為基礎，也就是說，這是一場個人的下探、一份個人的報告，也是一則關於地下世界的個人神話，後來變成可以適用於他人而成為教學材料的藝術級作品，而具有適用於他人的效果，就好像是但丁（Dante）筆下的冥府遊（nekyia）[32] 或古典文學中其他的

30　原註 17：*Lex, s.v. Unterwelt*, pp. 67,79。

31　譯註：塔塔羅斯（Tartaros）是希臘神話關押惡人的監獄，也是冥界最底層；斯蒂克斯（Styx）是地下世界和地上之間的冥河；卡戎（Charon）是冥河渡夫，亡魂需要付錢；克伯魯斯（Cerberus）是惡魔的後代，三頭狗守著地下世界的大門，黑帝斯是希臘神話中統治冥界的神；而普魯托是羅馬神話中冥界的神。

32　譯註：nekyia 希臘文原指召喚亡靈以詢問未來命運的儀式，荷馬《奧德塞》有一篇以此為名，從此代表遊冥府的意思。這裡但丁的遊冥府也就是提到《神曲》裡的〈地獄篇〉所描述的。

　　　　　　　　　　　夢與幽冥世界：神話、意象、靈魂

幻想旅程那般。只是他們用的是意象，而佛洛伊德用的卻是概念。然而佛洛伊德對他自己夢相關理論的感覺，正證實了夢的原型意義。他說：夢的理論「標記著一個轉捩點」，「分析從此從心理治療的方法變成關於人性深層的心理學。」夢的理論對他來說是「一塊新發現的土地，從屬於民間傳說與神祕主義的疆域重新開拓出來的。」佛洛伊德繼續表示，他常常在工作上感到疑惑、混淆的時候，便轉念到夢和他的夢理論上，就可以重新恢復信心（*NIL*, p.15-16）[33]。

恩尼斯特・瓊斯[34]在寫到有關佛洛伊德的自我分析（這構成了那本關於夢的書）時，同時也沉迷於英雄下到地下世界的神話：「……佛洛伊德進行了他最偉大的英雄事蹟：一次對自己無意識的精神—分析……這件事獨一無二的地位仍然不變。一旦完成就永遠沒有別的了。因為再也沒有人能成為這些深處探索的第一人……這件事是極為英勇、極為冒險的。這是多麼堅定的勇氣啊……」在下一頁中，瓊斯稱之為「赫克力斯般的力作」（Herculean labour）。[35]

佛洛伊德的地下世界經驗，和榮格日後自己進行的下探一樣，都是他們自己整個人生的試金石。因為如此，佛洛伊德才這樣形容自己的《夢的解析》一書：「像這樣的洞見實屬個人一生中僅此一

---

[33]　原註 18：*NIL*, pp. 15-16。這一段可以視為佛洛伊德信仰的告解和這信仰的操練方式。如果我們將佛洛伊德之中的「科學」改為「宗教」，將「夢的理論」用「地下世界的靈視」取代，這一段文字和其中口氣的信條本質就變得一致，甚至是明顯的。

[34]　譯註：瓊斯（Ernest Jones, 1879-1958）是佛洛伊德早期弟子，榮格介紹給佛洛伊德的。他是英國精神分析的奠基者，根據佛洛伊德口述而寫成他的傳記。

[35]　原註 19：Ernest Jones, *Sigmund Freud: Life and Work* (London: Hogarth Press, 1953), 1:351.。

次的命運。」[36] 而這個個人意義的理由也相映對照著地下世界的神話。佛洛伊德寫道：「我發現這（本書）是我自我分析的一部分，我對父親之死的反應；這可以說是男人一生中最重要的事件，最慘痛的失落。」[37] 如果我們從隱喻層次來理解他的話，對照遊冥府的背景故事，或原型中的下探（還記得埃涅阿斯〔Aeneas〕和他在地下世界的亡父吧），我們更可以瞭解為什麼對佛洛伊德而言，夢的理論或許也是他一直不變的願景和「通關密語」（Shibboleth）[38]（*NIL*, p. 15）。這不只是由潛抑、願望實現、夢工作等許多假設所構成的理論而已。這是來自地下世界的啟示，用他那個時代和他個人的密碼的信仰語言，也就是用理性科學的比喻，所講述而成。

佛洛伊德後來在提出另一個重要的想法時，再次召喚出「偉大的費希納」（*ID*, p. 536）。這個想法對於我們來理解精神分析中地下世界的重要性，並不亞於他的夢理論。我所指的，是佛洛伊德的小書《超越快樂原則》（*Beyond the Pleasure Principle*），他這本書再次以費希納為起點（p.3-5）。佛洛伊德說：「……我們已經明白了，掌管所有心智歷程的原則是費希納的趨穩傾向（tendency to stability）中的一種特例……」（*CP* 2: 255）。我們對地下世界的神怪角色總是描述他們一再重複、無法救贖、無法彌補的特性，在暗喻上正好呼應著費希納的穩定性原則（principle of stability），而佛洛伊德將這原則與死亡驅力相連結。在本書結尾談到關於所謂病態心理（psychopathy）和社會病態人格（sociopathic personality）這些

---

[36] 原註 20：Preface to the third English edition of *ID*.

[37] 原註 21：Preface to the second edition of *ID*.

[38] 譯註：Shibboleth，宗教用語，驗證用的口令、暗號，在這裡譯成通關密語。

迫切的社會問題時，我們將會回到這項心靈中不變的成分。

　　佛洛伊德對於費希納的崇敬，讓我覺得不只是對他想法的尊敬而已[39]。「老」而「偉大」的費希納，有過悲慘的中年危機和地下世界的經驗，有在科學和神祕主義之間、在觀察和懷疑之間的熱情掙扎。他對佛洛伊德而言可能是一位內在的心靈導師，就像榮格也回頭尋找卡魯斯、帕拉塞蘇斯、杜恩和哥德（Goethe）[40] 等人一樣。心理學的傳統建立在自身的傳統上，不只是在它的這些理念裡，也在我們選擇要投以目光的人物裡，而且幫我們繼續編織，我們自己個人的傳記。

---

[39]　原註 22：根據《發現潛意識》（H. F. Ellenberger, *The Unconscious*, p. 218）：「佛洛伊德從費希納那裡學到心智能量、心智的拓樸空間概念、快樂不快樂原則、恆常原則和重覆原則。精神分析大部分的理論架構，如果沒有這位佛洛伊德稱為偉大的費希納這個人，是很難出現的。」
費希納對榮格的相關性，除了榮格提到的，其實也還有很多。費希納思考因果原則，在一篇幽默文章談第四維度，並且提出在這情形下影子是活著的；有篇論文是《極端觸覺》（*extrema sese'tangunt*）（榮格經常提及「觸感的極端」〔les extrémes se touchent 〕）；費希納在另一篇文章用諷刺的口氣主張這個世界可能是透過破壞原則而產生的；他用晶體作為靈魂特殊力量的例子（"Zur Seelenfrage", 收在 *Dire Tagesansicht*, op. cit. n.12）。同時，費希納的父親和祖父也是鄉村牧師。只是費希納的父親是啟蒙主義的，上講道壇是不戴假髮的，要他的孩子接種霍亂疫苗，而且在教堂頂端裝燈竿。費希納和榮格一樣的是，他們學醫而沒學神學。更多有關費希納的資料（包括英文翻譯的片段），可以參見 Water Lowrie, *Religion of a Scientist: Selections from Gustav Th. Fechner*, (New York: Pantheon Books, 1946)。討論費希納的文章最近是刊在 *J. Hist. Behav. Sci.* 10 (1974)。

[40]　譯註：卡魯斯（Carl Gustav Carus , 1789-1869）是德國生理學家和畫家，萊比錫出生，是哥德好友。帕拉塞爾斯（Paracelsus, 1493-1511），中世紀瑞士醫生、鍊金術士、占星師。吉爾哈德·杜恩（Gerhard Dorn, 1530-1584）是十六世紀比利時的煉金術大師、哲學家、醫生、翻譯家、藏書家等等。

第三章

心靈

將神話放在心理觀念系統中同步探究，讓我們有機會看到古典神話不只是過往的一部分，也不只屬於另一個年代，或是只屬於精於希臘與拉丁文化的學者而已。神話是活生生地存在於我們的症狀和幻想之中，也存在於我們的觀念系統裡。神話為許多觀念，像是佛洛伊德的「潛意識」或「本我」，清晰地提供了生命力和可信度。我們之所以相信佛洛伊德，並不只是因為他將一切證據以十分邏輯或實證的方式呈現出來；我們信服他，是因為理論中的隱喻構成的次結構，觸動了我們心靈記憶的深處，這塊幽冥地下世界的原型領域。

　　因此，從佛洛伊德理論的這些研究，我們獲得原型心理學的基本原則：神話和心理學之間是可以相互轉換的。神話是古代的心理學，而心理學是現代的神話。準確來說，古代人沒有心理學，但他們有神話——一種對於身處於大於人類的力量和意象下的人們所進行的推測性敘說。大致來說，我們現代人沒有神話，但擁有心理學系統——一種對於身處大於人類的力量與意象之下的人們所進行的推測性理論；而這些力量與意象，在心理系統裡稱之為場域、本能、驅力、情結。這是原型心理學的信條（也許也是原型心理學和其他心理學不同的重要標誌），也是操作方法。我們因此有機會將所有的心理位置，都對應成幻想或神話的主題（mythologem）。透過神話的運用，它促成了實證主義的自我批評。我們的信條也作用在每一個神話故事和人物上，僅僅將一切從單純的故事裡移出來，加以上下移動，就可以展現出神話在我們的心靈之中，在心智和心的習慣上，是如何開始發生作用的。我們將試著在神話與心靈兩者之間來回省思，運用它們提供對另一方的理解，避免任何一方受限

於自己的領域內。

深度

　　神話與心理學的關係明顯展現在深度心理學的德文
Tiefenpsychologie 這一名詞中，深度心理學這名詞是在二十世紀初
由蘇黎世精神科醫師布魯勒[1] 提出的，這名字十分適合來描述精神
分析這新科學[2]。這命名把注意力從拆解事物的活動轉移到深入觀
看上。於是，這個新領域現在有了一個不同基礎，較不是像物理性
的科學那樣透過分析性的還原而變得片片斷斷，而是形上哲學的，
因為還原的目的如今是要得到更深入的瞭解。然而，這個不同的基
礎，並不是一個新有的立基點。這其實是非常古老的，因為這個字
的選擇以及其涵意，又一次說明了有個古老意象連結著心理學和深
度。

　　赫拉克利特[3]（frg. 45）首度將心靈（phyche）、理性原則
（logos）和深度（bathun）連結在一起：「你沒辦法找到靈魂的邊
界，即使你遊歷了每個地方，它的法則就是這麼深」。就如史磊
爾[4] 說的：「在赫拉克利特的作品裡，深度的意像是設計來闡明靈
魂的突出特色及它的疆域：它有自己的範圍，但不是在空間中開展

---

[1]　譯註：尤金・布魯勒（Paul Eugen Bleule, 1857-1939）瑞士精神醫學教授，是思覺失調症一詞
　　的命名者，是榮格進入臨床精神醫學的導師。

[2]　原註 1：*CW*72：§410; H. F. Ellenberger, *The Unconscious*, p. 562n。牛津英文詞典在 A-G 的增補
　　中則認為，「深度心理學」是首先引用在佛洛伊德 1923 年作品《自我和本我》英文版，但在
　　〈潛抑〉（ "Repression," 1915, *CP* 4:106）一文中就有了。

[3]　譯註：同第二章註 16。

[4]　譯註：史磊爾（Bruno Snell, 1896-1986），德國古典學、語言學家，任教於漢堡大學。

的」[5]。從赫拉克利特之後，深度成為心靈中的一個方向、一種品質、一個向度。我們所熟悉的「深度心理學」這一個詞表達的很直接：為了探究靈魂，我們必須走得深；而當我們深入，靈魂就會參與進來。靈魂與心理學的法則，意指一種在靈魂迷宮的旅程，一個我們永遠不夠深入的迷宮。

這裡，我們可以明白，我們相信所以選來描述所有原型歷程和原型觀念的隱喻，例如佛洛伊德的潛意識、布魯勒的深度心理學，其實本質上就是這些歷程和觀念本身的一部分。這感覺就好像原型素材會自己選擇描述的詞彙來作一個種自我表達。命名不只是一個唯名論的活動，而是真實存在的，因為名號帶領我們進入它的真實，我們甚至可以認為有一個原型的選擇因子參與了名字的創造。讓我們稱這個是「原型語義學」或「原型語音學」吧，在這個基礎上，我們才有原型解釋學。畢竟，從心理學語言引出了原型的意義，確實暗示了意義早已存在於字詞之中，包括它們的字根或發音[6]。

正如佛洛伊德在深度心理學的初始回應了神話中幽冥的地下世界，赫拉克利特也在哲學發展的開端就預示了心理學中的潛意識。我們應該感謝赫拉克利特為深度心理學提供了的背景知識和深刻理解。亞里士多德說赫拉克利特把靈魂當成領導（archon），當成首要準則，這讓他成為我們的典範裡的第一位深度心理學家[7]。這也

---

[5]   原註 2：B. Snell, *The Discovery of Mind* (New York: Harper & Row Torchbook, 1960), p. 17.

[6]   原註 3：這個想法是來自 Paul Kugler 有關意象語音學（image phonetics）的可能。參考他的 "Image and Sound," *Spring* 1978 (Dallas: Spring Publications, 1978), pp. 136-51。

[7]   原註 4：Aristotle, *De anima*, a2, 405a25.（《論靈魂》）

表示著我們也樂於以同樣觀點——將心靈放在首位的觀點——來閱讀他的學說殘片。當我們以神話的方式來閱讀佛洛伊德學說的時候，我們也以心理學的方式閱讀赫拉克利特。

因此，赫拉克利特對靈魂深處的描述也暗示了，對靈魂而言，只有可見的一切（只有屬於自然的）永遠是不夠的。靈魂渴望深入，要向內走得更深。為什麼呢？他的答案（frg. 54）是：「不可見的連結比可見的連結更強。」為了探索事物的基礎結構，我們必須要進入它的黑暗面。這又是為什麼呢？赫拉克利特說：「每個事物的真實特質傾向於隱藏起來」，這看法有人翻譯成「大自然喜愛隱藏起來」（Burnet, p.10: Wheelwright, p.17）。順著這一點，我們可以進一步檢驗隱藏和不可見這兩個概念與黑帝斯的關係。但進行這一切之前，我們得先掌握住赫拉克利特的暗示。如果將剛才引述的幾個片段放在一起，我們就明白，深度的面向將是能穿透隱藏的其中一個方法，然而，既然只有隱藏的部分才是所有事物的真實自然，連大自然本身也是如此，那麼，也就只有靈魂的道路才可以帶來真實的洞察了。赫拉克利特認為真實就等同於深度，他因此打開了心理學的解釋道路，一種解釋所有事物本質的觀點。這感覺好像他知道「理解」（understand）[8] 這個英文字的拼法似地，彷彿他是讀過海德格（Heidegger）才這樣來探究的。

從赫拉克利特的想法，我們瞭解到靈魂不只是佛洛伊德拓樸空間的一個領域，甚至也不只是赫拉克利特思想中的一個面向；靈魂同時也是一種穿透的作用，一種對深度的洞察，使自身得以前進。

---

[8]　譯註：understand 這個字有「在下面」（under）的含意。

如果靈魂是主要的移動物，它的主要移動方式就是深入，藉此擴充自己的範圍，一如佛洛伊德藉由他拓樸空間的探索來增加心理學的洞穴和構成。這些在無垠世界中對隱藏連結中的追尋，恰恰指出了心理學內在所隱含的帝國主義。所謂的深度是沒有邊界的，而所有的事物都歸於靈魂。一切事物的基本元素都是建構了又解構、生成了又衰退，而進入了靈魂（frg. 36）──這個無常世界最初也是最終的詞彙。

我在其他地方曾敘述過這種無止盡的靈魂製造（soul-making）活動，而且稱它為「心理化」（psychologizing）[9]。現在，我們可以給這個行動一個更明確的神話主題。這一股天生的動力一直想要到達表象之下，去接觸那些「看不見的連結」和隱藏的構造，因此能帶領著我們走向這一切已經擁有的內在世界。心靈裡這些土生土長的驅力（urge），這種想要在心理層次有所理解的原始欲求和佛洛伊德所謂的死亡驅力及柏拉圖所謂對黑帝斯的渴望（*Cratylus* 403c）看來是相似的。這驅力在分析的心智中展現出自己，透過事物的拆卸來塑造心靈。於是這一切的運作方式，破壞、溶解、分解、拆卸和瓦解，在煉金術式的心理化和在現代的精神分析化都是必要的過程。我們現在也可以體會精神分析（佛洛伊德）和分析心理學（榮格）這樣的用詞為什麼對於靈魂的塑造是必要的。它們描述了對將深度加以崩解的方法，而這正是黑帝斯神話[10]。

---

[9]　原註 5：*RP*, Ch. 3.

[10]　原註 5a：Jung, *CW7*: §303，暗示黑帝斯開始將這些「看不到」的靈魂聯接上「充滿看不到事物的世界」時，「並沒有連上我們的道德物質」。

黑帝斯

　　理所當然地，黑帝斯是深度之大神，看不見領域之大神。祂自己是不可見的，這意謂著所有看不見的連結都是黑帝斯，也意謂讓事物得以保存其形式的這個基本的「某個什麼」就是它們的死亡祕密。如果大自然就如赫拉克利特所說，是喜愛隱藏，那麼自然／本質就是喜愛黑帝斯的。

　　傳說黑帝斯在地上世界沒有神廟，也沒有祭壇[11]，與祂唯一的面對面就是暴力、就是侵害（波瑟芬妮的強暴[12]；對單純無攻擊力的女神進行攻擊，也就是白楊樹女神〔Leuce〕和水澤女神〔Minthe〕[13]；還有在羅馬史詩《伊利亞特》〔*Ilid*, 5, 395〕，或古希臘詩人品達的《奧林匹亞讚歌》〔*Ol.* 9, 33〕）。祂是如此不可見，所以整個希臘古藝術的收藏品中都沒有理想的黑帝斯肖像，不像我們所熟悉的其他諸神[14]。他沒有代表的特質，除了一隻鷹[15]，這鷹呈現了祂和兄弟宙斯之間陰影一般的連結。祂在地球上沒有留下蹤跡、沒有遺傳下來的氏族、沒有後代[16]。

　　黑帝斯的名字並不常見。有時候，祂被稱為「看不見的那位」（unseen one），更多時候稱為普魯托（代表財富、豐饒），或稱

---

[11]　原註6：Cf. M. P. Nilsson, *Geschichte der griechischen Religion*, 2d ed. (Munich, 1955), 1:452.（《宗教翻譯史》）。

[12]　譯註：波瑟芬妮（Persephone），宙斯和狄蜜特（Demeter）的女兒，是黑帝斯趁狄蜜特不在而劫走（即強暴）成為冥后。狄蜜特為希臘神話中賜予大地生機的豐收女神。

[13]　原註6a：Cf. "The Misfortunes of Mint," Ch. 4 of Marcel Detienne, *The Gardens of Adonis* (London: Harvester Press, 1977).

[14]　原註7：*Lex*, s.v. "Hades."

[15]　原註8：*Cults* 3:286

[16]　原註9：*Cults* 3:283

為特豐尼歐斯（Trophonios，滋養的）。這些黑帝斯的隱藏版被詮釋者用來委婉掩蓋對死亡的恐懼，但，為什麼是選擇這些特定的委婉說法，而不是其他的詞？也許，普魯托這詞對黑帝斯是一種描述，一如柏拉圖對這大神的瞭解。因此普魯托意味著隱藏的財富或看不見的豐饒。所以我們可以理解為什麼沒有崇敬黑帝斯的儀式和獻祭：黑帝斯是富有的一方，是提供靈魂一切滋養的一方。有時，祂和塔納托斯[17]合一，埃斯庫羅斯[18]寫道：「死神是唯一不喜歡禮物、不在意獻牲或奠酒的神，是沒有祭壇，也不接受讚歌的神……」（frg. *Niobe*）。在陶瓶上的黑彩畫上，當黑帝斯出現時，臉總是轉開的[19]，好像祂任何被描繪的特定外貌都不曾存在過。所有這些「缺無」（negative）的證據結合成明確的空無形象，是不為人知、卻擁有響亮名號的內在或深度，即使看不見，也可以感覺得到就在那裡。黑帝斯並不是不存在，而是一種隱藏的存在，是一個沒法看見的完整。

從辭源學來研究黑帝斯這死亡惡魔的字根，就知道這意涵是「隱藏者」（hider）[20]。為了能更清楚的掌握黑帝斯隱藏在事物中

17　原註 10：Cf. *PW*, s.v. "Thanatos." 譯註：塔納托斯（Thanatos），希臘神話中的死神，是個俊美男性，住在冥界，司掌死亡的神。

18　譯註：埃斯庫羅斯（Aeschylus, BC525-BC456），古希臘詩人。

19　原註 11： *Cults* 3:287。

20　原註 12：《心靈與死亡》（E. Herzog, Psyche and Death, trans. D. Cox and E. Rolfe [London: Hodder & Stoughton, 1966, p. 39f]），是關於各種死亡惡魔的語源學。關於黑帝斯這詞的語源學完整的討論，可以參考《希臘字源詞典》（Hjalmar Frisk, *Griechisches Etymologisches Wörterbuch* [Heidelberg: Carl Winter, 1973], 1:33-34）。柏拉圖是在語源學上將黑帝斯等同於「看不到或隱而不見」的重要權威（《高爾吉亞篇》〔*Gorgias* 439b〕、《斐多篇》〔Phaedo 80d, 81c〕）。在〈關於黑帝斯和普西芬妮的起源〉（L. Wächter, "Zur Ableitung von 'Hades' und 'Persephne'," *Zeitschrift f. Relig.- u. Geistesgeschichte* [1964]:193-97），認為黑帝斯的起源不是「隱而不見」，而

　　　　夢與幽冥世界：神話、意象、靈魂

的方法，讓我們把這個概念加以拆解，對「隱藏」（hider）這個詞本身隱含的連結與隱喻好好地傾聽：（一）在視野以外的地方掩藏、覆蓋、隱瞞的，無論是屍體或各種不明的神祕；（二）隱密、密傳，或隱蔽在祕密氣息中的；（三）本身不能被看見的：不可見，如同不存在於任何空間中，沒有任何伸展；（四）沒有光：既暗、且黑；（五）不能透過檢視而看到的，也就是被封鎖、審檢、禁止或隱蔽的；（六）隱藏，如同包容在內部的（內在的）或包容在底下的（低下的），因此與拉丁字「cella」（地下的儲藏室）與古愛爾蘭字「cuile」（地下室）及「cel」（死亡）同源，也與我們的詞「地獄」（hell）同源；（七）體驗到的是恐怖和懼怕的，一種空無，一個空缺；（八）體驗到的是隱藏起來的，譬如從生活中退縮或逃避遠去；（九）鬼鬼祟祟、偷偷摸摸、欺詐，比如荷米斯[21]隱藏的動機及與看不見的連結。簡單來說，黑帝斯是隱密的隱藏者，同時管轄地窩（crypt）與神祕（cryptic），這正是赫拉克利特的這句話（frg.123）：「大自然喜愛隱藏」（physis kryptesthai philei）不可捉摸且蘊含多重的暗示。

有人說黑帝斯戴的帽子或帽盔原來是屬於荷米斯的，原本和黑帝斯幾乎沒什麼關係[22]。這個帽子是一個奇怪的現象：荷米斯戴它，黑帝斯戴它；雅典女神戴上它來打敗戰神阿瑞斯（Ares），而

是閃族的地下世界字根「waters」，源自深處的。這樣的起源學並沒有改變以下的等號：地下世界等於潛意識或本我；因為佛洛伊德經常將本我形容成「貯藏所」，就像榮格學派將潛意識說成「來源」或「源起」。

[21]　譯註：荷米斯（Hermes）是希臘神話中為眾神傳信並掌管商業、道路的神，頭上戴著一頂有翅膀的帽子；而黑帝斯也曾以同樣形象出現。

[22]　原註 13：H. Lloyd-Jones, "A Problem in the Tebtunis *Inachus*-Fragment," *Class. Rev.*, n. s., vol. 15, no. 3 (1965) :241-43.（〈有關鐵伯度尼城的伊納喀斯片段的問題〉）

珀修斯（Perseus）用它來戰勝蛇髮女妖（Gorgon）。這帽盔能將讓戴著它的人隱形。顯然，能將荷米斯和黑帝斯連結的明確意象（見荷馬史詩《荷米斯的讚美詩》〔 *Hymn to Hermes* 〕）就是祂們的頭飾。荷米斯和黑帝斯以同樣風格來遮蓋祂們的頭，兩者都藏起祂們的想法，並接收隱藏的想法。祂們意圖讓人看不見祂們。我們不能覺知祂們的頭在哪，儘管我們內心深處可以隱密探測到一些感覺。因為從未能發現祂們暗藏的心智在盤算什麼，我們於是把祂們視為讓人迷惑的、難以預測的，令人恐懼的，或是有智慧的。

當我們仔細想想黑帝斯的住處時，我們必須記得神話（佛洛伊德也是如此）告訴我們：幽冥的地下世界沒有時間。那裡沒有任何衰退，沒有前進，也沒有變化。因為時間和地下世界是完全不相關的，我們也不應設想地下世界是死後世界，現有的只是這一生的事後想法。黑帝斯的空間如今只是心理學領域，不再是涉及末世論的領域。這裡不再是遠離而無法判斷我們行動的空間，而是提供了判斷的空間，而在空間裡的是我們行動內在有著抑制作用的反思。

地下的幽冥世界與地上的日常世界並存，表現出來的意象就是黑帝斯和宙斯（或是和宙斯相同的大神）兩者的無法區分。同樣的，黑帝斯和宙斯的兄弟關係，也說明了地上與地下世界是相同的，只是觀點有所不同而已。他們是同時存在的、單一而相同的世界，只不過是一位兄弟是從上方透過光線的觀看，另一位則是在下方而看進了黑暗。黑帝斯的領域是與生命相連的，是完全交會的，恰恰就在下方，祂的陰影兄弟（Doppelgänger）為生命帶來了深度與心靈。

由於黑帝斯的領域被視為每一靈魂的終點，黑帝斯也就成為最

　　　　　　　　　　　　夢與幽冥世界：神話、意象、靈魂

終的因由、意圖，每一靈魂與靈魂歷程的終極目的（telos）。如果如此，所有的心靈事件也就都有黑帝斯的面向，而且不只如佛洛伊德所說，認為是死神帶來的殘酷或破壞而已。所有的靈魂歷程，所有心靈中的每件事，都走向黑帝斯。因為終點是黑帝斯，終極目的也就是黑帝斯。於是所有的事情都可以更深入，以可見的聯繫走向看不見的部分，透過死亡而有了生命。當我們在各種經驗中尋找最具啟示的意義時，我們經常在任其走向黑帝斯，也就是在詢問這和「我的」死亡有什麼關係。就這樣，本質（essence）於是浮現。

在這裡，黑帝斯對心理學理論也有意義。當一個心理學理論強調有一個終極的觀點存在時，例如榮格的和阿德勒的，便和黑帝斯的看法會有所相關，即使這些心理學理論最後並沒有向這些終點發展下去。我的意思是說，心理學理論中的終極目的論（finalism）似乎羞澀地躲開了神話學的完整後果；然而終極目的論不只是一個理論，而是靈魂呼喚著黑帝斯的體驗。

現在，先暫停一下。我們要小心，不要將這個呼喚當成我們文字中的死亡，文字中與死亡有關的講述和書寫到現在已經太多了，以致我們開始以自己為很懂這些我們其實完全不知道的事。文字中的死亡變成一個陳腔濫調的神祕，這也是為什麼會有這麼多暢銷書以這關於不知道的一切為題材。

對於黑帝斯的呼喚，我寧可將它視為意圖浮現的感覺（sense of purpose），在我們談到靈魂時出現。它要的是什麼呢？它試著想講什麼（透過這個夢、症狀、經驗，或問題）？我的命運或個體化歷程會走向哪裡？如果我們正視這些眼前的問題，我們當然就會知道自己的個體化歷程所朝向的方向，也就是死亡。這個不可知的目

標就是人的條件中絕對確定的一件事。黑帝斯是看不到的，卻是絕對存在的。

對黑帝斯的呼喚，暗示了靈魂歷程的所有面向，最終的理解應該不只是所有的人都會走向死亡，更應該是理解成對死亡之中和死亡之際的特有事件。於是，每一個平面本身就是一個已完成的意象，而目的完成的那一刻同時也是未終結的，不是字面的意思，而是深度上的無限。換句話說，沒有一個地方可以停止，但任何地方又都可以停止，因為終點不是屬於時間而是屬於死亡的，而死亡在此指的是任一事物的目的或完成；或者說，我們可以任意停下，因為以最終的觀點來看，每件事本身都是一個結束。所謂目標，永遠是當下。

真正終極目的論的心理學，將會在方法中顯示出它的盡頭目標。我們在這個心理學朝向死亡工作的方法中，將能看到心理學關於死亡的最終目標。因此，所謂充分活出終極目的論點，意謂著去承受黑帝斯與地下世界對每個心靈事件的觀點。因此我們會問：這事件對我的靈魂、對我的死亡有什麼意義呢？這樣的問題擴展出無止無盡的深度，心理學也再次被黑帝斯推進靈魂的帝國主義，反映了這王國的帝國主義傾向，和死亡的徹底主導權。

黑夜的子嗣

黑夜與白天兩者之間的強烈對比，以及夢只能在睡眠及死亡的黑夜世界居住，這在赫拉克利特之前就開始了。荷馬的《伊利亞特》（14.321; 16.454,671,681; 11.241；參考《奧德賽》, 13.79

f.）中，睡神（Hypnos）與死神是雙胞胎兄弟。他們不只是抽象概念的詩意寓言。「在荷馬史詩中，睡神是可以決定是否給予某人睡眠的真實人物。」[23] 這些非常有活力、非常強大的人物，管理著我們的黑暗面，根據赫西奧德[24]的作品《神譜》（Theogony，211ff.）說的，祂們是夜之兒子。祂們是她的兩個偉大子嗣，其他子嗣還有老年、嫉妒、爭鬥、厄運、哀慟、命運、欺詐，還有：夢（oneiroi）。[25]

荷馬在《奧德賽》（Odyssey）中，描述的夢若不是住在黑帝斯的住所，屬於祂世界的一部分，就是他們自己靠西海的房子裡，而西海是太陽下山的地方。到了詩人維吉爾（Virgil）[26]筆下，夜晚的所有子嗣都住在地下世界，這在羅馬詩中後來也成了常規。歐維德（Ovid）[27]在他的《變形記》（Metamorphoses, 11.614），說夢出現時像是地下世界的生物，沒有肉體的生命。荷馬（《奧德賽》，

---

[23]　原註 14：B. C. Dietrich, *Death, Fate and the Gods* (London: Athlone, 1967), p. 360.

[24]　譯註：赫西奧德（Hesiod），西元前八世紀的古希臘詩人，與荷馬同一時代。

[25]　原註 15：對黑夜子嗣的充分討論，可以參考〈夜神〉（*Lex*, s.v. "Nyx"）和《神話、宗教崇拜和民間信仰中的夜》（E. T. Reimbold, *Die Nacht im Mythos, Kultus und Volksglauben* [Cologne: Wison, 1970]）。至於睡眠和死亡以及他們母親黑夜的圖象學則參考 H. von Einem, "Asmus Jacob Carstens, Die Nacht mit ihren Kindern," *Arbeitsgemeinschaft f. Forschung des Landes Nordrhein-Westfalen* 78, 24 plates (Cologne: Westdeutscher Verlag, 1958)。雕像的傳統可以回溯到斯巴達，當地睡眠伴隨著死亡，就如在古希臘西錫安城中睡眠伴隨著夢（Pausanias 3. 18, 1; 2.10, 2）。在 Kirk, *Pre-Socratic Philosophers*, op. cit. "Abbreviations," pp. 19-24 中，給了夜與祂的宇宙進化意涵一個簡短卻有價值的論述，這論述是根據收集古早作者的篇章而來。根據 Reimbold (p. 25)，起源於地球與海洋的力量普遍是侵略性的，對於世界秩序是極強有力且分裂性的力量；來自夜的力量，祂的子嗣普遍是冷淡的、沉重的、寂靜的、致命的、無生氣的。Cf. C. Ramnoux, "Histoire antique de la 'Nuit'," *Cahiers Internat. de Symbolisme* 13 (1967):57-68.（《夜的古史》）

[26]　譯註：維吉爾（70BC-19BC），古羅馬詩人，被奉為羅馬最偉大國民詩人之一，影響但丁、莎士比亞等後代文學家。

[27]　譯註：歐維德（43BC-13AC），古羅馬詩人，與維吉爾齊名的古羅馬經典詩人。

11.204-22）用另一種方式表達了類似的想法：死者的心靈像是夢一般來回飛翔、盤旋。奧菲斯式的神話中把夢、死亡和睡眠描述成同一組，稱為死亡的兄弟和遺忘的兄弟。[28] 一個隱約的相似說法來自於印度《阿闥婆吠陀》[29]，提到夢來自於閻摩（Yama）[30] 的世界。閻摩是死亡的統治者。

因此，根據傳統中最古老而綿延不絕的典範，我們不難明白夢所屬的原型群組，就是黑夜的世界。每一個夢都是夜晚的孩子，與睡眠、死亡以及遺忘（Lethe）緊密聯繫。夢是沒有父親的，沒有來自上方的呼喚。它們只有夜晚才來，沒有任何的家是在黑暗的領域以外。這就是夢的系譜學，關於它們起源的神話描述了它們原型上的親屬關係，告訴我們它們來自何處。

我已經強調過這項傳統在歷史中如何源遠流長，而如詩般的意象又是如何發揮其強大的影響力，相信神話時代透過想像力呈現了原型的真實，一如歷史也透過持久的力量展示著原型的真實。佛洛伊德再次成了見證人。當他說夢是保護睡眠的，而且那是夢唯一的目的，他已經將夢和睡眠放進它們古老的兄弟關係。在同樣的脈絡中，當佛洛伊德說夢的建築師是愛欲神（Eros, *OD*, p.66; *NIL*, p.28），說這是因為夢藉由滿足愛欲的願望來保護睡眠，他已經再次將愛欲想像夜晚的子嗣之一，和古羅馬哲學家西賽羅[31] 的想法一

28　原註 16：*The Mystical Hymns of Orpheus*, trans. T. Taylor, (Londn: Dobell, 1896), pp. 159-63 — Hymns 85, "To Sleep;" 86, "To the Divinity of Dreams;" 87, "To Death."

29　譯註：漢譯《禳災明論》，是四大吠陀經的第四部，古印度醫學的起源。

30　譯註：閻摩（Yama）是印度神話中掌管死亡的神祇。

31　譯註：西賽羅（Cicero, BC106-BC43），羅馬共和國晚期的哲學家、政治家、律師、作家、雄辯家，對歐洲的哲學和政治學說影響深遠。

模一樣。[32]

　　如果依循這個對愛欲的見解，愛欲就成為死亡的兄弟，而不是
拯救我們遠離死亡的原則。於是在夢裡發生的一切，和在黑暗中、
在觸摸不到的心靈意象裡得以自我滿足的愛，這兩者之間將有個更
親近的連結。於是，有個朝向下方的愛了，不再只有那位臂膀飛向
他者領空的愛欲。這個朝向下方的愛後來透過愛神[33] 這類的古老雕
塑來完全顯現了：翅膀收起了，火炬指向下方。這般對於深度的相
同渴望，在浪漫主義中變成字面上的描述，偶而在自殺式的愛情契
約中又會被觸動。

　　這樣一來，我們就瞭解，不論在生活中還是在神話裡，愛欲也
許都沒這麼簡單。愛欲這個連結了生命的原則，是否如同佛洛伊德
所說的，是想要融合為一的力比多？還有，是否如同榮格所說的，
是更屬於「女性」（the feminine）的？愛欲是「想望」（Want）
那個永遠有需要的孩子（柏拉圖說法），一個愛睡覺而散漫的小
男孩，還是維納斯的兒子，將她的慾望和歡愉如箭一般射入我們的生
命？他是否像一些神話所說的，是和每件事的先驅，總是「第一個」
到臨；或是基督教總是感受到的「第一個」美德？或者，據哲學家
謝林[34] 所說，愛欲本身是黑帝斯的兄弟？神話留下的愛欲定義十分
令人迷惑，也許這表是我們只能在特定的脈絡中談到愛欲，就像現
在，將愛欲和睡眠、死亡與夢並列為黑夜的子裔。當代心理學充滿
浪漫主義的光輝，有關愛欲的現代論述，如果不違逆某種特定的原

---

[32]　原註 17：Cicero, *On the Nature of the Gods* 3.17.

[33]　譯註：愛神（Amor），指的就是邱比特神。

[34]　譯註：謝林（Friedrich W.J. Schelling, 1775-1854），德國古典派哲學家，黑格爾大學的室友。

型以朝向愛欲，是不會有任何有效性的。一個人在愛的時候而說的一切，更多是描述了這個人，而不是愛本身。這告訴我們，在怎樣的幻想裡，他或她對愛欲的體驗就怎樣開始啟動。

黑夜子裔這個身分帶給夢的，全然不同於成長心理學快樂的樂觀主義，或是性慾的神祕歡愉。沒有人告訴我們，說夢會幫助我們，會透過指出個人創造力的發展方向來豐富我們的生活。也沒有人告訴我們，說從力比多歡愉的本我內涵傾洩而出的夢，是一口充滿希望的井。反而，它們和欺騙及矛盾類似，還有對老化的哀慟、還有命運的末日（也就是：憂鬱），這一切都十分近似。夢帶我們向下，而和這樣的動向相關的情緒則是憂鬱，帶來遲緩、悲哀和內省的感受。

這裡的憂鬱有著不同的面向。對於遠古世界的英雄意識來說，夜晚是邪惡的來源；對奧菲斯式的神祕意識，夜晚則是愛欲與法涅斯[35]的深度。今日，我們的意識沒有英雄意識那麼神祕，我們需要魔法召喚睡神或荷米斯來幫助我們落入睡眠——祈禱儀式、刷牙和泰迪熊，或是自慰、塞飽食物和深夜節目，或是助眠飲料、睡帽和安眠藥。我們文化最基本的睡前故事是為了作夢，作夢是為了進入死亡之神的住所，我們的情結在那兒正靜靜等著我們到來。我們並不是溫馴地步入美好的夜晚。

地下（Underground）與地下世界（Underworld）

在使用「地下世界」（underworld，幽冥世界）這個詞時，某

---

[35]　譯註：法涅斯（Phanes）是神祕古老的生育新生代之神，也是代表力量和思想。

些古典學者提出的一個特性是要謹記在心的[36]。這個特性在心理學上是很重要的，因為它將心靈從自然本性中分開來了。「Chthōn」這個字（地府）與「gē」這個字根（地下）所指的不見得就是同樣的地方或喚起同樣的情感。「所謂的『地府』（Chthōn）和它衍生的種種，最初所指的是寒冷、死寂的深處，一點都沒有繁衍的可能。」[37] 這樣的地下深處與闇黑的大地不同；而大女神[38]（Great Lady，potniachthōn），這位負責派遣有著黑色翅膀的夢，也被稱為復仇女神（Erinys）[39] 的女神，並不能只輕率的融為大母神（Great Earth Mother）的一種形象。

心理學的大母神情結連自己的各種分身都吞噬了。難怪這個情結也稱為「銜尾蛇意識」（uroboric consciousness），因為她甚至讓自己也消融，在詮釋上變得只有單一調性，這讓我確信自己所反

---

[36]　原註 18：L. Preller, *Griechishe Mythologie* 1 (Berlin: Weidmann, 1860)（《翻譯神話學》）；621ff.; *Demeter und Persephone* (Hamburg, 1837), pp. 189ff.（《狄蜜特和普西芬妮》）. U. v. Wilamowitz-Moellendorf, *Der Glaube der Hellenen* 1 (Berlin: Weidmann, 1931): 202-11（《希臘人的信仰》）.

[37]　原註 19：參考 Wilamowitz-Moellendorf, *Der Glaube*, p. 210, cited by W. K. C. Guthrie, *The Greeks and Their Gods* (London: Methuen, University pb., 1968), p. 218。Guthrie 描述了 Wilamowitz 的觀點，但反對他而支持 Rohde。古典學者的爭論重複於佛洛伊德與榮格之間的爭論，榮格明顯的轉換了性慾的本質。它是屬於 Ge，是一種繁衍的、如實的、實質的興起土的？或它是屬於地底世界的，表示精神比實體表現更有深度？榮格與雅菲（A. Jaffe）在《回憶、夢、反思：榮格自傳》（*Memories, Dreams, Reflectins*, transl. R. & C. Winston〔New York: Pantheon Books, 1961〕, p. 168）寫道：「但是，我主要的關注是要超越個人意義與功能（Demeter 與 Ge），它的靈性面向與精神意涵，因而能解釋佛洛伊德非常著迷卻無法掌握的……性慾在表達地底（chthonic）精神中有極大重要性。『神的其它面』（other face of God）的本意是神形象的黑暗面（Hades）。自從我開始探究煉金術世界，地底精神的問題就佔據我的心思。」我的斜體字與以中括號插入的文字顯示了閱讀佛洛伊德—榮格差異的方式。佛洛伊德後來在他的死亡驅力重新找回地底世界與黑帝斯。這是不可避免的，因為他把性慾只放在 Ge 層次上。榮格不需要做這樣的動作，因為他起初就是由 Ge 之下的地底世界開始的。

[38]　原註 20：Euripides, *Hekuba* 70.（《赫卡柏》）

[39]　原註 21：Cf. Dietrich, *Death*, pp. 232-39.

覆研究的一神論心理學，與其說是模仿古希伯來思想（在這思想中或其周邊有更多想像的變化空間），不如說是在模仿大母神。一元論（monism）就是母親崇拜（momism）。即便如此，當我們今日研究分析心理學、想要瞭解「地府冥靈」（chthonic）時，我們發現它已經承接了這個原初大地的意涵。而且，因為是原初的、大地的，必然是母權及女性的。因此，我們本能的身體，無論是在肉體或意象、是男人或女人、在過去或現在，這些本能身體都是屬於她的，而我們必須成為謀殺的英雄才能奪回這一切。大母神情結將女性性別和農業與豐饒緊緊掛勾在一起，還有地球、身體、本能與深度等等也是。這個行為忽略了地府同時也是屬於荷米斯、戴奧尼索斯，也屬於宙斯本人的；同時也忽略了（是對一切都無知的忽略）地府不能等同於本能的身體或豐饒的泥土。

讓我們澄清這一點：「地府」並不是只有女性的、不是只有本能的、不是只有身體的，且不一定是和豐饒儀式有關的。正如維拉莫維茨—默倫多夫 [40] 所說：「如果那些研究地府冥靈崇拜的現代學者，認為這是和農作有關，這領域全部與狄蜜特有關，必然是他們的耳朵還沒有習慣希臘文的弦外之音。」[41]「gē」（地下）和「Chthōn」（地府）兩個詞指的是兩個世界，前者是地球／大地與其內，後者是大地地球之下與之外。

這裡強調了三種區別，我們可以將之想像成地球／大地的不同層次：這是一種可以把「大地（Ge）」本身留在地球中的想像，「Ge」這個詞目前仍見於地理學（ge-ography）、地質學（ge-

---

[40]　譯註：維拉莫維茨—默倫多夫（Wilamowitz-Moellendorf, 1848-1931），德國古典語言學家。

[41]　原註 22：Wilamowitz-Moellendorf, *Der Glaube*, p. 211, cited by Guthrie, The Greeks, p. 218.

ology）和幾何學（go-ometry）。第一層的區隔介於狄蜜特地平線之上的綠色平原與「地下（Ge）」之間，前者有著各種生長活動，後者是指狄蜜特之下的土地。而我們所說的第二個層次，是「地下（Ge）」，可以想像成個體或群體在物理或心靈層面的地域，它位於「大地的某處」（place on earth），有著天生的權力、習慣與法則（Ge-Themis）。在這裡，「地下」負擔的是最根本的基調，人類生命對它的依賴比對食物和生殖還要更多。地下於是就像是保證富饒的儀式和法則，是對於萬物的豐饒有著決定性影響的母性原則，也是靈性的基礎。然後，在這一切之下是第三個層次，「地府」（chthon），一個深度的、死亡的世界。

當然，多神信仰的心靈不會堅決去區分這些「層次」的，所以在稱謂與崇拜中，「大地與豐饒女神—大地女神—地府之神」（Demeter-Ge-chthon）常被融合在一起[42]。（學者所想像的希臘人，與希臘人所想像的神並不一致，也不一定要一致。）而且，就如派翠夏・貝瑞[43]所說的，人們也可用地下（Ge）的觀點來看地下世界的所有情結。於是她能指出我在黑帝斯所看到的地府的靈性，也同樣出現在大地女神（Ge），而大地女神（Gaia，Ge）既是物質的和母性的地球，也是充滿自己靈性的地府空間。

這個問題，對個人如何看待地球這件事，扮演了一部分角色。我剛剛用「大地與豐饒女神—大地女神—地府之神」這名詞所呈現的這些意義層次，是想像了一個非物質的地球或純粹的大地（terre

---

[42]　原註 23：參見 *Lex.*, s.v. "Gaia"; Dietrich, *Death*; *Cults* 3, J.E. Harrison, *Themis*, Ch. 11 (Cambridge: At the University Press, 1927).

[43]　原註 24：P. Berry, "What's the Matter With Mother," Lecture No. 190 (London: Guild of Pastoral Psychology, 1978).。譯註：派翠夏・貝瑞（Patricia Barry），榮格分析師，與作者觀點相近的學者。

pur，淨土），向下或向外，而且其存在可能先於我們碰觸的地面。有些詞源學者與古典學者試著在文化上將這三個層次牽上關係，他們相信從歷史角度來說，一個較早出現的意義在層次上是優於另一個的；就如在系譜學中的幻想一樣，他們從一個層次試著衍生出下一個層次，追溯著這三個觀念的發展歷史。例如，柯克[44]認為錫羅斯的斐瑞君德斯[45]（frg.1），他在一開始就把地府之神、宙斯和原始時間神（Chronos）放在一起，「但是地底之神取得 Ge 的名字……」[46]

　　我則是選擇保留這三個名詞與三個擬人性質所反映出的心理學特性，而不是進入歷史幻想像的爭論中。大地女神（Ge）本身呈現了兩個面向。其一，她和懲罰性正義，也和命運之神有關，她也有預言、神喻的力量。（大地女神〔 Ge 〕在米科諾斯島是被敬拜的，同時受敬拜的還有宙斯與戴奧尼索斯，因為在雅典的亞略巴古城，她與地府的普魯托及荷米斯，還有雅典復仇女神〔 Erinyes 〕相關。）這是派遣黑翼夢境的大女神（great lady），而且恰好是特彌斯（Themis，「正義」）的母親。其二，她這個靈性的部分可以區分出來，不同於穀物與水果來自物質的大地女神（就是大地狄蜜特〔 Ge-Demeter 〕這個字）。狄蜜特也有神祕的部分，她的女兒波瑟芬妮歸屬於黑帝斯，因此也有地下世界的功能。靈性的意義不能被歸併到物質（死亡崇拜相對於豐饒儀式，正義感相對於農作儀

44　譯註：柯克（Geoffrey Kirk, 1921-2003），英國古典學者。

45　譯註：錫羅斯的斐瑞君德斯（Pherecydes of Syros），蘇格拉底以前的哲學家，以宙斯、大地和時間三聖則提出希臘神話的宇宙起源。

46　原註 25：Cf. Kirk, Pre-Socratic Philosopher, op. cit. "Abbreviations," p. 50，在此，他試著整理 Ge-Chthonie-Demeter-Hera 間的關係。

式），不要忽略一個明確的事實，就是不同的人物有不同的稱號。換句話說，就連地球和自然都有它們的心靈功能，也有它們的許多塵世功能，而且當這個心靈功能開始運用到大地的時候，地上同時會有很多作用的方式。這也就是說，是透過心靈活動，而且不只透過大自然的這一切活動。

這個差異在於地府與地球之間、在不可見的底部與可觸及的地面之間、在靈魂的黑暗面與黑色的土壤之間、在心靈深度與實質深度之間、在入門祕儀（initiation mystery）與豐收儀式間，可以找到一個對比，就是埃及三個象形符號之間的差異，第一個是大地，另一個是阿克爾[47]，或在存在邊緣的地底入口，而第三個是深黑藍色胡狼狗頭形象的阿努比斯[48]的死亡領域[49]。再一次，這些差異用距離呈現出來。十九世紀末期最激進的古典學者羅德[50]，這位尼采（Nietzshe）的朋友，在他偉大的作品《心靈》（*Psyche*）中說，黑帝斯和波瑟芬妮的地下世界離我們的世界是那樣的遙遠，以致遷移到那裡「對大地上的人在生活和作息上不可能有任何的影響」[51]。他進一步強調「Ge」的地下與「chthonic」的幽冥地下世界間的差異，因此說：「比起在許多地方被敬拜的那些帶著地底本質的男女群神，『Ge』很少在實際的祭拜中出現。」[52]

---

[47] 譯註：阿克爾（Aker），埃及最早的神，地平線的象徵。

[48] 譯註：阿努比斯（Anubis），埃及神，與死後生活有關，胡狼頭的人像，與死後世界有關。

[49] 原註 26：R. T. Rundle Clark, *Myth and Symbol in Ancient Egypt* (London: Thames & Hudson, 1959), p. 257.（《古埃及的神話與象徵》）。

[50] 譯註：羅德（Erwin Rohde, 1845-1898），德國 19 世紀最偉大的古典學者之一。

[51] 原註 27：E. Rohde, Psyche, trans. W. B. Hillis, 8th ed. (London: Kegan Paul, 1925), p. 158.

[52] 原註 28：同上。然而，羅德很快回到他繁衍週期的主要幻想。靈魂崇拜重新被地下靈性（underground spirits）吸收（p. 183）。因此，羅德損失了實體生活與心靈生活之間的差別，這

地下世界的靈性特質，在對塔塔羅斯[53]的描述裡，是表現的最清楚的。這是赫西奧德（Hesiod）之後就一直出現的。在想像中，塔塔羅斯是黑帝斯最最底層的地方，最遙遠的深淵。塔塔羅斯被拿來和天空相比，因為與地面的距離之遙遠就如同與上方天堂的距離；它被擬人化而成以太（ether）和大地共同的兒子[54]，亦即，一個灰塵的領域，最最物質與最最非物質的結合體。

隨著塔塔羅斯這種想像的發展，它漸漸變成屬於空氣與風的氣體（pneumatic）領域[55]。這是不同於基督教火的地獄[56]，在後來古老的塔塔羅斯想像中，已經變成沒有光，空氣冰寒厚重的地方[57]。因此，黑帝斯常被提及有翅膀，就如在《吉爾伽美什史詩》[58]裡，恩奇都[59]夢到他的死亡是轉換成為鳥，他的手臂覆滿羽毛。死者被包覆成像鳥，它們的要素基本上是空氣[60]。

地下世界揮發的狀態，和我們腳下的地面開始形成強烈對比。

差別他自己在關於 Ge 的文章時曾經暗示過。他維持大母神（Magna Mater）的原型觀點，對大母神而言，死亡與靈魂是繁衍循環的一部分，且自然主義的寫實主義是這思想的適當模式。

[53]　譯註：塔塔羅斯（Tartaros）希臘神話中地獄的代名詞。

[54]　原註 29：*Lex.*, s.v. "Tartaros," p.2444.

[55]　原註 30：B. Gladigow, "Pneumatik und Kosmologie," *Philologus* 111 (Wiesbaden, 1967): 1-20（〈空氣力學與宇宙論〉），此處給出了在地底世界幻想中的空氣現象學一個完整的調查，這幻想是出自於赫西奧德就開始了，甚至一直到了但丁（Dante）。（希臘墓誌銘常提到黑帝斯的翅膀；cf. Richmond Lattimore, *Themes in Greek and Latin Epitaphs* [Urbana, Ill., University of Illinois Press, 1962], p.147.）

[56]　原註 31：關於基督教地獄之火有個有趣的起源，是出自斯多葛主義的（Stoic）熱情理論（就如靈魂的發燒），見 H. J. Horn, "Die 'Hölle' als Krankheit der Seele in einer Deutung des Origenes," *Jahrb. Antike u. Christendom* (1968/69), pp. 55-64.（〈地獄做為靈魂病其諸多起源的解釋〉）

[57]　原註 32：*Lex.*, s.v. "Tartaros," p.2445.

[58]　譯註：《吉爾伽美什史詩》（*Gilgamesh epic*），美索不達米亞的文學作品

[59]　譯註：恩奇都（Enkidu），國王吉爾伽美什的朋友，曾與野獸為伴的泥人。

[60]　原註 33：Gilgamesh Epic, Tablet 7, col. 4, 31-41.

到了亞歷山大時代[61]，地府（Netherworld）在大地上失去它的定位點，完全不再具有與自然生機有關的字面描述了，地理位置也調移到世界的下方[62]。現在，有了一個下方的半球領域。地下之地（Subterranean）的這個詞（意即：hypogeios，或在 ge 之下）指的是整個彎曲在我們地球之下的神聖範圍，就如同黑帝斯一般，必須是我們視線看不到的。在我們平常站立的地方，是不應該看得見的。於是，這時原本已經有的日間世界與夜間世界，也就是浪漫靈魂的兩面，現在在地理神學上也構想成地上世界與地下世界了。「在這個神學中，世界以水平線被分成兩半；上半球是活著的萬物與天上眾神祇的領域，下半球則是屬於死者與陰間的神祇。」[63] 埃及人對這個我們腳下的這個相反世界有極為細緻的描述。死者是上下顛倒地走路，頭下，腳上。「人們是腳踩著天花板走路的。這產生了很不舒服的後果，消化逆向進行，所以排泄物從口而出。」[64] 幽冥的地下世界是和日常世界相反的，所以行為也會對立、逆反。在日常觀點中看來只是屎的東西，或者是佛洛伊德稱為白日遺思（day-residue），如今上下顛倒變成了靈魂食物。我們的生活方式、我們的沉思方式、甚至是邏輯，全都踩在我們的頭上，因為我們的頭是在另一種位置。（在第六章，我們將討論當代的一些上下顛倒的例子，包括夢的排泄物。）

---

[61]　譯註：亞歷山大時代指的是西元前 323 年到西元前 30 年。

[62]　原註 34：F. Cumont, *After Life in Roman Paganism* (New York: Dover Press, 1959), p. 79.

[63]　原註 35：*Ibid.*, p. 80.

[64]　原註 36：J. Zandee, *Death as an Enemy according to Ancient Egyptian Conceptions* (Leiden: Brill, 1960), p. 73. Cf. B. George, *Zu den Altägyptischen Vorstellungen vom Schatten als Seele* (Bonn: Habelt, 1970).（《古埃及以陰影作為靈魂的概念》）

佛洛伊德的「白日遺思」，這些夢的素材，有沒有什麼原型形象呢？這些殘餘的碎片是否就是獻祭給黑卡蒂[65]女神的居家垃圾（*Cults*, 2:515）嗎？長久以來黑卡蒂女神就是意指夢的解析。不論是認為夢有預言性的魔法觀點，還是十九世紀機械論認為夢是生理知覺的排泄物（垃圾）的看法，都顯現了黑卡蒂的影響。當她等同於倪克思（Nyx，夜〔night〕）[66]，就如同在史賓賽的作品[67]和經常在莎士比亞的作品中一樣，夢開始成為她的領土，而我們詮釋的想法只是反映了她的觀點。

　　我們也許是持續了這個傳統，儘管是以不同的方式。是的，夢是以殘片組成，屬於把生活廢棄變得神聖的女神，所以全部都有價值，全部都重要。於是，將夢供奉給「黑卡蒂的神祕和黑暗的夜晚」（《李爾王》第一幕，第一景），意味是將所有「來自」夢中的反芻都還回去，而不去嘗試真確的保存，或是去找到在日間世界的用處。在黑卡蒂的賜福之下，靈魂的垃圾被原封不動地保存下來，甚至我們視為垃圾的自己也都還給了她。混亂的生活是一個人要進入她領域的方式，也就是成為黑卡蒂之子。我們要做的只是認識出在混亂困境中的那個神話，就像我們每天在適當的地方處理殘餘垃圾，也就是，把它們放置在黑卡蒂的祭壇上。彷如儀式一般，垃圾將被放在夜的十字路口，於是除了我們來自的方向，每個夢至少都還有三個開始的方向。在傳統的再現裡，黑卡蒂被描繪成三個頭，因此能讓我們同時看到、聽到不同方向。

65　譯註：黑卡蒂（Hekate），是泰坦時代的女神，代表暗月之夜的黑月女神。

66　譯註：倪克思（Nyx）希臘的黑夜女神。

67　譯註：史賓賽（Herbert Spencer, 1820-1903），1855 年出版《心理學原理》中認為思想是身體在生物學的互補，是環境中慢慢演化出來的，不是身心二元的遙遠關係。

因為地下世界與地下是全然的不同，夢在地下世界那裡是有它自己的家的，因此夢也就相當於有著鬼魂、妖精、祖先、靈魂、精靈的靈魂世界或氣體世界。這一切都是原本就看不到的，並不是因為被遺忘或潛抑才看不到。這個世界是流動的，或是灰塵的、火般的、泥濘的、或空氣的，因此沒有任何堅固的東西可以支撐，除非我們發展出直覺的工具來掌握這些溜過指縫或一觸即燒而難以觸及的一切。

藉由將夢定位在黑卡蒂世界這樣難以觸及的基本層面上，我們將開始發現夢所反映的是本質的地下世界，而不是根和種籽的地下。它們呈現了存有（being）的意象而不是要成為（becoming）的意象。我們將明白，與其說夢是對生命的評論和往何處成長的指示，不如說是來自於地下世界的陳述，那種寒冷、濃稠、不變的狀態；而這就是今日我們常謂的精神病態（psycho-pathic），因為就如同佛洛伊德的看法，夢是不呈現道德性、人的情感或時間感的。我們不再能為了成長、蛻變或重生而有求於夢了。

我也認為地下世界要我們透過放棄自己的希望，才能藉由夢的方法來獲得人格上的整合。地下世界的精神是多元的。數量如此之多，在羅馬語中 di manes（地下世界靈性，相當於希臘文中 theoi chthonioi 這個詞），是沒有單數型的。即便是個別的死者也會以 di manes[68] 這個複數形式來表示。「古埃及人認為人死後是以多種的形式同時生活著，其中任一個形式本身都是一個完整的人。」（Ba, p.113）地下世界是無數生命型態的社群。永無止盡的生命型

---

[68]　原註 37：Walter F. Otto, *Die Manen* (Darmstadt: H. Gentner, 1958), pp.70-73.（《亡靈》）

態反映了永無止盡的靈魂，而夢把這種多元性歸還給意識。多神信仰的觀點是立基於靈魂在地底的深度。因此，能反映這樣深度的心理治療，是不會試圖整合成不可分的個體性或是鼓勵個人的認同發展成一致的整體。相反的，心理治療的重點會是夢可以去除原來的整合的效果，讓我們面對失去整合的道德，以及對自己中心掌握的匱乏，而這匱乏是精神病態的。夢告訴我們，要變得多元，每一個夢中形成的角色「本身都是一個完整的人」，有完整的行為潛能。我們只有透過分裂四散（*RP*, p.53-112）而成為多重的角色，我們才有將意識加以擴展而去擁抱和涵容精神病態的可能性。

如果試著以狄蜜特或「地下（Ge）」的觀點來瞭解深層的地府層次（chthonic），我們是會遇到麻煩的。由狄蜜特的視角來察知地府，也就是將夢當作啟動所謂行動的訊號，並且以自然主義的倫理價值將這訊號轉譯成道德化的世界。像這樣，認為一個夢包含了不道德的暗示或道德的含意，而對事物進行矯正或平衡，這是從革—泰美斯—狄刻（Ge-Themis-Dike）[69] 的觀點來瞭解夢。也許是如此，我們需要另外這位地下世界的女士，黑卡蒂的介入。她善於和鬼魂相處，她帶來恐懼也趕走恐懼，她與人類生活的循環沒有關係（婚姻、生產、農耕），而且她本身沒有任何兄弟姊妹或後代。「對她的崇拜是不需要道德的。」[70] 黑卡蒂的地下世界觀點觸及了夢的地下深度，一方面，是純粹本質的描述：剝掉了人類外衣的妖魔鬼怪，看起來是怎樣的；另一方面，則是引出我們的精神病態。

---

[69]　譯註：革（Ge）是大地女神；泰美斯（Themis）希臘神話泰坦時代的女神，代表法律和正義；狄刻（Dike）是希臘神話中的正義女神。

[70]　原註 38：*Cults* 2:519.

夢在靈魂的領域有自己的家，而靈魂領域比血肉之軀而來渴望（urge）還要更深。我們曾誤稱這些渴望為來自地府的（chthonic），好像是和自然生機的一樣，好像地下世界指的是與憤怒（ira）和貪心（cupiditas），血肉靈魂（blood-soul）或血氣精力（thymos）有關。但這一切都是大地上的；這些情緒是來自物質的、肉體的、身體靈魂的。我們這個現代字詞「潛意識」是一個蓄積的地方，裡面收藏了所有來自深處的、低下的、錯誤的、令人厭煩的以及黑暗的幻想。在這個「潛意識」的大墓碑下，我們埋葬了原古亞當血紅和塵世的肉身，這個男男女女，還有許多鬼魂、幽靈和祖先的集合體。我們無法區辨內在的強迫力如何不同於召喚，區辨本能如何不同於意象，區辨慾望的渴求如何不同於想像的動作。從白天世界的亮光去凝視夜晚（如果潛意識玩意變得流行了），我們可能無法從黑色中看出紅色。所以我們讀到夢裡所有同時呈現訊息：身體的、個人的、心理的、預言的、祖先的、實用的，將本能的和情感的生活與死亡領域的一切全混在一起了。

　　情緒和靈魂之間、情緒人和心理人之間的明確區別，在古希臘哲學家赫拉克利特的殘斷著作（frg. 85）中出現：「無論血氣精力要的是什麼，總是以靈魂的代價換取。」血氣精力是古早希臘人所體驗到的情緒意識或含淚靈魂，是不屬於地下世界的[71]。因此，將夢視為情感的願望，是要付出靈魂作為代價的；將地府的誤當成自

---

[71]　原註 39：在人類喉嚨之中的胸腺（thymus gland）只在童年活躍，因成熟而消失。我們西餐中吃的稱為 sweetbreads 是小牛胸腺。成長中的青春，它的牛犢一般的初戀與牛犢一般的眼睛，喜歡潮濕，而這潮濕，赫拉克利特認為是會讓心靈付出昂貴代價的。對他而言，「乾燥的靈魂是最有智慧與最好的」（frg.118），也許是因為它很靠近火。有些文章強調胸腺等於濕氣可以參見 *OET*, pp.46-48。

然的，則會失去心靈。如果我們只從驅力或慾望來瞭解夢的象徵，是不夠格自稱為心理學的。無論分析師給情感生活怎樣的諮詢，假若是從夢延伸過來的，其實是參考他自己的經驗，儘管這經驗從他自己的夢中反思而來的。這樣也就不會在夢中了。他是在「假設／吸—提出」（sup-posing）這些夢，也就是他將自己對生活的看法「放置」在夢的意涵中。

人們對生命所瞭解的一切，未必與下方的生命有關。人們所瞭解的一切，以及在生活中的所作所為，可以與地下世界無關，正如衣服之於所搭配的生活，之於所覆蓋的血肉之軀。因為在地下世界，所有遮蓋都被剝除，而且生活是上下顛倒的。我們所處的狀態將遠超過生活經驗可以想像和期待的一切，而智慧就是源自於此。

我們可以再一次依循赫拉克利特的說法（frg. 27）：「當人們死去時，等著他們的是他們從未預期到也不曾想像過的。」在這裡，「預期」這個詞是翻譯自希臘文「希望」（hope，elpis），所以在進入地下世界的觀點時，所放棄的那個希望（但丁《神曲・地獄篇》〔*Inferno* 3〕）是日間生活期待帶來的幻想及血肉之軀的錯覺。柏拉圖說，在黑帝斯的世界中，靈魂都是「無法治癒」的。不要盼望有任何的改變。這樣的盼望可能盼來了錯誤的事。我們需要更多聖保羅的願望，他的願望是看不見的願望，而且希望不被看見；而不是需要普羅米修斯妻子潘朵拉的希望，這樣的希望包含著隱藏起來的希望，普羅米修斯在幫助人類的任務中就讓大家都明白了。如果要深入夢就需要放棄希望，因為這些在白天升起的希望會將夢變向成白天要的目的。在黑帝斯層次的夢，是沒有希望也沒有絕望的。（p.42）這兩者會抵消了對方；我們因此可以超越期望的

語言，不再測量進步與退行、測量自我強度的增強與衰減，或是測量適應與失敗。

　　讓我再嘗試一次，將生命的大地、情感的生活及幽冥的地下世界這三者之間的差別描繪出來。赫拉克利提斯說（frg. 15）：

　　如果不是對酒神戴奧尼索斯的致敬，

　　他們所指揮的行列隊伍與所歌唱出

　　對男性器官的讚美詩，這一切的行為將完全是傷風敗俗的。

　　黑帝斯與戴奧尼思是相同的，無論

　　他們多麼的瘋狂且狂熱地慶祝

　　用酒醉淫亂的儀式來榮耀後者。

　　這一段文字對完全接受這詞語的學者帶來了很大的麻煩，部分的原因是它將心靈本質與情緒本質並列，甚至視為相同；而這兩者原本應是屬於非常不同的領域[72]。

　　這片段是關於神聖遊行的神祕，而且是必須要以相同的崇敬來閱讀才能瞭解的，甚至一切看起來像是傷風敗俗的色情、淫亂和

---

[72]　原註 40：片段 15 在此採取的翻譯結合了 Freeman 的上半篇章與 Marcovich 的第二半。Albert Cook, "Heraclitus and the Conditions of Utterance," *Arion*, vol. 2, pt. 4 (Boston: Boston University Press): 472，這篇文章裡的翻譯甚至更肯定黑帝斯與戴奧尼索斯的合而為一：「對著外陰部唱讚美詩，做最不體面的事。黑帝斯與戴奧尼索斯是相同的，無論對哪一個，他們都是狂亂呼嘯……」進一步地，在《黑帝斯和戴奧尼索斯》（A. Lesky, "Dionysos und Hades," in *Gesammelte Schriften* [Bern and Munich: Francke, 1966], pp. 461-67）中，討論了這個問題。當然，它也討論了赫拉克利特以下的文章（見 Abbreviations），且對深度心理學特別貼切，見 W. F. Otto, *Dionysus*, transl. R. Palme (Bloomington, Ind.: Indiana University Press, 1965)。對於戴奧尼索斯是靈魂與死亡之主的討論，見 Rohde, *Psyche*, p. 168。

瘋狂中所揭顯的深刻性。因此某些詮釋者採取的泛道德是沒法掌握這一切的。然而對赫拉克利特來說，即使是最狂野的生活力量也是通向死亡的；或者讓一切繼續下去，像另一些詮釋者一樣，認為這是他生死相同的形上學的另一種說法（frg. 62, 88）。這些儀式透過性的語言留下的生動影像，到現在還是留在我們之間，對心理學來說是如此根本而重要。因此，赫拉克利特，彷如是一位心理學面對著另一位心理學家地，跨越千年，我讀著你想說的這一切：這些棘手難處理的差別是介於情緒與靈魂間，也介於生命力的觀點（戴奧尼索斯）與心靈的觀點（黑帝斯）間的，而性幻想掌握了一個祕密。在看起來最明顯、通俗而具象的這一切當中，還有什麼是掩蓋在羞恥之下，隱藏而看不見的。

　　黑帝斯在戴奧尼索斯的內部，指的也就是在性活動中有著看不見的意義，在陽具遊行中有著靈魂的重要性，所以我們所有的生命力，不論是心靈多重形態的欲望或心靈情色的慾望，都和地下世界的意象相關。生命無論有多麼的圓滿，生命中的事物並不都只是來自大自然的。戴奧尼索斯也是一個將別人心情拉下的人[73]。我們也許可以相信自己生活／所有的生命只有在／生命的層次，但也不

---

[73]　原註 41：即使到了晚期羅馬帝國，儘管是受羅馬神話地球之母（terra mater, Tellus）的影響，戴奧尼索斯仍然是地下世界之主，就如石棺的見證：「……在一般家庭裝飾的所有的神話題材中，最常見的圖象是戴奧尼索斯的神話主題。」A. D. Nock, "Cremation and Burial in the Roman Empire," *Essays on Religion and the Ancient World* (Oxford: Clarendon Press, 1972), 1:290。其它在羅馬石棺雕塑上常見的神話主題（因此與地底世界心理學特別相關）（p. 291）：「……特洛依系列主題的片段，歐里庇得斯寫的悲劇《希波呂托斯》裡的故事，Leucippids 姊妹被強暴的故事，獵人 Endymion 與月神的相遇，Eros 與 Psyche，Proserpine 被強暴的故事。」還有 Heracles、Attis、Adonis 與偶爾出現的埃及主題（有趣的是，大母神似乎並不常見符合現代心理學預期的那樣經常可見）。在此時期的猶太石棺也展示了戴奧尼索斯影像，E. R. Goodenough, *Jewish Symbols in the Greco-Roman Period* (New York: Pantheon Books, 1965), 12:30-37。

能迴避我們一切行為的心靈意義。靈魂是在世界的潰敗中製造出來的。對生命有意義的，對靈魂同時也是有意義的；所以，想像自己的生命是，活在帶有黑帝斯的陽光下吧。

這神祕同一性（mysterious identity）的另一面，則是戴奧尼索斯是在黑帝斯的內部，這等於宣稱了佐伊（zoe，生命的意思）的存在，在所有地下世界的現象裡都存在著活力。死者的領域不是如我們想像的那樣死寂。黑帝斯也一樣可以透過性幻想來強暴並擄獲心靈。雖然，在這黑暗中沒有血氣精力、肉體或聲音，但還是有隱藏起來的力比多。黑帝斯的意象也同樣可以是戴奧尼索斯式的；不是大自然意義下的繁殖，而是心靈意義下的想像力繁殖。在大地的底層有一種想像力，有各式各樣的動物形態存在著，大家狂歡且讓音樂充滿大地。死亡中就有著舞蹈。黑帝斯與戴奧尼索斯是一樣的。當黑帝斯讓戴奧尼索斯變得黯淡而走向自己的災難，戴奧尼索斯也幫黑帝斯變得鬆動和迴轉而更為豐富了。法磊爾[74] 描述兩者的融合像是一個「溫暖與黯鬱（melancholy）加在一起」[75]。

地下世界與心靈

在荷馬式的想像中，死者沒有心智（phrenes）[76] 與血氣精力，因此他們要求尤里西斯（Ulyssese）給予生命的血液。在《伊利亞

---

74 譯註：法磊爾（Lewis Richard Farnell, 1856-1934）英國古典學者，活躍於牛津學圈，寫了五卷的《希臘城邦的宗教崇拜》（*The Cults of the Greek States*）。

75 原註 42：Cults 3:288。同時參考 D. L. Miller, "Hades and Dionysos: The Poetry of Soul," *J. American Academy of Religion* 47(1978) 中深入的洞察。

76 譯註：心智（phrenes），思覺失調（schizophrenia）一詞的字根。

特》一書中（23. 100; 參考 11. 204-22），阿基里斯（Achilles）指出了地下世界有的是什麼而沒有的又是什麼：「唉天呀，黑帝斯的廳殿裡即便有著心靈（psyche）和魂魄（eidolon：靈魂，幽靈的形態），但心智（phrenes）[77] 並沒有在哪裡。」（*OET*, p.59）根據歐尼恩斯[78] 的說法，心智（phrenes）這個詞更確切說是與肺及其聲音的呼吸意識相關。死去的人（除了提里西亞斯[79] 以外）是沒有經由每日交替吸氣、呼氣的生命而獲得的意識。死者想從活者身上尋求的血氣精力，於是他們從獻祭的動物中取得的血液蒸汽。（記得費希納在吃了豬肉之後，由死者之地歸來？）[80] 即使是後期的詩人歐維德（Ovid），也認為死者是「沒有身體、血液與骨頭的閒蕩鬼魂。」[81]。

但是，心靈繼續存留著。地下世界是純心靈的領域，純粹的心靈世界。人們在那裡遇到的就是靈魂，像尤里西斯遇到的人物，包括埃阿思[82]、安提克勒亞[83]、阿伽門農[84]，都可以稱為心靈；而他們

---

[77] 譯註：phrenes 是心智，但也有橫膈膜、呼吸等意思。

[78] 譯註：歐尼恩斯（Richard Broxton Onians, 1899-1986）英國傑出的古典學者。其著作《歐洲思想的起源：關於自體、心智、靈魂、世界、時間、和命運》是歷史鉅作。

[79] 譯註：提里西亞斯（Teiresias），希臘神話中原為男性，被希拉變為女身，後來成為盲人先知，死後仍然有情感。

[80] 原註 43：火腿（來自於給地底女神的動物獻祭品），在檸檬（對抗死亡的驅邪水果）汁與酒（戴奧尼索斯的生命力）中烹煮，加入強烈的香料調味（根據赫拉克利特的片段 98，由味道中感知到黑帝斯中的靈魂），全部加起來成為對於費希納所謂心亂的肉體（營養系統）而言「對的食物」（right food）。他的精神的擾亂又持續了一年半，且用另一種方式治療。

[81] 原註 44：《變形記》（*Metamorphoses* 4:5, 443）："errant exsangues sine corpore et ossibus umbrae/." Nilsson, 4.5, 443 *Geschichte*（《歷史》）發現這描述依循著傳統希臘模式。

[82] 譯註：埃阿思（Ajax），希臘神話的英雄，離開特洛伊後遭雅典娜電擊又被海波塞頓救起，卻因吹噓是自救而又遭波塞頓棄於海。

[83] 譯註：安提克勒亞（Anticleia），奧德賽的母親。

[84] 譯註：阿伽門農（Agamemnon），古希臘邁錫尼國王，希臘王中之王，招來了特洛伊遠征，

一舉一動的方式，都是與夢相似的。或者用另一種方式來說，地下世界是用神話風格所描述的心理學宇宙。

更直率地說，地下世界就是心靈。當使用地下世界這個詞時，我們所指的是完整的心靈觀點，在這裡，人的整個存在形態已經是去除了實體，也結束了自然的生活，雖然每一外形、感覺和大小還是自然生活的複製。埃及地下世界的「巴（Ba）」[85]與希臘荷馬史詩中的「心靈（psyche）」都仍像是活著的時候那樣的完整的人，只是生命抽離了。這表示地下世界的觀點將徹底地改變了我們生命的經驗。這時候再也不是原來的語言可以描述的了，只能用心靈的語言。對真實的深度心理學而言，如果要達到基本的深度來瞭解心靈，就必須走進幽冥的地下世界。

如果能夠這樣的話，一個人一次又一次地下降到地府將是一場有益的冒險，像是文化的英雄，他經過伊特拉斯坎（Etruscan）[86]墓碑，穿過伊朗的審判橋（Cinvat），隨著巴比倫式的沉降而進入伊絲塔（Ishtar）與恩奇杜（Enkidu）[87]，走在狄耳特瑞奇[88]描述的希臘基督的召魂（nekyia）腳步上[89]，最後是帶著權威可信的報告回來。這將是英勇的、驕傲的，但也可能太過火的[90]。這也不是這本

歸來後被妻子殺死。

[85] 譯註：古埃及人將靈魂分為五種，其中巴（Ba）代表獨特個性、卡（ka）代表生命本質、伊巴（Jb）代表情感的心、斯維特（Shent）代表一個人的陰影、倫（Ren）代表名字。

[86] 譯註：伊特拉斯坎（Etruscan），西元前 12 世紀，羅馬文明之前在義大利地區的文明。

[87] 譯註：伊絲塔（Ishtar），美索不達米亞的神，是天堂的王后；恩奇杜（Enkidu），吉爾伽美什國王因戰爭而結交的摯友。

[88] 譯註：狄耳特瑞奇（Dieterich, 1866-1908），德國語言學家。

[89] 原註 45：Dieterich, *Nekyia* (Leipzig: Teubner, 1893).（《召魂》）

[90] 原註 46：S. G. F. Bradon, *The Judgment of the Dead* (London: Weidenfeld & Nicolson, 1967) 給所有想要進行這個旅程的英雄提供了起始路線。

書的目的，畢竟本來就不是要做地下世界的比較神話學，而是用地下世界的語言來對夢進行修訂。

榮格從這些前往「死者聖地」的旅遊導覽手冊中（埃及的和西藏的[91]），十分清楚地總結了最主要的訊息，他說這些教導了我們「心靈的至高優先性，因為那是生命沒有清楚教給我們的一件事。」（*CW* 11, p.841）或者，就如柏涅特[92]認為荷馬式作品中的心靈（psyché），「在活著的時候一點都不重要」（*ERE*, 11:738b）[93]；這和埃及靈魂中的「巴」一樣，「活著的時候一點

---

[91]　原註 47：Cf. Detlef-I. Lauf, *Geheimlehren Tibetishcer Totenbüche: Jenseitswelten und Wandlung nach dem Tode. Ein west-östlicher Vergleich mit psychologischem Kommentar* (Freiburg in Breisgau: Aurum, 1975).（《西藏死者之書的祕密教義：超越世界和死後的轉變。心理評論的東西比較》）

[92]　譯註：柏涅特（John Burnet, 1863-1928），英國古典學家。

[93]　原註 48：在此我們必須覺察到心靈（psyche）從來沒有只有單一的清楚定義，即使是在荷馬史詩時代，更何說是當今所謂的心靈或靈魂：「……既然心靈的語意學基礎在荷馬史詩中有是變化的，在嘗試詮釋荷馬式心理學時，把心靈意義當成固定不變是很容易危險且產生誤導的……」出自 J. Warden, "*Psyché* in Homeric Death-Descriptions," *Phoenix* 25, no. 2. (Toronto, 1971): 100。不只荷馬時代如此，後來雅典人也是如此：「我想我必須承認，第五世紀一般人的心理學字彙是處於混淆的狀態，我想它現在經常的狀況也是一樣的。」出自 E. R. Dodds, *The Greeks and the Irrational* (Boston: Beacon Press, 1957), p. 138.。而 Eric Havelock（*Preface to Plato*, Ch. 11 [Oxford: B. H. Blackwell, 1963]）認為蘇格拉底對於靈魂的觀點是荷馬式心靈偏離發展的頂點（蘇格拉底的觀點認為靈魂是有自我意識而且是進行思考的主體，這和我們現代的觀點相近）。W. F. Otto（*Die Manen*）提到兩種對待荷馬式心靈的差別，其一是放在生命脈絡中，另一是死亡與地底世界的獨特脈絡中的，因此支持了雙靈魂（two-soul）理論。他的觀點展現了與 Onians（*OET*）的詮釋爭議，是我目前經常關注的。David Claus 對希臘古代性一切問題的研究後來由耶魯大學出版社（Yale University Press）出版，是我當時寫作時還沒能讀到。

Otto 對於心靈（psyche）一詞的兩種意義，確實為心靈（psyche）與靈魂（soul）兩詞的當代用法找到了一個情感上相似的對比。心靈越來越常以亞里斯多德式的意義加以使用，認為這是受限於肉體生理生命的客觀功能。它可以理性描述，並且呈現在心理學教科書中。然而，靈魂則是激發了私密與內省的意義。這讓人想起宗教、愛與死亡，但同時賦予與這世界活生生且擬人化的關係。我通常交替使用心靈與靈魂，嘗試恢復心靈（與心理學）的遠古意涵，這遠古意涵是親近靈魂及女性面（anima）的，這一點，可以參考我的《自殺與靈魂》（Suicide and the Soul, 2d ed. [Zurich: Spring Publications 1976], p.43-47）；同時見我的兩篇論文

意義都沒有」（同上，p.752b），只有在和死亡有關時它才會出
現。[94] 羅維[95] 表示：「所謂的『心靈』（意指在死後、或夢裡、或
出神狀態才運作的東西）……在活著且清楚意識的人們身上活躍的
運作；但在最原始的人們的觀念中都是相當強勢的。」[96]

　　因為要理解心靈，我們必須閱讀所有關於地下世界的描述。
地下世界的存在意味著心靈的存在，是十分心理的存在，也就是以

"Anima" in *Spring 1973* and *Spring 1974* (New York and Zürich: Spring Publications, 1973, 1974)；以及 *RP*, pp. x-xi *passim*。儘管，這關注了心靈（psyche）這一詞的根源及它意義的變換，我們還是無法透過任何事物來得到靈魂真正的含意，包括語義學、神學、人類學等的。這詞過去和現在是象徵的，是深度無法掌握的意象，一如赫拉克利特所說。心靈（或靈魂）是我們經驗中的主體，就如榮格所說，不是客觀經驗能定義的。這無法知道的意義激發了另一個重要的無法知道，也就是死亡。

[94] 原註 49：根據 Žabkar（*Ba*, pp. 111-13），「巴」（Ba）不是基督教或西方用法的靈魂，是一個死者非人間的靈魂。「巴」不是指相對於物質部分的個人靈性成分，因為埃及人沒有個人內在二元性（internal dualism）。更好的說法是，「巴」是限制地下世界死者生命活力的體現；「巴」是「死的概念（mortuary concept）」（p.120），而且在死亡中才存在的（p.119-22）。「巴」因此可以說是一個人的死亡人格，是人格化的整體，人的品質，一種存在的方式。（p.1, 8）。在此，相較於以下兩個看法，荷馬式的地底世界心靈與原始看法中存在於死亡中的靈魂（參考 Otto, *Die Manen*, p. 87），在此死亡是指整個人的死亡而且死亡是不屬於個人元素或成分的。將靈魂強調成整個的人，指出了地下世界觀點是一個完整的模式，反映了整個人的存有整個個人現實的呈現就是一個心靈，一個十分心理地進行體驗的存有。因此，地下世界觀點相對於實體的、社會的、身體的及日間世界的部分並不是局部不完整的，就如人格不同的部分會出現不同的與部分的觀點。心理學的部分是整個人在所有觀點中呈現出來的品質，透過地下世界鏡子反映出來，讓意識才有能力看透整個事物。「巴」與心靈都是人格化的，這暗示與自己及其它的靈魂進行人格化模式溝通的都是屬於意識的模式。這個死者的領域充滿了是人；十分悖論的，在死者世界的每件事都是栩栩如生的。沒有死亡的客體，沒有客體的死亡，好比屍體是沒有靈魂的事物。

[95] 譯註：羅維（Robert Lowie, 1883-1957），澳洲出生的美國人類學家。

[96] 原註 50：參考 R. H. Lowie, *Primitive Religion*, 2d ed. (1948) 如何回應 Ernst Arbman 的〈調查原始靈魂的想法〉（"Untersuchungen zur primitiven Seelenvorstellung," *Le Monde oriental* 20 [1926]: 85-226; 21 [1927]: 1-185），如同 Ivar Paulson 在〈調查靈魂的原始概念，特別關注歐亞北方〉（"Untersuchungen über die primitiven Seelenvorstellungen mit besonderer Rücksicht auf Nordeurasien," *Ethnos* vol. 1, no. 2 [1956]:147-57）所討論的。

靈魂為第一。地下世界的幻想及焦慮都是心靈的存在被移了位的描述。地下世界的意象是對靈魂的本體論說明，關於它在生命之外如何都因自己而存在其中。所以，我們研究了死亡領域的所有動作，無論是關於衰退的幻想、夢中的疾病意象、重複的強迫，或自殺的衝動，都是為了更接近心理觀點的動作。我們在心靈與死神之間建立越來越靠近的連結，事實上又再次地繼續了佛洛伊德晚年的主要思考。

佛洛伊德對死亡之神的關注是更早之前就有的，而且更具個人風格。他十分著迷於自己的死亡。當他的歲月逐漸趨向死亡時，死亡在他理論的想像中浮現，他對自己的死亡越來越充滿了堅毅的耐心，足以成為楷模。當我們在心理學的燈光下閱讀地下世界的描述，我們等於也是在地下世界的光芒下閱讀心理學對於死亡的關注。自佛洛伊德以來，死亡縈繞這個專業，最先是佛洛伊德自己，然後是在他早年追隨者的自殺（希爾貝勒[97]與陶斯克[98]），然後是榮格追隨者的自殺（賀內格[99]）。[100] 而精神醫學的自殺仍然在持續。根據佛里曼（Walter Freeman）[101]的研究，醫師比其他專業者更傾向於自殺，而精神科醫師在各個醫療專科中的自殺名單更是位居

---

[97] 譯註：希爾貝勒（Herbert Silberer, 1882-1923），維也納分析師，研究神秘現象而同時和榮格一樣遭佛洛伊德排斥，多年後上吊身亡。

[98] 譯註：陶斯克（Victor Tausk, 1879-1919），佛洛伊德學生，對精神分裂看法有獨到之處，影響了柯胡特等人。據傳因為莎樂美的關係，佛洛伊德要求他的分析師朵依契（Helen Deutsch）停止他的分析，他因此而自殺。傳記見中譯本《野獸兄弟》（台北：水牛）。

[99] 譯註：賀內格（Johann J. Honegger, 1885-1911），榮格學生，精神醫學訓練之後繼續與榮格一起向佛洛伊德學習精神分析。1911年在抑鬱狀態下以嗎啡自殺。

[100] 原註51：Cf. H. H. Walse, "An Early Psychoanalytic Tragedy—J. J. Honegger and the Beginnings of Training Analysis," *Spring 1974* (New York and Zürich: Spring Publications, 1974), pp. 243-55.

[101] 譯註：佛里曼（Walter J. Freeman II , 1895-1972），以額葉切除術出名的精神科醫師。

高位 [102]。他的研究顯示在 1895 到 1965 年之間，官方報告上，203 位美國精神科醫師自殺，其中 81 位只有二十多或三十多歲。

死亡是這行業根本的恐懼，透過死亡，各種根本的隱喻而十分活躍地運作著。當今社會中，許多以此高峰經驗、自由、療癒及創造力為重心的那些樂觀治療，宗教一般的自我成長，都是一種狂躁的防衛作用（maniac defense），用來捍衛心理治療本身所立足的地基，可以說是心理治療的付諸行動（acting-out）。然而身為心理治療師，而且是在深度心理進行工作的，就必須以某種方式來和黑帝斯合作。

黑帝斯的介入讓這個世界變得上下顛倒。對人生的任何看法都不再存在。現在，所有的現象不再只是透過愛欲和人類生命與愛的眼光來觀看，同時也是透過死亡的瞳孔。他們這些冰冷、一點都不動人的深度，和生命再也沒有連結。透過一切事物上下顛倒的方式，我們參與在黑帝斯的暴力脅迫中，這過程讓我們從此牢牢記住的將不只是精神病理，也包括厄琉息思 [103] 神話裡啟始祕儀的重點。縝密的心理系統從生命中取得力量，抱持了所有的人際關係和狄蜜特女兒的大自然作息 [104]，而這強暴都威脅到這些系統。暴力脅迫使

102　原註 52：W. Freeman, "Psychiatrists Who Kill Themselves" (Paper delivered at the Symposium on Suicide, San Francisco State University, October 1967).

103　譯註：厄琉息思（Eleusis）是雅典西北方的城市，以其祕儀聞名，崇拜狄蜜特和波瑟芬妮，一直傳到羅馬時代。

104　原註 53：Cf. P. Berry, "Th Rape of Demete/Persephone and Neurosis," *Spring 1976* (New York and Zürich: Spring Publications, 1976), pp. 186-98; also RP, pp.205-10。正如 Berry 指出，只有在黑帝斯強暴之後，也因為這所起的作用，個人才能夠經驗到他本質上或習慣上的模式是一種防衛，防衛他開啟了進入較不屬理智且是偏向心靈的真實。這新的意義同時是清空中的失落（黑帝斯）及豐裕（普魯托）。用心理取向的方式來瞭解希臘神話，可能最好的方式。畢竟，它們是靈魂的一切中最重要的事。儘管神話是神聖的，但不至於如此難解而需要從大眾的理解中

波瑟芬妮的靈魂從狄蜜特的女兒變成黑帝斯的妻子，她於是從原本是為生殖而來的自然存在（是母親生命給予女兒的能力），變成為心靈式的存在，只因為她和一位不相容、特異而且不被予生命的人結婚了。地下世界的經驗是令人難以忍受，必須加以強迫的。這樣地下世界經驗的風格是全面壓倒性的，是全然侵害的，把人拖離了生活而進入這個帝國，在奧菲斯教派面對普魯托冥王的讚歌裡描述這帝國是「空無的白天」。因此，在希臘墓誌銘常寫著進入黑帝斯的國度是「離開了美好的日光」。[105]

原型心理學的「黑帝斯─波瑟芬妮─狄蜜特」三角並未在希臘就終結了[106]。厄琉息思祕儀中的心理面向，依然在今日的靈魂中發生。當突然憂鬱時，波瑟芬妮的經驗就會在我們每個人的心中發生，因此我們感覺自己陷入憎恨、心寒、麻木，感覺被我們看不見的力量向下而拖出了自己的生活。正在發生的一切是這麼的黑暗，讓我們無法逃走，無法四處竄逃，不像是自然主義者認為的思辯與安慰。我們覺得被下方的力量侵擾、襲擊，而且想到了死亡。

因為暴力脅迫而進入地下世界，並不是唯一經驗到地下世界的形式。還有其他形式可以沉潛進入。只是，當它以這樣激烈的方式來到，我們就知道是哪個神話元素（mytheme）圍繞我們。只有當我們在狄蜜特的綠色原野上，帶著誘人的純真，和同伴們徜徉繁花

移除。神話是大眾的事件，因此仍必須回應我們內在的共同可能性。相反的，學者把「The Mysteries」字面意義化，藉著把它們神祕化而成神祕學，變成神聖的學術保護區，或者是需要考古學與文獻才能研究的神祕故事。

[105]　原註 54：R. Lattimore, *Themes*, pp. 147, 161-64.

[106]　原註 55：個人當代的經驗與普絲芬妮─黑帝斯神話主題的比較研究，可以參見 R. U. Hyde, "Hades and the Soul" (M. A. thesis, Sonoma State College, Calif., 1977)。

間，我們才會被拖進黑帝斯的馬車。那個世界首次開啟，當我們掉落，只感覺到黑色的絕望深淵，但這不是在這神話元素中唯一可以經驗到的。

例如，黑卡蒂可能全程都會站在一旁，只是傾聽與觀看[107]。因此有了明白的觀點，可以見證不必經歷波瑟芬妮的慌亂或狄蜜特的不幸，靈魂也是可能陷入掙扎的。在我們內心也有一個黑暗天使（黑卡蒂也名為天使〔angelos〕），在黑暗中發光的良知（她也被稱為 phosphoros），見證了這類的事件，因為事先就能覺察到這些事件了。這部分是透過了到處嗅聞的狗、低賤的行為、陰鬱的月、鬼、垃圾及毒藥，因此和地下世界有著先驗的連結。我們之中有些人並沒有被拖下去但總是住在那裡，就像黑卡蒂一樣，她在一定程度上也是地下世界的女神。經由這個優越的位置，我們可以藉由可以得以一些欲知的黑暗智慧，來觀察自己的災難。

容我順帶指出，參照古希臘文化的目的，並不是要歷史一般去重建希臘人是如何理解黑帝斯—波瑟芬妮的神話元素，或死亡，或夢。由睡神、黑夜女神、黑卡蒂、死神、及 Chtho 來關照夢，並不是要希臘文化給祂們一個崇拜教派或儀式，而是在我們的世界中給予他們想像的定位。我們在建構他們的想像背景、他們的家，這是可以發現自己模樣的世界。迄今，我們這樣想像的位置只有佛洛伊德的潛意識地圖，而這正是我們在此要重建的心理拓樸空間。

此外，由地下世界來關照夢，並不是假設夢只與黑夜及其子嗣有關，與神的世界無關。例如，我們知道個人是因為荷米斯而

---

[107]　原註 56：我提到的黑克特素材可以在英文版 *Cults* 2:501 ff. 找到 Berry, *op. cit. sup.* 在她的註解中提供了額外的參考資料與洞察。

得到夢，這意謂著夢可能是神透過荷米斯傳來的，因為荷米斯是神的信使 [108]。許多神和英雄擁有地下世界的面向與特徵，所以我們可以透過許多原型風格向下沉潛，而不是只能透過波瑟芬妮。荷米斯帶來夢，就如荷馬式讚詩所說，荷米斯是唯一通往黑帝斯的道路，引領我們回到同樣的拓樸空間，因為縱使夢的活動與荷米斯相關聯，終究還是由於神的地府特質才有了夢的活動。夢本身既不是神也不是神給的訊息，即使它是由荷米斯來傳遞，而荷米斯獨特的曲折風格就如心靈深度一般，是深不可測且迷惑人的 [109]。夢透過荷米斯而來，可幫助我們避免在心理治療中神聖化它們，或避免把它們當成預測占卜，或避免因為傑出的詮釋而以為我們可以智勝神，畢竟是在以祂為名的神祕親近（hermetic closedness）與詮釋（hemeneutics）的方法我們才得以將一切加以揭示。

意象與陰影

「進入幽冥地下世界」是由物質觀點過渡到心理觀點。三維向度變成二維，所有自然、肉體與物質的觀點於是消失，只留下一種非物質、似鏡面影像、幽靈（eidola）的存在。我們處於靈魂的領域。就如尼爾森（Nilsson）所說：「幽靈（eidolon）……意指純粹

---

[108] 原註 57：Homeric Hymn to Hermes 14; Apol. Rhod. 4. 1732。進一步見《古代的夢和解夢》（B. Büchsenschutz, *Traum und Traumdeutung im Alterthume* [Berlin: Calvary, 1868, p. 6]），有古典文獻中對於荷米斯作為夢的橋樑相關的片段。人可以祈求睡神 Hypnos 帶來夢，cf. *PW*, s.v. "Hypnos," p.325。

[109] 原註 58：《夢》（Büchsenschutz, Traum）：「在任何情況下，流行的信仰都不會將夢變成自治的神靈，因為即使在詩人之間夢也只在為其他神祇服務時出現……」

的影像，而且永遠維持這樣的意涵……。對於希臘人而言，靈魂是影像。」[110]

　　對於用來描述幽靈（eidola）的字眼，我們必須很謹慎。它們不是實質的，因此我們不能隨便使用我們實質化的語言。我們不能只是說它們是這樣或那樣，或說地下世界的存在是如此這般。我們只可能說幽靈「似乎」、「好像」如何或是它們與什麼「相像」。我們的陳述必須加上「彷如（as）」在前面，好像這個字是供給冥府擺渡人卡戎（Charon）的硬幣，可以讓我們通過兩種語言之間分隔的水域。死者以不同的方式說話：它們是低語的。它們的言談失去了正向的本質，失去了理所當然的確定感。我們因此必須傾身才能來聽到這樣的言詞。

　　幽靈（eidola）和聖像（icon）是有區別的。聖像最好是拿繪畫抄本來對照，那些古怪的可見事物是我們因此可以接觸，甚至可以製作的。精靈（eidolon）這個詞與黑帝斯本身（名字是艾多紐斯[111]）及幽靈（eidos）有關，是意念的型態與形狀，構成且形塑生活的意念，但深深埋藏在其中，我們只能在用抽象的作用將它們拔出時「看到」。所以，我們在談的意象這時是看不見的。我們是在想像的心靈當中。

　　另一個表達這地下世界的方式是強調陰影的面向。希臘的想像中用另一個字「skia」來描述地下世界的形體。那裡的人物是影

---

[110]　原註 59：Martin P. Nilson, "The Immortality of the Soul in Greek Religon," Opuscula Selecta (Lund: Gleerup, 1960), 3:41; cf. K. Kerényi, "Eidolon, Eikon, Agalma," in *Griechische Grundbegriffe* (Zürich: Rhein Verlag, 1964), p. 37. （《希臘的基本觀念》〈幽靈、聖像、雕像〉）

[111]　譯註：艾多紐斯（Aidoneus）是希臘神話中的一位國王，以波瑟芬妮的丈夫出場，成為真實世界中的黑帝斯。

子。所以我們必須想像一個沒有光的世界，在這裡陰影是可以移動的。而我們要如何在黑暗中描述陰影呢，畢竟，在地上世界的意識中，陰影只有在物體遮擋住光線時才出現。如此一來，陰影如何出現在黑暗中？這問題很像試圖去感覺個人影子的移動。嘗試捕捉事物背後微弱的模糊影型態，試著在看似自然的行動或簡單的對話中聽出還有什麼正在發生，這也就是「試著在黑暗中看見陰影」。在這一刻我們開始注意到幻想，見證到心靈的陰影是存在在我們日常生活的潛意識中。

這一類的意識不只是反映與觀看眼球前方的這些物理真實而已，還包含將那物理真實本身的及眼睛本身中忽隱忽現的模式加以看進去。這是對感知的感知，或者就如榮格談意象時所說的：它們是本能的自我感知（self-perception of instinct）。我們盲目的本能生活，可能是透過想像而自我反映，不是來自事後或事前私下的內省，而是透過眼或耳在事發當時捕捉到的意像。

因此，進入地下世界可能像是進入反映的模式，鏡映的模式，這暗示著我們進入地下世界可以透過反映 [112]，透過反映的方法：停頓，反思，改變步調、聲音或觀點、降低水平。這樣的反映比較不是來自意志或因為指揮的；不像充滿決心反思，如同英雄一般降落進地下世界去看發生了什麼事。

讓我們想像得更荷米斯（hemetic）[113] 一點，豎起的耳朵、斜眼的觀看、猜疑的魚眼，或直覺的感覺和想法，就讓這一切出現在生活中，將生活轉向心靈。

---

[112]　譯註：英文 reflection 有沉思的意思。

[113]　譯註：hemetic，玄密或屬於荷米斯的。

這樣的運作由三維空間的物理觀點轉向二維心靈的感知，反映一開始會讓人覺得失落：精氣（thymos）消失了，我們飢渴的、痛哭、麻痺、反覆。我們渴求活血。失落確實是地下世界經驗的特色，透過對夢的哀悼，伴隨獨特的不完整感，就好像是還有更多我們掌握不住的什麼會出現，總是有隱藏在其中的，失落的片段。如果生活是和心靈相當親近的，確實會有持續的失落感。雖然靈魂需要持久的犧牲這種想法是很崇高的，但真正感覺起來並不這麼如此。相反的，我們經驗到來自於不確定的卑微羞辱，潛能受損。蘇格拉底將照顧靈魂視為主要任務，經常表述自己事實上任何事都不瞭解。伴隨著靈魂的薄弱感，並不是從神經衰弱、憂鬱、歇斯底里這些精神官能症名詞中去瞭解失落，因為個體可以藉由認同而逃避了靈魂工作。不同形式的失落經驗，以及在理論中將經驗文字化（負向的母親、缺席的父親、親職被剝奪的童年），依然還是心理學中重要的基礎 [114]。這現象再一次指向地下世界及它缺失的面向。

失落不是它的全部，然而，這維度感覺起來像是失落，確實是因為存有的是空無。實際上，我們正在經驗另一個不同維度，要能夠認識到這點，得以失去物質的視角為代價。由某個角度來說，有一個維度不得不放棄了，但這是為了得到黑帝斯，以及他的大廳所縈繞的回音。即使我們失落了在物理空間及行動世界中某一定程度的自己，但在此深度中，仍存在著足夠的空間讓我們帶入同樣的物

---

[114] 原註 60：因為靈魂是由憂鬱與負向的經驗製成，因此深度心理學需要負向的概念化。Cf. P. Berry, "What's the Matter with Mother"；還有我的 "Psychotherapy's Inferiority complex," *Erano Jahrbuch 46*, 1977 (Leiden: E. J. Brill, in press); "Three Ways of Failure and Analysis," in *Loose Ends* (New York and Zürich: Spring Publications, 1975), pp. 98-104。

理世界，只不過方式不同。在此，我們得以重新與在生活中曾失去部分、而如今完整的靈魂，與失落的諸靈魂，又重新接觸了。黑帝斯也是冥王普魯托；沒有白日的部分（the void-of-day），只有兩個維度，卻也是一個富足、滋養、有廣闊接受性的空間。圖像中的冥王普魯托看得見祂那象徵豐饒的羊角，像是巨大的耳朵，散發出充滿豐富可能性的理解。

由物質過渡到心理觀點，通常會呈現出為生病或瀕死的夢中意象。醫院與醫生辦公室不只是夢中幫我們好轉的地方，它們也同樣是給予崩壞的肉體庇護的地方。煉金術中腐爛與變黑的過程，讓人憂懼的創傷與化膿的潰瘍，儀式性的宰殺動物或牠們的敗壞和腐敗，以及其他這類駭人聽聞的意象，這一切都指出在這裡物質的部分正在喪失它的實體與本質（Thrust），在這裡生物的衝動與動物的驅力正在沉降下到地下世界。在此，一個人內在的唯物主義與自然主義的態度正在發生著改變。如果把受傷的動物或生病的肉體只當成是需要療癒的部分人格，這樣就只是將傷痛單純的字面化與自然主義化，想要讓它復原回到地上世界，並且增強自我（ego）的能量，希望藉此阻止正在發生的病理化過程。這樣的強化，反而阻止了煉金術中透過違反自然而來達到心靈新生的過程（opus contra naturam）。

地下世界的意象仍然是看得見的，但只有透過我們內在不可見的種種才看得到。看不見的部分是要透過不可見的心靈才能知覺。心靈意象不必然是圖像，甚至可能感覺起來一點也不像是意象。確切來說，它們是隱喻一般的意象。詩的意象或音樂中整個的想像過程，當然是必須透過耳朵才能聆聽的，只是，是透過第三或內在之

耳來聽。

根據柏拉圖《智士篇》（*Sophist* 266c）的說法，夢的意象可以說是相當於陰影，於是「黑暗的碎塊干擾了光線」，將可引領我們看到某種「映象」（reflection），「是正常直視的**翻轉**。」[115] 這干擾將夢視為黑暗的碎塊，像是白天世界中的空白或缺失（absense）[116]，是白天世界的**翻轉**，將意義轉化成隱喻的特性。這不僅是白天世界用二維空間中淡薄的黑色輪廓來重現。這些生活中的意象陰影像是任何可見的陰影一樣，給予它深度以及微光、表裡不一的性質，和隱喻。夢中的景象（景象〔 scene 〕這字的字根近似 skia，陰影）是這景象的隱喻版本，昨日參與的那些演出者現在已經深化且進入我的靈魂中。

理解意象部分的困難是來自於我們的語言。遺憾的是，在英語中，我們只有「意象（image）」這個字用來表達包括殘餘的影象，包括感知的影像、夢中的意象、錯覺的意象，以及含蓋了想像的隱喻想法。我們同樣也用這個字來表達虛假的門面與集體的幻想。想像力（imaging）這件事不應只是閉上眼睛能看到圖像或是將意象繪出來或塑造出來。我們傾向將意象變成字面瞭解或塑成偶像，好讓意象明顯可見，但這麼做卻忘了幽靈（eidolon）是個心靈現象，只能透過同樣的心靈意識來覺知，因為它們才是相同的組成。我們藉由想像來覺察意象，或者更好的說法是，我們是想像它們而非感知它們，我們不能藉著感官知覺來感知這個不屬於感知世界的深度。經驗主義的謬誤是試圖在每個地方都用感官知覺，包

---

[115] 　原註 61：F. M. Cornford trans., from his *Plato's Theory of Knowledge* (Londn: Kegan Paul, 1935), p. 327.

[116] 　譯註：也可以譯作偏離感知成意義的。

括用在幻覺、情感、想法和夢等地方。「去感知和去想像是非常不同的，就像出席（presence）和缺席（absence）一般。[117]」因為，夢以意象來表達，甚至可以說，夢就是意象——這也就是荷馬是史詩中「oneires」[118] 的意思 [119]：因為作夢就是想像，唯一能不失真的傾聽就只有想像這個工具。夢由想像來召喚想像，也只能用想像來回應。

在埃及與羅馬，這一些快速移動的意象也被稱為陰影，剛好在這兩地葬禮也是在夜間舉行 [120]。這些都是黑色的；一個人在地下世界的存有是黑色的：我們生命的終章將要回歸的模樣。深層的陰影世界是日間意識的精確複製，只是，它必須以不同的方式來覺知，以想像來覺知。這是隱喻形成的世界。我們的黑色存有的一舉一動都如生命中的所作所為，但這生命並不只是我們的影子而已。從地下世界的心靈觀點，只有陰影才有物質，只有存在陰影之中的才是真實且永恆重要的。於是陰影，在心理學中應不只是被自我拋在腦後的，不只是自我在它的視線之外形塑的，不只是道德或潛抑或邪惡的映象而需要被整合的。陰影是靈魂的精華，是一種內在的黑暗，將人拉向下而拖出生活，而得以和地下世界維持連結。

---

[117] 原註 62： G. Bachelard, *On Poetic Imaginaton and Reverie*, trans. by C. Gaudin (Indianapolis, Ind.: Bobbs-Merrill, 1971), p. 21.

[118] 譯註：oneires 可以直譯成夢幻、夢使者、夢的擬人化。

[119] 原註 63：「……oneiros 這個字在荷馬中幾乎總是意指夢中的人物，而不是夢的經驗。這夢中的人物可以是神、鬼、先於夢存在的信使、或一個靈魂意象（eidolon），後者是為特定時機創造出來的……」「……它存在……獨立於夢者。」Dodds, *The Greeks*, p. 104.。其中改正我們想法的一個重要概念是，夢不是「我」的一部份。

[120] 原註 64： J. M. C. Toynbee, *Death and Burial in the Roman World* (Londn: Thames & Hudson, 1971), p. 46.

夢與幽冥世界：神話、意象、靈魂

哲學家普羅提諾 [121] 企圖解釋英雄自我與地下世界陰影的關係，就在他談論半神英雄赫克力斯的陰影（Shade of Hercules）。普羅提諾說（4. 3, 27）：「……這『陰影』……記得生活中所有的行為和經驗……以及英雄的個人形塑……」（cf. 1. 1, 12）。在盧西安 [122] 的對話書《梅尼普斯，或下降到黑帝斯》（*Menippus, or the Descent into Hades*）中，死者被他們自己的陰影（skia）告發。「在陽光下，被我們的身體拋在身後的影子……被認為非常可信，因為它們總是陪伴著我們，從未離開我們的身體。」[123] 由一個人的影子來審判他的靈魂，這樣的經驗將使得地上世界的生活好像一場夢 [124]。盧西安轉換了地上世界生活與夢的關係。自我發生在生活中的事，不過是個人藏在陰影深層的本質出現的映象。

因此，陰影是隨著自我生涯同時增加的存款。這個陰影記得所有我們內在英雄生活中的行動及它的物理世界觀點。如果我們擁有模仿赫克力斯的自我 [125]，我們也會有他的陰影。我們將一直和自己的負向審判共同前行，自我於是有了陰影，自我批評驅動了這一

---

[121]　譯註：普羅提諾（Plotinus, 204-270），埃及出生，住亞歷山大港，新柏拉圖主義哲學代表人物。

[122]　譯註：盧西安（Lucian of Samasato，亦有寫成 Lucia，約 125CE-180CE），是羅馬帝國時代的作家。梅尼普斯是存活於約西元前三百年的古敘利亞作家，著有關於地獄傳說的書。盧西安模擬與他對話而寫成對話書。

[123]　原註 65：Lucian, "Menippus, or the Descent into Hades," trans. A. M. Harmon (London/Cambridge: Loeb Classical Library) 4:93.

[124]　原註 66：同原註 65。

[125]　原註 67：哲學家梅尼普斯（Menippus），打扮如同穿著獅子皮的赫克力斯（Hercules），向下走，像是在《蛙》（*Frogs*）中戴奧尼索斯也裝扮成赫克力斯（梅尼普斯也戴著尤里西斯的帽子，帶著奧菲斯的七弦琴）。譯註：《蛙》是古希臘喜劇作品，作者阿里斯托芬，內容是關於戴奧尼索斯到黑帝斯旅行，將偉大的劇作家歐里庇得斯帶回陽世的故事。

切。

普羅提諾與盧西安間接提起了內疚的問題：為什麼一個人在地上世界中投入了自我的英雄旅程，卻同時因為內疚而伴隨陰影。更進一步地，為什麼現實的英雄建構必須在生活與陰影間具有根本的差別，而這差別導致內疚的陰影伴隨。

提出這個問題的方式徹底改變了我們對超我的見解。我們不再假設它是後期的發展，像是由上強加的，好像只來自於陽光，好像小孩不會投射陰影。確切來說，身體的陰影從我們的行動中檢視著我們。陰影是最親近的見證人。顯然身體的動作和它的陰影是同步且不可分割的，一切是相關連的，那麼誰又知道哪個先出現，行動或是影子？當我們投射內疚的起因到上層的、更具體的照顧者（我們的父母與社會），我們也就將陰影結構的起因投射到更堅實的英雄自我。但這也可能是以相反的方式來運作。我和我的陰影一起出生，永遠一起行動。如果我們將一般的思考方式「我投射出陰影」，轉變成「我的陰影投射出我」也是很合理。

這樣一來，我們就要重新思考陰影這個觀念。現在讓我們說吧，這就將白天自我的英雄式努力加以創造，成為因來自下方的心靈痛苦而成為贖罪功能。通常，我們認為靈魂將在死後償還我們的罪業；心身症狀和精神官能症機制裡潛意識的贖罪作用就清楚地描繪在有關地獄的敘述裡。然而，普羅提諾（1. 1, 12）說：「靈魂的生活與活動並不是贖罪者的生活與活動。」與其將靈魂看成因為白天世界見不得人的行動而在夜間世界贖罪，不如想像日間世界的活動是為了沒覺察的陰影而贖罪。只要我們繼續英雄模式的行動，我們就是被內疚驅使，總是不斷地償債。我們的作為更像是沒有

作為，而所有看得見的都是被看不見的意象所驅使的；而這意象若不是無法休止（就像薛西佛斯[126]永遠在他的山坡上）就是無法動彈（就像提修斯[127]被王位困住），因為它的慾望是永遠無法達成的（就像死神塔納托斯無法滿足的饑渴）。

地下世界的形象與地上世界的行動兩者之間的可轉換性，可以從斯蒂克斯（Styx 女神，冥河）意象的組合得到最好的瞭解[128]。嚴寒的斯蒂克斯冥河（river Styx）是諸神道德最深的根源（斯蒂克斯這個名字有著「可恨的」或「憎恨」的意思，源自於 stygeo〔恨〕），因為在這個河上祂們進行了宣誓，這意味憎恨在宇宙的秩序中扮演一個必要的部分。在這意象的組合裡，除了像愛欲（Eros）這樣的創造與秩序的原則，還有和衝突（Strife，這是不和女神 Eris 或戰神 Polemos），和必然性（Necessity，這是命運女神 Ananke）和理智（Reason，這是智性之神 Nous），這一切以及人，我們還必須給憎恨留一個空間[129]。斯蒂克斯的子女名為 Zellus（熱誠）、Nike（勝利）、Bia（強力）與 Cratos（力量）。祂們母親的冷酷憎恨，被祂們轉換成為我們日漸接受為美德的堅定特質。祂的子女提供了一個原初類型（prototype），也就是提昌道德總是

---

[126] 譯註：薛西佛斯（Sisphus）希臘神話中埃俄利亞國的王子，狡猾欺騙死神塔納托斯，被罰將大石推上高山，每次接近到頂，又滑落重來。

[127] 譯註：提修斯（Theseus），希臘傳說的雅典國王。許多英雄事蹟，包括破解米諾思迷宮等。他建立雅典古城，將人民等級制度化。

[128] 原註 68：Hesiod, *Theogony* 383 ff.（《神譜》）。進一步關於斯蒂克斯與這傳統的資料 cf. Lex., s.v. "Styx"。

[129] 原註 69：在 Pausanias 8, 18 描述了斯蒂克斯的起源是高聳的峭壁（lofty cliff），Frazer 對此峭壁添加了描述：「巨大突出的灰岩峭壁……我沒有在其它地方看過能相比擬的。」這影像把憎恨定位在我們的高聳峭壁上，我們的直立石牆（*Vertiegenheit*）。

伴隨著自我為了維護自己而以正義的理由進行破壞。

　　佛洛伊德也注意到斯蒂克斯這位憎恨的母親以及祂超級活躍的子女了；他將祂們放進關於憎恨和自我的概念性語言。首先，他區辨恨與愛，他說恨比愛更早出現（CP 5:82），且這一切「不是起源於共同原始元素的裂縫，而是從不同的源頭跳出來的。」（Ibid., p. 81）換句話說，恨是源自於自己的基礎，在「自我」之中有其極其不同的目的：「自我會憎恨、厭惡且追蹤，意圖毀掉那些對它而言痛苦感受來源的客體……憎恨關係的真正的原初類型不是來自於性生活，而是來自自我為了保存自我和維護自我而奮鬥的。」

　　在佛洛伊德的幻想中，自我必須藉著掙扎奮鬥來才能保存自己（因此力量、強力、熱誠、與勝利成為必須），而道德的合理化用來支持幻想的那些特質，就是在地上世界中冥河式的活現（enactment）。這時自我成為斯蒂克斯的工具，是憎恨的兒女，冰冷面對敵人以保護自己，其中最大的敵人會是溫暖；因此才有了我們一般想法中的愛恨對立。事實上，根據佛洛伊德，恨與愛都有著同樣的目標。兩者都尋求愉悅，其中憎恨利用自我來消滅痛苦。當我們尋求解除痛苦，每個人都變成斯蒂克斯的子女了，開始根據保存自我與發展自我來合理化我們透過破壞取得的勝利與熱誠。

　　如果要消解這些態度，就是意味著我們將自我強度（ego-strength）中的力量與熱誠回復憎恨這個源頭。於是，我們會在我們的英雄特質中看到憎恨。在生活的活動中尋找，就是把子女歸還給他們母親。母親原初的憎恨是屬於地下世界，在那裡憎恨有另一層意涵。在那裡，她那讓人無法原諒的冰冷為諸神本身帶來絕對的

秩序，維持了祂們的心靈領域，也就是地下世界，完整無損。斯蒂克斯是界限的設定者，維持著心靈疆域，讓奧林帕斯山的諸神都要沉潛進入的疆域；不是保護自我，而是保護地下世界免於生活的侵入態度帶來的痛苦。

夢中的人物

　　由於地上世界的活動與地下世界的結構兩者之間具有可轉換性，夢中的陰影形象提供了新方法來思考清醒時自我的生活。在這方法裡，與其關注它與現實世界的關係，不如視它為陰影的映影。以地下世界神話現象學為基礎的夢心理學，會透過想像將世界的現實轉換成它們的陰影。這一切陰影，現在在我們行動中成為真實。自我不再把陰影拋在腦後，反而是陰影在自我面前將自我加以具體文字化，然而在自我後面依然維持隱密。

　　我們在夢中遇到的陰影形象或幽靈都不是人們本身（榮格的客觀層次），甚至也不是他們的人格本質（榮格的主觀層次）。（後者是指我可以整合的屬於自己的特質。）在夢中，和我一起擔心父親事業的哥哥既不是我真實客觀的哥哥，也不是我內在那些年長、嚴峻、負責因而拖慢我腳步且讓我擔憂的的特質。我夢中的哥哥，在此是地下世界的影子，是幽靈（eidola），一個純粹的心靈結構，於是，我們對他的詮釋也必須由日常轉移向神話。榮格對此已經說的很清楚：

　　在將潛意識內容整合進意識的過程中，真正重要的是瞭解夢中

象徵如何與瑣碎的日常現實相關。然而，從更深和更長遠的角度來說，這過程是還不足夠的，因為它還沒辦法帶出原型內涵的意義。這些向下或向上延伸到了另一個層次，是以往的常識無法料想到的。作為所有心靈事件的先驗狀態，它們被賦予了一種尊嚴，是自古老的時候就以仿若神祇的形象來表現。再也沒有其他的表達形式能滿足潛意識的需要……。這因此召喚了包含全部視野的神話。

[*CW* 11：280]

　　為了擁有這「包含全部視野的神話」，我們必須要超越佛洛伊德的聯想方法，和榮格主觀層次的詮釋方法。這樣的超越將在第五章「夢」討論，但在這裡我們就必須觀察佛洛伊德的方法，他將夢中人物加以投射，經由橋梁回到相關的夢中生活，即使是為了它們潛在的意義。我們將夢中的哥哥與夢中的父親聯想成生活中的哥哥與父親，由這個聯想將夢又回歸到日常。而榮格對主觀層次的詮釋方法，把夢中人物視為作夢者的主體。夢中人物於是變成我心靈特質的表現。他們被內攝進入我的人格。在這兩個方法中，我們都沒有真正擺脫夢中人物的個人面向，因此他們和我們都還是留在地上世界。

　　我敢將這一切清楚而大聲的講出來嗎？夢中和我有互動的人物既不是他們現實中個人的再現（擬仿物〔 simulacra 〕），也不是部分的自我。他們是填滿原型角色的陰影形象；他們是人格面具、是偽裝，就在神性（numen）的中空之間。

多茲[130] 將我們的觀點表達出來了：「在好幾個荷馬式的夢中，神或幽靈以偽裝成活著的朋友來顯現給作夢者，而在真實的生活中夢到熟人，也可以這樣的方式來詮釋。」[131]

埃及對死者的宗教崇拜也有些相似的概念，其中的陰影靈魂也是某一個神的意象。所以，這些陰影意象被提及的，是當成哈索爾（Hathor）、庫努牡（Chnum）、伊提（Ity）等神來看待。在死亡的領域裡，我們在存在的心靈層次，個人自性（self）的本質意象（這正是我們的陰影靈魂）同時也是神的意象。我們人類的外表被神似的原型意象像陰影一般地遮蔽，而神以人類的陰影出現。人類的夢中意象不能用他的真實性來看待，因為那夢中的意象是屬於地下世界的陰影，也是因為如此，原型人物也以人類的外型出現。

以上述的例子來說，男性的三位一體由兩兄弟與父親（即便是缺席的父親）所組成，他們對父親事業擔憂，透過擔憂與父親的連結，以及在這極簡單的意象裡的其他某些錯綜複雜的東西，將觸及這個不只是維持，也要求神話式鏡映的組態。某種屬於原型的事件正在發生，就在每一個意象裡。

我夢中出現的以前老師，或教授，這不只是我心靈完整性的某些智性潛能而已。在更深層的地方，這形象是原型的心靈導師，現在穿著老師或教授的衣袍出現在夢中。我夢中的童年愛情不只是現在年長的我可以重新發現並整合的特別情感狀態而已；更深層的是這個從那時一直持續的青春，向來活在回憶中，他們就是原型的青

130　譯註：多茲（E. R. Dodds, 1893-1978），愛爾蘭古典學者，牛津教授，《希臘人與非理性》為揚名作品。

131　原註 70：Dodds, *The Greeks*, p. 109.

春少女（kore）或永恆少年（puer）；以這個或那個的個人記憶中的形象出現了。在夢中，靈魂（daimones）、精靈（nymphs）、英雄與諸神，他們是以昨晚朋友的外型來拜訪我們的。

我們的朋友是有名字的。神話中的人物也有名字；而希臘的神話人格不只擁有他／她／它自己的名字，還擁有一連串的稱號。這些已由學者列出的「神的稱號」[132]，呈現了神如何展現的最佳寫照。祂們不是只以整塊雕塑或一個名詞的抽象概念（像是赫克力斯、希拉、宙斯等名詞）來出現，就好像是查閱神話辭典時會看到的。這些神話人物的命名，總是會帶來某些特定的脈絡。對眾神的宗教崇拜是對於稱號的宗教崇拜，是這稱號將神性形象以具象的詞說出了：助人的赫克力斯（Aider Hercules）、守護免於邪惡的赫克力斯（Protector-from-evil Hercules）、好戰的赫克力斯（Warlike Hercules）、勝利者赫克力斯（Victor Hercules），這些名字給了一個意象，並且暗示了神話元素。它揭示了這神性的鄰近情誼、親屬關係、功能、外表及特質。而這些稱號，或是綽號，在現今的地下世界依然活躍著：街頭幫派、黑手黨集團、囚犯、兒童與美洲印第安人。個人的本質顯示在名字裡。

名字的其中部分是它的字源（etymon），是埋藏在根源的真實。尋找字的源頭，這種字源學的幻想，是想像這傳統的其中一種基本儀式，因為它尋求將字裡面的意象加以恢復，或重新把那個字與來自某個物品、行動、地方或人物的名字加以連結。要讓昨晚進入夢中的人物恢復「含括全部視野的神話」，是可以透過注意他們

---

[132] 原註 71：在希臘文與拉丁文中完整的稱號名單，見 *Lex.* 7:s.v. "Epiteta Deorum"（〈神的稱號〉）。

的名字的。

　　在他們的名字之中的就是他們的靈魂：個人的名字和他們的巴靈魂（Ba）是可以互相轉換的（Ba, p. 99），彷如我們只能在與死亡產生關連時，才能得到從地下世界找回真正的名字。要看透一個夢中人物的心靈真實，需要有敏銳地注意名字的耳朵。

　　即使他們沒有名字，或只以功能或情境命名，這些名字可以被想成稱號。所以我們會得到「不認識的女人」、「出納員」、「技師」、「老闆」。

　　我們得到正在做某事的形象：跑步的男孩；開車的女人；擔憂的兄弟。然後，我們把這些形象當成名字，在字首用大寫字母，我們給予神的稱號：穿襯衫的男人；曬黑的女孩；高大的黑人警察。

　　印度思想有一個見解，他們認為心靈的某些特定狀態，例如作夢，名字是事物的本質。它們不是代表其他地方以此命名的某事物，而是再現這東西本身的心靈。於是，名字成為神聖的理性原則，以夢中人物的形象出現。我們看著心智把自己的想法移進夢中人物的精微體（subtle body）[133]。對於我們自己如何被想像的方式，可以藉由給夢中的個體取綽號來展現：時間落後的我；購物的我；漂亮客廳的我；沒穿褲子的我。為了對心智中正在發生的事件有基本的瞭解，我們必須找到角色的名字或深入瞭解他們的名字，即使是平庸的人物（白先生，漁家女孩、張三李四）亦然。夢為何召回這個無足輕重的一切，例如昨晚夢中飛略而過的鬼魂或四十年前的校園，名字通常在這時候是個人絞盡腦汁來瞭解上述原因時，

---

[133]　譯註：精微體（subtle body），又譯細微身、能量體等。源自印度數論哲學，指出我們肉體之內還有著精微體，是生命的來源，也是輪迴的主體。

會突顯出來的奇特點。

　　我們會比較三種夢中人物的取向。第一種，讓我們稱之為佛洛伊德取向（佛洛伊德派），透過聯想或客觀層次的詮釋將夢帶回到日間的真實。現實中的人物對於夢中人物的瞭解是必要的。第二種，我們會稱為榮格取向（榮格派），把它們視為表現個人情緒的主體。我的人格是瞭解這些夢中人物的基本要點。第三種，原型方法，將它們帶回到心靈意象的地下世界。他們成為神話式的存在，不只是藉由擴大他們的神話相似性，還要看清楚面具背後的想像人物。只有作夢的人對夢中人物的瞭解是基本的。

死亡隱喻

　　當我使用死亡這個字，而且將它和夢連結時，是極度冒著被誤解的危險，因為死亡對我們而言總是會想到特別令人討厭的那種死亡，也就是身體的、字面上的死亡。我們對身體死亡的強調，順應了我們對實體身體而非精微體的重視，對於物理生活而非心靈生活的重視，以及對字面意義而非隱喻的重視。愛與死可以是隱喻，關於這一點是非常難理解的事，畢竟，自我、文字說理的人、講求實證的人、注重實際的人都說，每一種東西都必須是真實的。我們因此很容易與死亡幽微的特質失去接觸。對我們來說，汙染、分解和癌症都變成只是實體的部分。我們只是專注於單一死亡，一種從自我對真實的感覺來定義的死亡。在我們文化中所談到的死亡是來自自我的想像，而我們也用同樣的態度來對待我們的夢。

　　我們的文化對死亡的忽略是十分獨特的。在其他許多文化的偉

大藝術與慶典裡，例如，古埃及文明、伊特拉斯坎文明、厄琉息思的希臘、西藏文明等等，都禮敬地下世界。西方人沒有祖先崇拜，儘管充滿病態的懷舊。我們不保存遺跡，儘管收集古董。我們很少看到死人的存在，儘管我們每週在電視上可以看到千百個偽造品。我們進食用的動物是擺到視線之外的。我們沒有招魂（nekyia）的神話，儘管我們影片與音樂中的大眾英雄是地下世界的陰影角色。但丁的作品是西方文化中最後談到地下世界的，這甚至是早在文藝復興時期以前的想像。我們民族誌的根源可以追溯回偉大的地下世界聚合體：凱爾特神話中的達格札或柯爾努諾斯[134]、日爾曼神話海拉[135]，以及聖經陰間（Biblical Sheol），希伯來聖經中死者前往的世界。這一切全都已經消逝了；基督教地獄中的火焰是多麼的蒼白啊[136]。這一切去哪了呢？當死亡不再被注意到，究竟是在哪裡？注意力不再，這些意識的內容會往哪去？它們已經進到潛意識了，心理學這麼說著。地下世界走進潛意識：甚至成為潛意識。深度心理學是今日我們發現起程祕儀（initiatory mystery）的地方，是心靈學習的漫長旅程，是祖先崇拜，是與惡魔及陰影的相遇，是地獄的折磨。

因此進入分析的這個人不是一位受分析者、一位個案、一位弟子、一位受訓者或一位夥伴，而是一個患者。這個字保留下來，不是因為這是源自十九世紀醫療的歷史，而是因為這顯示了進入靈魂

134　譯註：愛爾蘭迄今依然深受影響的凱爾特（Celtic）神話中，達格札（Dagda）是大地與豐饒之神，全能的父神；柯爾努諾斯（Cerunnos）是「有角者」，掌管狩獵、生育、動植物一生，並具有支配冥界的力量。

135　譯註：日爾曼神話，影響包括北歐，海拉（Germanic Hel）是冥國女神。

136　原註 72：D. P. Walde, *The Decline of Hell* (Chicago: University of Chicago Press, 1964).

深處的實際情況。靈魂是心理治療的患者，一個人（個案、夥伴、被分析者）在他成為患者時，立刻排列而成為靈魂。地下世界的經驗讓我們每個人都成為患者，也給了我們對耐心（patience）一個新的感覺。「在你耐心之中的是你的靈魂」，是一個宗教性的鍊金的格言，指出只有接納了痛苦，只有參與其中，只有終極的等待，才可以發現靈魂。由靈魂的觀點來看，患者（patient）與治療師（therapist）兩人之間的差別很小。這兩個字的字根的意思都有著十分用心的投入，是伺候（wait on）也是等待（wait for）。

等待什麼？其中一個答案會是：死亡。心理治療是等待死亡的出現，夢工作是死亡工作（death work）。但，這答案又把死亡與失落的隱喻意義字面化了。埃及的「巴」從未死亡，基督教靈魂是永生的；這表示在這種醫學上與法律上，肉體死亡定義的生命終止並不是夢工作的背景。這樣的死亡還是自我在字面意義的觀點，自我若非死亡是無法離開自己生命的，而同樣的物理態度也出現在其他事物的理解上。死亡不是夢工作的背景，但靈魂是。靈魂如果是永生的，會是超越死亡的，所以夢不會被死亡的出現所限制。心靈觀點不只是聚焦在死亡或瀕死。相反的，這是只在我們將日間世界觀點加諸在睡眠之上時，才會站出來的意識。死亡是表現出意識中這樣的轉變的最徹底的方式。

然而，維持地下世界觀點是多麼困難、多麼不容易自然而然啊！畢竟，我們都在生活中，而且我們確實是在「美好的日光」下觀看這些夢。然而，這個日光觀點的代價是死亡及死亡恐懼，變成了心理學負向斷定的源頭：「邪惡」、「陰影」、「潛意識」、「心理變態的」、「退行的」、「困住的」、「破壞的」、「切斷

的」、「無關連的」、「冰冷的」，還有那些貼在每個情結其中一邊的負向標誌，這一切的詞語和標誌哪一個不是被死亡染上氣息，而成為生命與愛的敵人？當我們宣告某個情況或情結是負向的，我真正要表達的難道不是這正要終止生命，是注定死亡，是要彈入地獄的？真正要表達的難道不是勢必捲入無希望和原始酷寒，因而遠離了生活，或捲入最惡劣且無法理性理解的黑暗？心理學中的負向標誌對我而言，似乎只是白天世界的愛欲（Eros）對抗死亡（Thanatos）諸多偏見的笨拙版本。因而，我們只看到心靈中負向、破壞、悲觀、自殺的成分，而不能整合我們對深度的瞭解而走進斯蒂克斯式的仇恨內容；或者只是偏好分離而非合而為一；或者將在內在朝下的路引到退縮、遺忘，卻依然反映。

在我們文化中，深度心理學已經成為恢復地下世界意義的現代運動。從佛洛伊德開啟了這一切以來，深度心理學已經變成一個「運動」，是由使命所驅動的。那部分的使命已經完成死者的復活，透過我們內在的那些遺忘或埋藏的生命得以復活。然而，它沒有走得夠深。它相信唯有解放個人或文化所潛抑的本能的本我，才是終點。它打開了墳墓，想像會有一個木乃伊遺體會升起；但本我就如地下世界一般，不是本能的軀體。本我是地下的心靈。在我們每一個人的內心，最最死亡和最深埋藏的部分，是文化中對死亡的忽視。黑帝斯現在其實只開始重新顯現預兆，是關於經濟成長的侷限、能源危機、生態汙染、老化與死亡的新關懷。

不是死者應該升起，而是死亡本身的復活。因為深度心理學不只將夢中人物和地下世界的記憶心靈帶回給我們。深度心理學還將死亡由從唯心論的超個人心理學、死後生命的神學、報應的道德，

以及生化機遇或演化的科幻這些流放之地，帶回到每個個體心理生活的主要地方，每一步中都是通往深處。我們的腳步聲將從下面的地窖迴響而起。每一個動作都會有一種向下的開啟、一種潛意識的重新發言，就像是每天早晨醒來所掌握到的夢的薄弱頭緒，都引領我們往下走向通往黑暗的意象 [137]。

---

[137] 原註 73：Cf. R. J. Sardello, "Death and the Imagination," *J. Inst. Man* 10, no. 1 (1974): 61-73，當中有著死亡隱喻的極佳表達。Sardello 指出如果沒有死亡隱喻的意象，而死亡只被抽象看待，這樣一來對於靈魂將是危險的。他指出了擁有死亡想像的重要性，這樣才能感受到人類的脆弱並且能遊戲與幻想，他因此主張沒有死亡想像會是想像力之死。

第四章

障礙

在內心世界裡，有三種習慣會妨礙我們，以致無法將地下世界當作心靈世界的概念。就讓我們在這裡簡捷地逐一檢視吧。

唯物主義（Materialism）

我之前強調過地下（underground）與地下世界（underworld）的不同，也提到潛意識這個字眼傾向掩蓋這個差別，賦予心靈事件一個自然主義（naturalistic）的角色。這樣的觀點背後存在著一個原型的圖像，長久的歷史以來一直影響著我們對於心理學、法律、政府，以及語言的態度。我們是羅馬人，在心裡頭如此，在文明上也是如此。在古羅馬時代，特勒斯女神[1]，稍後的大地之母（terra mater），她既是慈母般的大地，同時也是地下世界的神祇，同時也主宰著自然界以及死者的王國[2]。一般的心理學觀點認為羅馬文化之所以偏向唯物主義，且缺乏想像力，很可能也是根源於特勒斯女神，因此，不可見的冥王黑帝斯統治下的地下世界和屬於大地之母的地下世界，才會有著這麼大的差別。

特勒斯擁有一些奇怪的特徵。首先，她沒有與任何其他天神配對，這樣配對在神話當中顯然是非常普遍的。但她確實沒有與任何男性相關連。她是「與羅馬神話穀物女神不可分的」（inseparable from Ceres）；然而，她的名字不只是和穀物連結在一起，也和創

---

[1]　譯註：特勒斯女神（Goddess Tellus），大地女神，古代義大利的地神，保佑豐收，相當於希臘的蓋亞，有時候是地震之神。

[2]　原註 1：*Lex*,.s.v. "Tellus"; cf. W. W. Fowler, *The Religious Experience of the Roman People* (London: MacMillan, 1933), pp. 120-22. G. Dumézil, *La Religion romaine archaique* (Paris: Payot, 1966), p. 363（《原始羅馬人的宗教》）。以上對於特勒斯的相關文獻提供了很好的參考資料。

造與繁殖相連[3]。這兩者幾乎出現在所有的葬禮儀式上，也出現在農業與生育女神的儀式當中，甚至是婚禮上也會出現。大多數儀式裡獻給特勒斯的祭品會是一頭懷孕的母牛——這世界上很少類似這樣的祭品。這頭母牛的宰殺會在四月中旬進行，宰殺的慶典、血、肉、內臟、懷孕，以及繁殖，通通發生在青青穀物蓬勃生長的時節。在這個繁殖的循環當中，死亡是全然可以預見的。在這個掩埋屍體的大地下，並沒有開啟任何靈魂的世界。

大母神（The great mother）不僅僅是博物館裡的石雕像而已，她還是一種經過我們思考和感覺的習慣而進行的意識移動的樣態（modality）。她就是我們的唯物主義，從物質與母親（matter and mater）之中引申得出的共同物，這並不意外，也不是笑話[4]。她是將所有心靈事件都與物質事件加以連結的那個意識樣態，她讓靈魂的形象聽命於物理實體（physical tangibilities）。每一次我們從夢境中醒來，投入生活當中，我們就強化了她的支配力量。把夢境中「真實」的血肉之軀當作麵包與奶油來解釋，就是一種唯物主義。

特勒斯在心理學的角色很特殊，彷如她是心理學唯一的神祇。我在這裡指的，不只是母嬰形象的永恆回歸才是瞭解人類靈魂的唯一鑰匙，也包括這整個一、兩代博學深思的詮釋家也將一切歸諸於她：河流、海洋、植物、動物、愛、生命與死亡[5]。然而，現在，

---

[3]　原註 2：Dumézil, *La Religion*, p.113.

[4]　原註 3：關於物質與母親關係的心理學，請見 Berry, "Mother," *op. cit.*

[5]　原註 4：請參見 E. Neumann, *The Great Mother* (New York: Pantheon, 1955)，在該書中每一種女性人物與形象都成為大母神的象徵物。如果任何人的研究呈現出類似的結論，也就是說所有的資料都指向同一個壓倒性的假設，遇到這種情形，就是我們該問問自己關於這個假設是不是有心理學上的問題的時候到了。如果一個研究者內心被大母神的原型給附身了，那麼他在研究的任何地方都看到大母神這回事情就不足為奇了。因為心理學是一門詮釋的學科，所以我

讓我們很小心地使用亞里斯多德[6]對於夢的方法：尋找正確的相似性。這樣一來，我們可以聯想海洋與河流就是屬於希臘神話當中的大洋河神俄刻阿諾斯（Okeanos）以及波塞頓（Poseidon）海神；然而愛洛斯（Eros）也是男性形象和力量；而草木與活力之主，也是兒童之主的，就是酒神戴奧尼索斯；即使是大地自己，在我們現在一切象徵根源的古埃及時代，也曾擁有陽剛的人格化代表。

　　開始對於死亡進行沉思的不只是宗教，心理學亦復如是，因為面對死亡的我們停下來沉思，開始深入，因而感覺到靈魂，然後築出我們的幻想讓靈魂停居，這不論這是在宗教性的古金字塔、古陵墓，或是在現代心理學的儀式和體系，都是。如果靈魂只是腦神經系統分泌，或是微生化合成物所產生的想像產物，而夢就是位於社會、歷史、肉體能量場內的身體內在行為的一種反射；那麼對於靈魂和它的夢最合適的哲學觀點，就會是唯物主義。如果這樣，也可以反過來這麼說：如果在對夢的意象和語言進行解析而開始提到其他的影響（其他人、感官印象、過去的記憶等），我們就是進到唯物主義當中，即使從來沒有使用任何化約的術語。唯物主義或許比享樂主義、感官主義、聯想主義、行為主義以及其他過去學習用來辨識它的訊號，都要來得複雜。只要我們不接受夢是原地的（autochthonous）意象或者靈魂的獨特創造的時候，唯物主義就會出現。夢不是其他地方的某個東西所製造出來的。更確切一點說，

們要牢記並沒有一個可以脫離資料收集者主觀角度的客觀資料存在。心理學者很容易會從他所收集的資料裡面，讓大家看見他自己內在的神話故事是些什麼。

6　　譯註：亞里斯多德（Aristotle, 384-322B.C.），古希臘哲學家，可說是西方科學哲學奠基者，著作繁多，其中科學著作包括了《論睡眠》、《論夢》、《論靈魂》等。

追尋夢的因果關係的「我們」，本身就是這樣的夢的材料。

　　對心理學唯物主義的反擊並不能透過個人的主觀主義（individual subjectivism），或是透過自性（self）的私有權，這樣會成為心理資本主義（psychological capitalism）。這也是另外一種唯物主義。它假定一個先驗的基礎，是靈魂倚賴的，也是夢終極的指涉。唯物主義也無法適當的與基督主義（Christianism）[7] 相合，它忽略了夢、靈魂、地下世界，而這點我們將進一步討論。講求個人成長與生態運動的泛神論心理學也不是問題的答案，因為他們只是引進了大母神的新迷信，因此開始崇拜肉身和血氣精力。

　　然而，有種完全不同的方式可以和心理學的唯物主義相合，讓生命變得「要緊」（matter，譯按：同時有物質的意思），讓生命變得「算數」（count），變得有「意義」（sense）。在這裡我指的是與深度有關的品質，以此取代了肉體的意義。沒有什麼比死亡更重要了，我們一旦開始從死亡那裡進行心理學的反思，唯物主義就失去了母性基礎（maternal ground）。唯物主義既不始於德謨克利特[8] 也不始於馬克思[9]。唯物主義的起始點是主控著我們對心靈事件觀點的原型，也就是我們對於死亡，對於地下世界以及對於夢的觀點。

　　只要原型母親還支配著心理學，我們就無法不從她的觀點來

---

[7] 譯註：「Christianism」通常譯成基督教主義，是相對於美國稱回教為伊斯蘭主義（Islamism）而起的，但作者這裡指的似乎更接近基督教信仰（Christianity）。

[8] 譯註：德謨克利特（Democritus , 460-370 or356 B. C.），古希臘哲學家，他認為每一種事物都是由原子所組成的，整個世界的本質只是原子和虛空。

[9] 譯註：馬克思（Karl Marx, 1818-1883），《資本論》作者，十九世紀以後因為社會主義運動的崛起，人們往往誤將唯物主義等同於馬克斯。在這裡作者認為唯物主義的起始點是主控我們對心靈事件觀點的原型，亦即我們對於死亡，對於陰間以及對於夢的觀點。

看待夢並且用她的角度來解讀夢的訊息。例如跟天后希拉[10]有關的夢，我們就會聯想到相關的社會新聞，像是夫妻問題以及日常的家庭瑣事；或者與賽比莉[11]有關的夢，就會解讀為問題可以獲得解決，而且人生變得豐富。原型母親也會透過艱鉅的任務來提出挑戰，用來強化自我的英雄意識，就像天后希拉在許多神話故事裡的作為。古羅馬競技場上戰死的格鬥士會經由「瑟雷斯之門」（Gate of Ceres）離開競技場，回到當初把他們送到這個世界的母親身邊[12]。另一個原型母親的挑戰方式就是將夢境變成一個謎題，我們必須去結合、迷惑和解答。當夢是謎題時，就會出現人面獅身的斯芬克司（Sphinx），而任何出現斯芬克司的地方，就出現一個永遠與母親成婚的英雄。

「大母神」是一種運用心理學的方式，透過自然主義的詮釋將夢回歸到自然。但是「自然」也只是一種心理學觀點，幻想著將靈魂和自然本身當作想像的拓樸空間（imaginal topography），相關的描述隨著不同世紀、不同原型掌握了支配權而改變[13]。西方歷史顯示了許多類似的想像，將大自然視為不同的東西，包括計時的機器、敵人、富有野性美而需要馴服或者放著不去打擾的處女、和諧的韻律、爪與牙沾滿鮮血的競爭求生的動物、或者就是神的樣貌。在我們至少確定自己是採用何種觀點來看待自然之前，我們不能說

10　譯註：希拉（Hera），希臘神話的天后，主神宙斯（Zeus）之妻，被認為是婚姻和婦女的保護神，掌管婚姻和生育。

11　譯註：賽比莉（Cybele），小亞細亞神話中的女神，作為自然之母的象徵，具有預知能力的眾神之母。

12　原註 5：Eva Neumann, *The Masked Dancer* (Philadelphia: St. Joseph's College Press, 1965), p. 7.

13　原註 6：Cf. R. Lenoble, *Esquisse d'une histoire de l'idée de Nature* (Paris: A. Michel, 1969).（《自然觀念史的素描》）

夢就是自然，或將夢視為理所當然。

　　大母神對我們的夢進行工作的另一種方式，就是把夢境化為個人的真實生活。就像榮格（CW9,i:§159）指出的：與母親有關的各種心理學，永遠不能脫離以人為中心的觀點（personalistic viewpoint）[14]。但是死者並不是人，地下世界的幽靈也不是任何人的人格的一部分。這些幽靈的形象是沒有血、沒有身體、沒有骨骼的，靈魂和個人的生命不再融合在一起。

　　對地下世界進行以人為中心的化約是伊比鳩魯學派[15]的基礎[16]，而這是羅馬文明的主要哲學。在這階段我們再次發現特勒斯的影響力。對於關切如何能夠活出好人生的伊比鳩魯學派者來說，死亡雖然是很重要的焦點，但整個地下世界只不過是關於個體對於（主要是死亡的）恐懼和（要去征服它的）欲望的一種道德主義的比喻。在這裡已經預示了後來佛洛伊德認為的「全能的幻想」（omnipotence fantasy）和不死的驅力（immortality drive）。伊比鳩魯學派教導我們可以不需要來世的比喻就能夠過好日子，只要我們學會辨識情緒，而不是將情緒所投射出來的地下世界的幻象（simulacra，擬仿物）誤以為真。只有感官能夠感知的物質世界才是真正實際存在的，且只有對於這個世界明智安排，才是切合實際生活目標的。為了得到真正的快樂，我們必須活在沒有錯覺的未

---

[14] 譯註：「personalistism」一般譯成人格主義，這個流派主張以人的自我、人格是主要的存在，整個世界都因為與人相關而獲得意義，因此在這裡譯成以人為中心。

[15] 譯註：伊比鳩魯學派（Epicureanism），創立於西元前 307 年，認為最大的善是驅逐恐懼、追求快樂，以達到一種寧靜（ataraxia）且自由的狀態，並透過知識免除生理的痛苦（aponia），降低慾望。

[16] 原註 7：D. Konstan, *Some Aspects of Epicurean Psychology* (Leiden: Brill, 1973), pp.22-27, *passim*.

來，尤其是沒有對於超自然的錯覺，這樣的錯覺集中體現於地下世界的迷信。一切都是原子（atoms），一切都是時間流逝的瞬間。我們最好能做的，就是找到一群志同道合的朋友共同靜修。

這種理性主義與唯物主義是值得與佛洛伊德的夢理論做比較的（佛洛伊德的夢理論把夢中的人物視為恐懼和欲望的內射產物，最終化約成感官的快樂與痛苦），也值得和更廣大而蔓延在我們文明當中的死亡哲學互相比較。對伊比鳩魯學派的羅馬人而言，死亡不過是所有感官感受的離席，而那些不能被感受的事物就不是真實的，或者就是根本不存在。這種觀點在現代的相等物（modern equivalent）提出了類似的敘述：「死亡對我來說並不現實。當我活著的時候，它並不存在；當它於某時某地出現，我已不在（死亡）。所以囉，幹嘛擔心呢？快點起來好好過日子！」不管是在羅馬，或者這裡，我們都發現對於個人生活的現實安排的基礎，是認為宇宙如果不是完全憑機率的，就是完全預先安排好的（這其實也是一枚理性認識的硬幣的兩面）。因此，最能勝任這一切的心理學是自我心理學（ego psychology），只要把超越自我之上的深度（the depths beyond the ego）看作是自我的投射，就可以透過志同道合（其他自我中心主義者）的友誼來緩和人的痛苦。

我們因此對唯物主義的觀點可以得出一個結論，它是從特勒斯，而非黑帝斯導出的一種死亡心理學。在對地下世界真實性的感受以及對於靈魂價值感的感受之間，存在著一種好玩的關聯。這好像是，當我們對於地下世界沒有栩栩如生的想像時，一種黯然無光的感覺發生了，即使去除個人的相關性，或者說用今天的語言會說成是「建立關係」（relating），對於伊比鳩魯社群來說是必然正確

的。越少的地下世界，深度就越少，一個人的生命就會水平伸展。唯物主義的觀點歸於虛空，黑帝斯的神殿現在只是靈魂真空的狀態，因為跟祂有關的神話和意象已經被稱為非理性的「擬仿物」，被看成是恐懼和欲望的幻想。結局就是憂鬱的：這意味著充斥於我們的文化當中、帶著面具的憂鬱，有一部分是來自於靈魂失去地下世界的反應。當憂鬱的人尋求治療而開始分析潛意識的時候，感謝佛洛伊德，他或許會重新發現地下世界就在那裡。所謂的深度心理學，儘管不理睬科學唯物主義，並且每小時向大母神獻上忠忱，但仍然執行著宗教的主要功能：透過實際的儀式的手段，把個人與死亡的領域連結起來。

總而言之，每次我們對於母親產生爭論時，我們就越朝向比較少的個人相關、比較少的自然實體、比較少的道德概念、比較少與人相連結的社交概念移動。透過「人的作品」（opus）與「自然物」（naturam）的對比，心理學的著作首先可以因此定義成相對於母親（maternam）的人類作品（opus），在這裡不是指個體的母親，這會掉入陷阱；這裡指的是一種自然主義和人格主義的唯物論哲 學（the materialistic philosophies of naturalism and personalism）。要將超自然領域從天賦的心智釋放出來，首先就需要把黑帝斯的地下世界（underworld）與特勒斯和地下空間（underground）加以區分開來。

對偶主義（Opposisionalism）[17]

橫亙在我們通往地下世界觀點的路上的下一個障礙，是我們對立的思考習慣，也就是對偶主義。在這裡「主義」（ism）的字尾，就像其它的主義一般，是一種我們的心智加諸於生命的意識形態框架，而且通常是潛意識的。即使我們對於對偶主義或多或少有些覺察，就像我即使在這本書一再努力，對偶主義仍然是我們文化思想的基底，早在蘇格拉底以前的哲學（the pre-Socratics）[18]開始，到康德、黑格爾、一直到當今的訊息理論（information theory），我們都無法逃避它潛在的影響。就連這本書也常常掉進對偶的配對當中，例如夜晚世界與白天世界、地下與地上世界、精神的與自然的，諸如此類成雙成對的概念與名詞。

我們沒有辦法遷徙到另一星球上來使用另一套論述，甚至連轉換到另外一種文化習俗都沒有辦法。既然我們必須以對偶主義作為我們實際的基礎，最好提高對對偶主義的覺察，希望藉此做到兩件事：轉移（shift）這些對立物，讓我們能夠不被捆綁並且更加能夠運用；並且找出與這個「主義」最相符的原型是什麼，以瞭解是哪種心智的在哪種問題上進行搏鬥，才使得這樣的對偶變得必要。

對偶的邏輯[19]以及所有類似的概念（例如：矛盾的雙

17　譯註：opposinion 有對立、亂對的意思，但在這裡作者強調的是對立中有重疊，而且是這重疊或相近的部分才是重點；他進一步強調這兩者共同存在的必要性，因為如此，翻譯上一律採取「對偶」。

18　譯註：希臘哲學家蘇格拉底生於西元前 470 年，死於前 399 年。哲學上 the pre-Socratics 一詞，指蘇格拉底以前的哲學是西方哲學以及在蘇格拉底之前的哲學流派。從那個時代開始，他們反對過去對世界神祕的理解，他們試圖通過思考進行重新詮釋。

19　原註 8：關於對立物的問題，在英國心理學家歐格登（C. K. Ogden, 1889-1957）一本有用的

方〔contradictories〕、對立物〔contraries〕、兩極對立〔polarities〕、互補〔complementaries〕），不論這樣的配對是形式上的或者是物質上的存在，或者這一組名詞在概念上是否可以窮盡一切可能，如二元論的形上學結構那樣地既是需要也是暗示著對立的邏輯，是遠遠出過一篇談論夢和地下世界的論文所能負荷的討論範圍的。然而，對偶主義的確對於本書有很大的影響，因為這個的主題是佛洛伊德所提出的，而榮格以更多對偶的兩極名詞重新進行敘述。為了讓夢理論擺脫他們的立場，我們必須先面對這些對偶的概念，尤其是榮格學派的。

榮格的心理學徹頭徹尾是對偶的，沒有明顯的例外，所有他主要的概念，愛欲／邏各斯、自我／自性、內傾／外傾、人生上半場／人生下半場、概念／直覺、個人的／集體的、意識／潛意識、倫理學／道德、阿尼瑪／阿尼姆斯，還有更多更多，都是成雙成對的。這些對偶是內容上和功能上的，但不是邏輯上的。榮格心理學裡的對偶所關心的是其內容以及它們如何運作。內傾和外傾在本質與功能上都正好相反，不只是形式不同而已。這些名詞之間實際上是存在著張力，而不是對立的邏輯。所以將榮格的對偶當作邏輯工具是錯誤的，好像榮格變成在作邏輯推論而已。因為在邏輯上，他的對偶並不是完全互斥的對立，例如阿尼瑪當中不排除阿尼姆斯，我們也可以同時處於意識與潛意識的兩種狀態當中。這就是為什麼榮格拒斥「非此即彼」（either / or）的思考方式而偏愛「亦此亦彼」（both）的思考方式。他那些成對的概念在同一時間彼此既相

小書《對立》（*Opposition* [Bloomington, Ind.: Indiana University Press, 1967]）當中得到很好的處理。邏輯學的內文只是表面的形式而已。

互對抗卻又是互補的，然而卻絕對不是對立的。

在這個意義上，榮格對偶的使用比較像是浪漫主義的追隨者。他傾向將這一切視為事物的組成部分，而不爭論事物的模式。他使用對偶的方式比較不像亞里斯多德—經院哲學派（Aristotelian-Scholastic manner）[20]的態度，反而更像柯勒律治[21]的說法：法則（law）「支配了整個大自然，這也就是指，極性的法則（the law of polarity），或者說某種經由對偶的力量而呈現的權力（power）。」他又說：「嚴格說來，屬於同一權力的兩極力量之間，並不存在真正的對立。」[22]「在這裡，對偶主義主要是指對現實的看法，是一種普遍法則，其次才是認識論上的排序過程。」

榮格（CW 7: 111）提及他理論的基礎是來自赫拉克利特[23]的對抗轉化（enantiodromia）學說[24]。榮格從中理解到「對偶的調節功能」（regulative function），對抗轉化這個字本身意味著「對抗」（enantio）和「來來去去奔跑」（dromia），榮格將之修改成「物極必反」（les extremes se touchent）。如果你某個動作持續得夠久，相反的動作將會開始。即便是對偶方向的對撞，也會像赫拉克

---

[20]　譯註：經院哲學，舊譯士林哲學，是中世紀神學主導下出現的哲學探討。它摒棄了阿拉伯哲學和神祕主義，重返亞里斯多德。輔仁大學哲學系是這一傳統在華人世界的代表。

[21]　譯註：柯勒律治（Samuel Taylor Coleridge, 1772-1834），英國詩人、文評家，英國浪漫主義文學的奠基人之一。

[22]　原註9：摘自原註8所引書 p. 64。

[23]　譯註：赫拉克利特以畢達哥拉斯的學說為基礎，借用畢達哥拉斯「和諧」的概念，認為在對立與衝突的背後有某種程度的和諧，而和諧本身並不引人注目。他認為是衝突使世界充滿生氣。

[24]　原註10：我所能找到唯一一篇嘗試把榮格的理論基礎和赫拉克利特的心理學做深入討論的書是 Garfield Tourney, "Empedocles and Freud, Heraclitus and Jung," *Bull. Hist. Med.* 30 (1956): 109-23。

夢與幽冥世界：神話、意象、靈魂

利特說的這樣（frg.30）：「往上和往下是同樣一個。」或者像柯勒律治所說的：「權力的顯現是經由與其對偶的力量。」榮格所有的書寫都是這個觀點的再三澄清。[25]

隨著榮格的心理學延伸擴展，他的對抗轉化觀念也跟著展開。實際上他的分析心理學主要以四種方式提到對立的概念：（一）對抗轉化：轉化成對偶；（二）自我調控（self-regulation）：以透過對偶來調節形成配對；（三）聯合（conjunction）：對偶的聯合；（四）對立統一（oppositorum）：對偶成為新的同一物（identity）。這其中，（三）和（四）是榮格的鍊金術心理學討論的主題。

現在我們來談談夢。因為夢是補償作用，我們也就可以以對偶來理解夢[26]。補償作用是榮格應用到所有夢的概念，就像佛洛伊德認為夢是願望實現（wish-fulfilment）一樣，都是完全的普遍。因為夢是補償，夢永遠只是一部分的、片面的、不平衡的。要瞭解夢，就需要召喚配對的另一個成員：日常的生活情境、自我的立場、集體的環境、之前相關的一系列的夢。補償理論迫使夢越過連結的橋樑而回去聯繫與夢以外的其他事物。夢本身而言並不完整。

---

[25] 原註 11：關於這個系統的觀點的邏輯推論的細節請見《普遍的對偶》（Gabriel Tarde, *L'Opposition universelle*），書中第 41 頁提到歐格登的基本概念摘要如下：「對偶並非定義成最大程度的差異，而是一種非常特別的重複再現，也就是說這兩種非常相似的事物因為他們的相類似而互相破壞……在不同的國家、種族、政府形式之間，並沒有天生的、註定的、絕對的、天然的敵對存在，因為在每一組真實的對立底下都隱藏著一種彼此間的關係……」（加粗的部分是我標上的；其中強調出對立的關聯或同一性）

[26] 原註 12：請參考《補償作用的深度心理學理解》（David L. Hart, *Der tiefenpsychologische Begriff der Kompensation* [dissertation, Universität Zürich, 1956]）當中對於榮格心理學中的補償作用所做的詳細分析（還包括阿德勒、佛洛伊德、蘭克以及其他人）。

補償理論影響了夢的分析。如果夢是不完整的，留給分析的工作是需要去加以補足。因此榮格派分析師會在夢中尋找人物和象徵，以便平衡這種片面性，榮格派的訓練因此要求分析師要確實擁有發現這些人物與象徵的能力。夢自我（dream ego）採取的立場會被相反立場所補償。如果自我人物（ego-figure）被動消極，分析師就會試著尋找有力量的陰影；如果自我人物具有侵略性和過度自信，分析師就會試著對於夢中女性化的象徵更敏銳一些。

然而，或許有些夢並不存在互補的對偶。例如在夢中只有一個男人，這時候分析師就被迫去尋找那個迷失的女性，這是補償理論要求的。或者在某個夢中的冰天雪地裡只有主角一個人，跟擁有金屬剃刀的邪惡機器在一起；而象徵人性溫暖的植物和動物在哪裡呢？夢中所缺乏的元素，必須藉由補償而引到這個一面倒的景象裡，就好像一個人在聆聽銅管樂團演奏時問說：「可是怎麼沒有小提琴呢？」對偶主義在榮格派的執業者手上很快就開始大鳴大放了。自我膨脹的藥方就是沮喪和現實；他們試著讓飛機降落，讓作夢者從高高聳立的夢幻旅館以離開，擺脫重要身分（人格面具），朝向木頭、羊毛和茅屋起司 [27] 移動。「陽剛特質」（Masculine traits）由阿尼瑪所補償，而阿尼瑪則經由發展阿尼姆斯而得到補償。我們永遠可以找到一些東西可以添加到夢境裡面去。如果我們能夠用榮格四種對偶的方式來檢查榮格派分析師的腦袋裡面發生了什麼，我猜大概會這樣發現：分析師心裡面出現的第一種對偶模式就是轉化；再接下來試著完成第二種，即調節；然後是第三種，聯

---

[27]　譯註：茅屋起司（cottage cheese）是農家簡單就可以做成的起司，任何奶品皆可以。

合。這樣對夢的解釋，會對夢假設的片面性產生挑戰。這樣的解釋頂多只是象徵，超越了自我和潛意識這一組的對偶。當夢被視為一種補償，對於夢進行的工作也會是補償。這樣的目的在將以為失去的平衡再次恢復。分析師想要帶患者到橋上，並且繼續待在那裡。[28]

這個步驟是醫療模式的。對偶的補償使用和官方的、學院的、西方式的對抗療法（allopathic medicine）在方法上是一致的。療癒（Healing）在對抗療法中意味著藉由戰鬥或者引進不足的東西來對抗甚至是逆轉疾病的進程。採用對抗療法的醫生會刺激病人的身體或者添加外來的物質，用以對抗疾病，以重建最初的和諧狀態，身體各種元素的適當結合（Krasis）和諧混合。

然而什麼是「最初的和諧狀態」，這個必須恢復的理想平衡，這個夢與解釋變得糾纏不清的幻想呢？哲學上的想像是一回事，當然也值得討論；但是這結果是要求諮詢室裡的分析師必須做點解釋，也要求作夢者「做些修正」。而做的人和進行修正的人，就是我們的老主角：自我。補償理論最終還是會將人帶回到這人物上，這是基本的他者元素，和夢境相反的對抗療法因素。這感覺（patho 希臘文：受苦）不同（allo 希臘文：他者）於夢。補償理論向自我的日間世界觀點求助，從它的哲學獲得結論，而不是從夢。以這個觀點來看，夢當然會是補償的，因為自我的觀點是屬於字面的，所以只從單一面向來理解事物，因此永遠需要補償。

然而，如果不是從那個不恰當的立場出發，我們就根本不需要

---

[28] 原註 13：榮格式的治療對於平衡的幻想的有關批評，請參見 P. Berry, "On Reduction," *Spring 1973* (New York and Zürich: Spring Publications, 1973), pp.67-84。

第四章　障礙　　　　　　　　　　　　　　　　　　　109

補償理論。

在實務工作裡，補償理論的取向塑造了英雄，其對立轉化的觀念就是字面上的轉化以及字面上的自我調控。他自己直接了當地衝進對偶情境。在一場飛行的夢以後，他真的會穿上草鞋並且去砍樹。對抗療法的步驟很實際地形成了新的表面對偶，跟前一個一樣又是片面的，於是又需要另一個夢，需要再去看醫師，自我於是成癮地繼續不可終止的分析。

如果就對偶來說，生命任何的處境都只有一個絕對真實的對手，那就是死亡。如果不拘泥於這些話語的字面意義，我們也可以說「死亡」是穿透對偶的方式；也就是說，透過心靈，透過非字面的、隱喻的知覺，死亡對所有的處境進行自我調節。在這個意義上，（三）聯合和（四）對偶的同一，這兩者意味著同時感知了生與死的觀點，同時感知了自然和心靈。聯合，在這裡是內在的不同觀點之間的特殊結合；透過這個結合，對偶的同一性變得明顯。我們在到目前為止還是相偶的這兩者之間看到了隱藏的連結。這也就是榮格的鍊金術心理學經常工作的方式。

當分析師為了分析而必須去做區分時，也就是將夢中的意象和夢中的人物建構成對偶的群組，或是將對偶介紹給患者（譬如更多的勇氣來平衡思想、更多的反省來平衡衝動、更多對細節的注意來補償所領悟到的普遍性），然而分析師卻沒法成功地完成聯合。他因為沒注意到對偶早就存在了，每一心靈事件都是來自至少兩個立場的同一性，因此是象徵的、隱喻的，永遠不會是片面的。如果只藉由單一方面來理解的，就會變成這樣；如果試著要去平衡它，就會破壞了它隱藏的和諧。

這裡還有另外一個根本的錯誤。在閱讀榮格著作時，將榮格關於對偶的四種不同觀點當成是階段性的，也就是說從第一階段到目的地第四階段，然後征服對偶。而如果以第四種模式——對偶的同一性，來做為基礎，我們就等於忽略了單面向性、自我、補償、對抗治療等等這一大堆東西。對偶巧合地同時存在，意味著不需有任何人從任何地方引進任何東西，因為對早早就已經在那兒了。情境所需要的任何事物都會在那裡，所以在那裡的每件事物也都會是必要的。每個夢都有它自己的支點與平衡，夢會補償它自己，它原本就是完整的。

　　現在，我們來看看地下世界的觀點。所有的一切都在這個意象中，因為所有其他的事物都已經消逝，如果沒變得像地下世界一般，就無法被帶入地下世界。在我們還沒體驗到靈魂之前是看不見靈魂的；同樣地，在我們在沒有進入夢境以前是不能瞭解夢境的。

　　讓我們自己變得和自己正在處理的事物一樣，這就是順勢療法的療癒模式。這需要尋求相似性的感覺，對發生的一切有種血脈相連的感受。這樣的經驗很像模式（四）和（三），也就是認同與聯合。因為我們覺得自己與正在發生的事情是血肉相連的，我們因此可以參與其中，然後自我調整出現，最後自對偶中轉化出來。因為唯一能夠「征服對偶」的方法就是讓整個建構依然故我。在探討夢或者其他的心靈現象時，不再需要停留在這樣的對偶裡。就如佛洛伊德所言，潛意識不懂否定（negation）。所有日間世界觀點看來不相容的一切，其實是肩並肩地存在著，每一個都很容易就能轉化成另一個。意象並不彼此對立。意象並沒有被設定成對立的極端，或是成對出現。生與死，地上世界與地下世界，以及橋樑等等，這

些都是幽靈。在夢中，我們或許可以消解自己的建構，而夢不會與任何事物對抗，也不要求任何的補償，但夢就像地下世界的任何人物一樣，像是薛西佛斯，或像是伊克西翁[29]轉動他的車輪一般，每個夢都以自己的風格來完成靈魂的宿命。

在地下世界的觀點中，世界並不會落入二元論，不需要平衡和橋樑。合而為一的不只是黑帝斯和普魯托，還有黑帝斯和宙斯、黑帝斯與戴奧尼索斯、黑帝斯與波塞頓兄弟。同時也不只是黑帝斯與荷米斯分享同一頂帽子，黑帝斯也和波瑟芬妮分享同一個王國。但對於存在於任何原型模式中的地府角度而言，都必須從事物和二元辯證的外在關係中離開，轉向事物與意象式（imagistic）說明的內在關係。

夢一點都不是補償，就像黑帝斯的地盤不需另一個地域來平衡。希臘思想的評論家們，往往強調希臘思想中多個宇宙的連續交織以及二元論的缺無這兩項特色。希臘世界是意象式的、多神論的。二元論則是一元論的後續產物，而且多數出現在強調一元論的環境當中，例如猶太—基督教（Judeo-Christian）將上層與下層領域分別區分為天堂和地獄。我自己將「上層」（upper）和「下層」（under）加以對立，來反映出我們都困在其中的這種宇宙觀，而不是我在本書要努力召喚的多神論的希臘世界。然而，我們只能處在加諸我們身上的文化傳統當中，而且從這裡開始發聲。

夢自己是不會這樣發聲的。夢在本質上是順勢療法的。夢以單一的意象呈現，而我們要透過對偶的語言才能將之看清。癌症末期

---

29   譯註：伊克西翁（Ixion），希臘神話中的男性，求職於君主狄奧尼斯，任職後卻未獲支付報酬，於是殺死君主。一度由宙斯寬恕，卻又追求希拉而遭宙斯驅逐並施以火輪之刑。

的病人，這些被醫生預言死亡的人們，在他們的夢境中，心靈似乎拒絕把自己分裂成生與死的對立[30]。夢並不去區辨殺戮與救治、下毒與藥劑、死亡與出生等等。它不接受白天世界的問題：病人的狀況究竟是在好轉還是在惡化？所謂惡化，就意味著死亡。當心靈朝向地下世界移動（這是一種觀點，不一定非得是真正的死亡），就會想要感覺到有更多相似性，對偶的同一性，這時痊癒就是疾病，療癒則是更深的傷害，而新生的嬰兒就是死亡。人們無法分辨此岸與彼岸。唯一有的，只是意象。

這讓我們回到一開始提出的疑問：究竟是何種心靈，正努力征服何種的議題，以致對偶主義如此有用？這答案明顯是：英雄自我，有他進行著區分才可以加以征服。對立的思考（antithetical thinking，這是阿德勒發現的，認為是心智的一種神經症習慣），是屬於權力意志和雄性展示的[31]。這些既可以用來形容英雄自我，也可以用來形容我們對他的想像。

如果要避免英雄成為代罪羔羊，唯一的辦法是讓他從我壓制著他的那塊邪惡之地歸來，騎著馬直衝進讀者的心坎，並且帶著一群同伴，每個人都配備著堅強的辯護，滔滔說著有力的論點，全力保衛著一心想報復的領袖。就是因為這樣，我們勢必要原諒英雄這些錯誤的作風。他們是遵循著某個超越了權力意志的原則。這原則就

---

[30]　原註 14：請參見 Selma Hyman, "Death-in-Life—Life-in-Death, Spontaneous Process in a Cancer Patient," *Spring 1977* (New York and Zürich: Spring Publications, 1977), pp. 27-45，當中對於典型的個案有簡要的討論。

[31]　原註 15：A. Adler, *The Neurotic Constitution*, trans. B. Glueck and J. E. Lind (New York: Moffat, Yard, 1917), pp. 24-26, 334-60。譯註：雄性展示（masculine protest）：阿德勒的理論從器官自卑出發，進而指出女性拒絕被當作低人一等，因此有雄性展示。這名詞中文世界經常譯為「男性欽羨」或「男性抗議」，但似乎沒反映出阿德勒的理論。

是區分的原則（principle of distinctions）。雖然地下世界的觀點並不會把「此岸」和「彼岸」分別開來，在其中的生活完全是在意象當中，但還是有另外的觀點想要多做釐清的。這觀點是透過對比的方式：比較鮮明、比較清楚，所以可以透過黯淡來成對地描畫出明亮。

對偶主義是抽象區分最簡單的運作模式。這是它之所以如此有吸引力的最重要原因。既簡單又抽象的東西往往似乎是一切事物的基礎，例如：一神論的宗教、畢達哥拉斯學派的數字、康德的理性範疇，或者優雅的數學定理。

對偶主義的第一個缺點是只能從簡單的東西進行抽象化的工作，同時，也把任何它抽象化的事物加以簡化了。例如，當宙斯與黑帝斯被放進「上層」與「下層」這對立面時，我們就忽略了他們在意象上的複雜性，除了最簡單的空間定位，甚至還將空間定位簡化成垂直軸線的「上」對「下」。這種簡化了的抽象，即使有圖表解釋，只因為它的基礎是對偶主義，便已經成為分析心理學永遠的症狀。在這樣的區別運作方式下，宙斯與黑帝斯真實的人格遺漏的是；遺留給分析心理學中的個體要去處理的，則是個體那些不會成對而來的特有意象所擁有的具體複雜性／情結性（Compheities）。

對偶主義將事物帶向極端來加以區辨。這些極端之間又必須相接連，因為彼此需要對方，好讓區辨更加明顯。於是，對立面是抱在一起的，不是因為某個萬事萬物的神祕法則，而是認識論上的必要性——某個原型觀點因需要清楚區分而衍生出來的必要性。

這樣的結果暗示著以下這兩組：浪漫的和隱喻，以及經院哲學

的和認識論的觀點（暫且這樣分類），都必須是奠基在可以清楚理解的觀點，並且表達，才可以近乎無所不包地知道一切，才可以號令和使用。如此一來，我們不就是回到太陽英雄的狀態，和他想要主掌一切現象的白天慾望？

因為這個觀點，「征服對偶」是一種超越的、神祕的經驗。放棄用對偶來進行思考就等於是喪失意識，因為意識的定義就是這個用來看見、認識和排序的釐清模式。這樣的失落，感覺起來像是所有的基礎出現了本體論的動搖，因為這也意味著原來的信念——認為可以由神祕張力中簡單而抽象的配對來解釋存有的信念，如今也失去了。而這個的信念是許多哲學流派很普遍的根源比喻（root metaphor）。這種對存有的看法是清楚心智用邏輯瞭解便可接受的。然而對於這個看起來是位居本體論至高無上位置的看法，我們又再一次看到了致命的弱點。各種哲學流派都無法與原型幻想切得一乾二淨，這是他們所反思的，是他們自信的基礎。

對偶主義最嚴重的失誤，是遺棄了它所支配的現象學世界。當區分（distinction）不再和釐清（clarity）有所區辨（笛卡兒認為兩者是可以互換的），這樣可能也就沒有地下世界，沒有深度與暗影的改變，除了全然的黑暗來作為補償。最好的區分是最清楚的，而最清楚的當然就是矛盾的對立（contradictions）。於是，隱喻的曖昧就只能是傻呼呼的矇矇矓矓，因為微光已經消失，而心靈也是，所有的一切都是如此，除了笛卡兒。

幸運的是，地下世界的觀點提供了另外一種區別模式，是心理學的，它的敏銳視力是指對手邊事物的洞察力（insight）（而不是透過和其他的比較），而釐清的能力是可以說是精確（precision）

的（是對意象間的內在關係而非意象之間的邏輯關係）。心靈取向的區別方式重點是在事件的詳細特殊化（particularization）。拿一個夢來說，藉由意象的類似性，可以尋找這個夢是「像」什麼。當我們為了區辨夢而採取這些動作時，總是會移向更深的地方，到達夢真正的所在，到達夢感覺起來是怎樣的、聽起來是怎樣的、看起來是怎樣的程度。我們不需要那些配對和它們之間的張力，這並沒有任何資源來促成對立轉化、補償作用，還有命運等等。

剛剛所描繪的這些，也就是稱為心靈的這種觀點，是將對偶想像成一種注意到相似性的方法；它們是一種特別的「相像」（likeness）情況。塔爾德[32]、柯勒律治、歐格登、還有榮格，都指出只有相似的才能成為對偶的（similars can be opposites）。只有這些成對的一切擁有共同的物質特性和基本特性時，感覺才是對偶的。火雞沒有辦法變成定律的對偶，除非能夠找到彼此的相似之處。為了將對偶的現象保存在心理學裡，我們必須將對偶視為極端的隱喻（extreme metaphor），這種激進的方式像是將某件事說成是兩個極端不同的東西，像是和自己在激烈戰爭，（又來了赫拉克利特），其中這個勇敢的自我必須當作一場挑戰那般地想像（表面上的）和相遇。

到這裡應該夠了。擺脫對偶主義的最後一種方法也是最好的一種：停止用對偶的字眼來想像，這樣才能真正地去觀看並且看進事物的內部而看到真正的樣子。這種的擺脫方法，恰恰也是進入到地下世界意象的方法。

---

[32]　譯註：塔爾德（Gabriel Tarde, 1843-1904），法國社會學家、犯罪學家、社會心理學家，而歐格登應是（Chances K. Ogden, 1889-1957），英國語言學家和哲學家，是語言心理學先驅。

基督教義（Christianism）

　　第三種造成我們與地下世界之間困難的原因，是西方基督教觀點。就如同早期基督教神父們說的那樣：在我們與地下世界的中間，矗立著基督的形象。「如果不是為了這個原因，他們這麼說著，基督才下降到地獄，我們也因而不必下降到那裡。」[33]。稍晚，馬丁・路德[34] 指出：「基督的復活就是我們的復活。」[35] 隨著對於基督信仰的信心增長，「死亡也就日復一日衰弱並且被剝奪掉力量，直到整個淹沒和消失……透過祂……我們將會埋葬死亡，包括肉體上的，並且全然的廢除死亡，因此我們再也不會看到或聽聞任何與死亡有關的事情」。[36]

　　讓我們做個比較：奧菲斯和戴奧尼索斯為了拯救個人的至親摯愛而下到冥府：奧菲斯為了妻子歐律狄斯（Eurydice）、戴奧尼索斯為了他的母親塞墨勒（Semele）。赫克力斯有任務必須完成，埃

---

[33] 原註 16：Tertullian, *De anima* 55, Ante-Nicene Christian Library, ed. A. Roberts and J. Donaldson (Edinburgh: Clark, 1870)（《靈魂論》）。特士良（Tertullian）是少數沒有抱持這種立場的神父，這是大多數教會反對他的人的共同看法。特士良（出處同上）主張「天堂並沒有對誰開放」和「打開樂園唯一的鎖鑰就是你自己生命的鮮血」。換句話說，特士良認為，基督教對自己的地下世界旅程，也不保證是安全而確定的通道。特士良對於荷馬（Homer）筆下的黑帝斯的評論請參見書中的 54-56 章。這些材料在 F. Huidekoper, The Belief of the First Three Centuries concerning Christ's Mission to the Underworld (New York: James Miller, 1876), pp. 112-28 當中做了必要的研究並提供了基督教的立場。譯註：特士良（150-230），是當時的基督教會主教，早期基督宗教著名的神學家和哲學家。他對於三位一體與基督的神人二性這二個教義的闡明，為後來東方與西方兩個教會的正統教義奠定了基礎。

[34] 譯註：馬丁・路德（Martin Luther, 1483-1546），新教運動中來自德國的重要改革家。

[35] 原註 17：*Luther's Works*, "Commentaries on I Corinthians 15" (St. Louis: Concordia, 1973), 28:202.

[36] 原註 18：*Idem*, pp. 206-207.

涅阿斯 [37] 和尤利西斯（Ulysses）要求他們的後裔牢記，他們學得的忠告是來自長者安喀塞斯和特伊西亞斯 [38]。在亞里斯托芬 [39] 的劇作《青蛙》（Frogs）當中提到，戴奧尼索斯還有另外一次是為了拯救某個城市而下到地下世界去尋找詩篇。然而，基督下降到地下世界的使命是要藉由祂從戰勝死亡的復活來廢除死亡。因著祂的使命，所有的基督徒及其後裔永遠得到豁免。拉撒路（Lazarus）[40] 成為所有人類的典範。我們所有的人都會復活。永恆的生命不存在於地下世界而是存在於它的毀滅。就像《哥林多前書》（15：55）當中保羅所說的那樣 [41]，這是從先知何西阿那裡隨興地引用過來的（見《何西阿書》〔13：14〕）[42]。「噢，死神塔納托斯，你的毒刺在哪裡？噢，黑帝斯，你的勝利在哪裡？」[43]

「勝利這個字眼在保羅書信當中僅僅出現過三次，全部都是出自這個段落」，隨著號角聲響宣揚基督教的奧祕：徹底除去了死亡 [44]。在這些號角聲和毀滅當中，我們是不是就不會再次遇見勝

---

[37] 譯註：埃涅阿斯（Aeneas），羅馬神話當中的拉丁英雄，相當於希臘〈奧德賽〉當中的英雄奧德修斯。

[38] 譯註：安喀塞斯（Anchises），希臘神話當中，憑藉多種獲得信息的能力並對世界進行解釋而聞名於世的人物。特伊西亞斯（Tiresias），古希臘人物，得罪希拉而變女性，是生活在底比斯的盲人先知。

[39] 譯註：亞里斯托芬（Aristophanes, 448- 385 BC），古希臘劇作家。

[40] 譯註：拉撒路（Lazarus），《聖經》中渾身生瘡的人物。耶穌說拉撒路死後，躺在亞伯拉罕的懷裡，財主死後承受著永遠的痛苦。

[41] 譯註：（和合本聖經）「死亡啊！你的勝利在哪裡？死亡啊！你的毒刺在哪裡？」

[42] 譯註：（和合本聖經）「我必救贖他們脫離陰間，救贖他們脫離死亡。死亡啊，你的災害在哪裡呢？陰間哪，你的毀滅在哪裡呢？在我眼前絕無後悔之事。」

[43] 原註 19：希臘文《舊約全書》七十士譯本（The Septuagint）將《何西阿書》第 13 章第 14 節中希伯來文的 sheol（希伯來人的陰間）翻譯成 hadē（垂直傾斜，也是冥王黑帝斯同字根）。並不是所有的版本都這樣翻譯。

[44] 原 註 20：*The Interpreter's Bible, Corinthians; Galatians; Ephesians* (Nashville, Tenn.: Abingdon Press,

夢與幽冥世界：神話、意象、靈魂

利女神（尼姬〔 nike 〕或者尼可斯〔 nikos 〕），這位斯蒂克斯的孩子，仍充滿母親仇恨的人？黑帝斯的征服，召喚出醜惡的意象，就像何西阿的詩句裡，蠍子的毒刺、蝮蛇、大黃蜂，以及殘暴的蝗蟲，[45] 還有在更早以前的神話元素給予黑卡蒂[46]的帶刺棍棒。這些如此強力的語言顯示早期基督教在掃除當時多神教的根本堡壘，也就是黑帝斯的神殿時，背負的使命也是同樣強力的。

睡眠同樣也豎立在保羅所報的佳音當中。他將睡眠和蛻變對立起來，說：「我們不是都要去睡覺，乃是都要去被改變。」（《哥林多前書》〔 15:15 〕）我們知道，睡眠和死亡是孿生兄弟，入睡就是進入了死亡的國度，可能作夢，也可能被靈魂所裝滿。更有甚者，死者可能在「一眨眼的瞬間」復活起來。去改變不是透過去睡覺，而睡覺也不是為了改變。基督教信仰的救贖之道並不經由睡眠。對心理學來說，這意味著在睡眠和夢中所發生的一切，是不應該用基督教救贖帶來改變的觀點來看待的。

讓我們好好仔細地瞭解，保羅所宣揚的到底是哪一種蛻變。他選擇用來形容這個舉動的字眼是「平移／翻譯（translation）」（allagesometha），這也有以物易物和兌換的言外之意。它不僅僅是從這個地方或處境去到那裡，也意味著放棄或者逃離這裡以便到達那裡。根據針對這一章節的一些評論，「一定發生了一種從『會消失的靈魂』（psychikon）到『不會消失的精神』

1953), 10:253.

[45] 原註 21：*International Critical Commentary, First Corinthians*, 2d ed. (Edinburgh: T. & T. Clark, 1929), p.378.

[46] 譯註：黑卡蒂是著名的不可抗拒的死神，無法戰勝或無人能及的女皇，同樣也是妖術、魔咒和女巫的守護女神。

（pneumatikon）的置換。」[47]。這是一種「將靈魂加以精神化」（spiritualizing soulishness）的改變[48]。為了復活以便在天上與主相遇，我們必須成為屬靈的、精神化的。戰勝睡眠與死亡只是基督信仰將靈魂改變成精神這個更大使命的一部分而已。

為了上升到天堂，我們不只需要拋下我們的血肉之軀，拋下像是血氣精力這些不屬於地下世界的，而且相關的欲望是會耗掉靈魂的。保羅開始向赫拉克利特提出對決。然而，孰優孰劣？因為基督徒升天的奧祕在於將心靈（phyche）轉換成聖靈（pneuma）。為了精神，我們付出自己的靈魂作為代價。[49] 基督教信仰擊敗了地下世界，都也是失去了靈魂。

基督教的征服是在早期基督教義中生動地想像描繪著。《提摩太後書》（1:10）、巴拿巴[50]的使徒書信，以及殉教者游斯丁[51]都認為對於死亡的勝利已經由基督自己的復活而達成[52]。地下世界因此不是在世界末日才被掃除，而是早早就摧毀了。基督的死亡和復

---

[47]　原註 22：同原註 21，p.375。

[48]　原註 23：*Interpreter's Bible, loc. cit.*

[49]　原註 24：關於精神／靈魂這個爭議的一些重要意義，請參見拙著 "Peaks and Vales: The Soul/Spirit Distinction as Basis for Differences between Psychotherapy and Spiritual Discipline," in J. Needleman, ed., *On the Way to Self Knowledge* (New York: Alfred A. Knopf, 1976), pp. 114-41，文中討論沙漠聖人（the Desert Saints）對於睡眠的征服（為了精神的緣故）的討論。也可參見 Origen 對於彼得前書第 1 章第 18-19 節的討論，以及以靈魂作為精神的贖罪的代價，Huidekoper, *Christ's Mission*, pp. 87-88, 152。譯註：沙漠聖人，隱居埃及沙漠，為早期基督教修道院之創始者。

[50]　譯註：巴拿巴（Barnabas），是新約聖經中記載的一位猶太人早期基督徒，亦是使徒。他和使徒保羅合作完成了一系列的傳教行程，促成基督教的廣傳。

[51]　譯註：殉教者游斯丁（Justin Martyr），是公元 2 世紀基督教的護教士之一，於公元 165 年前在羅馬殉教。天主教相信他是哲學家的主保聖人。

[52]　原註 25：Barnabas 5:6; Justin, *Apol.* 1, 64.

活被古典降靈儀式（nekyia）的神話元素所吸收了。這不是一趟旅程，而是一場降臨與戰鬥（descensuskampf），因為基督剷平了地獄；在另個版本當中，祂迫使死神塔納托斯不得不躲到自己的門後。基督因此比最偉大的半神[53]還要偉大。赫克力斯或許能夠把黑帝斯從王位上趕下來，但是他沒有像基督這樣，真正地掃平整個王國，包括死亡本身[54]。

與地下世界進行戰鬥的其中一個影響，就是將死神塔納托斯給撒旦化了。這個帶著翅膀的黑色人物，模糊不明的，甚至有些時候成為異教徒一般的敘述中，成為「最後的敵人」（《柯林多前書》〔15：26〕）。邪惡的本質於是賦上人格了。地下世界被道德意義重新翻過來做解釋，死亡變得和罪惡（sin）劃上等號。於是就如同常見的心理學原則那樣，某個人所犯的罪惡被歸諸於那個被他侵犯的人身上，也就是投射。將敵人加以毀滅，在道德上的辯護理由就是那個敵人是有破壞力的。

因此，基督教的地獄意象就是基督教信仰當中可憎的地獄意象的投射。做出這樣糟糕的交換，必然會教人陷入憤怒的絕望當中。在這樣的交換中，失去了靈魂、深度、地下世界，還有人格化的想像，是為了至高天堂當中理想且完美的精神化（spiritualizations）。

---

[53] 譯註：半神（Man-Gods），希臘神話裡父母中一位為天神、一位為人類的存在，地位是在神和人之間。希臘神話中，大部分的英雄皆有半神的背景。

[54] 原註 26：Cf. S. G. F. Brandon, "The Personification of Death in Some Ancient Religions," *Bull. John Rylands Lib.* 43, no. 2 (Manchester, 1961): 332-33。湯瑪斯·卡萊爾（Thomas Carlyle）的《論英雄與英雄崇拜》（*On Heroes and Hero Worship*）一書中將赫克利斯做為基督的襯托，在他的觀念當中耶穌是「英雄當中最偉大的」，他也把阿多尼斯（Adonis）、愛洛斯、戴奧尼索斯、俄耳甫斯、阿波羅以及阿斯克勒庇俄斯（Asclepius）都成為基督的背景。譯註：阿多尼斯是希臘神話中的美貌獵人，為愛神維納斯所鍾愛；阿斯克勒庇俄斯是希臘神話中醫師的始祖。

只有一種方法，透過失去基督，地下世界才能夠重現，然後接踵而來的是墮入地獄、詛咒和恐怖。這樣的恐怖帶來全新的問題：地下世界成為惡魔的領域。對魔鬼的畏懼（在面對這個難以忍受的形象的時候，還有其他可能的反應嗎？）暗示著它的靠近，這也暗示著處於失去基督的危險中。如此，魔鬼經由畏懼而建立。然而魔鬼的形象仍然縈繞著，就在我們對於潛意識及埋伏其中的潛伏性精神病等等的畏懼裡，於是我們只好轉求基督教信仰的方法：道德化、社群共享感（communal sharing），以及孩子般的天真（childlike naivete），用這些來作為對抗畏懼所需要的撫慰，而不是古典的那種下降其中而進入想像的降靈儀式。

　　地下世界在一些時候的確重新出現，至少在約翰的靈視（vision）裡仍然保留了古希臘羅馬神話的靜態支柱（static fixtures）。在《新約‧啟示錄》（22：11），暗示著在來世中，作惡的人依舊作惡，不潔的人依舊不潔，唯有基督才能將人從受詛咒而一再重複的宿命當中拯救出來。那些追隨基督的人得到拯救，那些沒有追隨基督的人則墮落到地下世界去。基督教信仰神乎其技地玩弄兩面手法，一方面擺脫了地下世界，一方面卻又永久地將恐怖的地下世界和基督的道路作為人們非此即彼的選項。基督信仰或者地下世界？每個人都必須做出選擇，這樣的情況下有誰會去選擇恐怖的那項呢？

　　夢的大本營在地下世界，這使得夢也是反基督教的。在《新約聖經》當中夢的確也只扮演不重要的角色[55]，就像是心靈這個字

55　　原註 27：H. Schär, "Bemerkungen zu Träumen der Bibel," in *Traum und Symbol* (Zürich: Rascher, 1963), pp. 173-79.（《夢和象徵》〈觀察聖經中的夢〉）

讓位給聖靈一樣[56]。在《新約》當中「作夢」（to dream）這個動詞沒有出現過，即使「夢」這個名詞在《新約》當中也只出現過三次，而且只在《馬太福音》當中出現。夢境只會洩漏夜晚世界的祕密，還有從惡魔撒旦那夥人帶來的誘惑訊息。或者，夢境最好的就是可以是聖靈的，從上層世界帶來的天使訊息。希伯來人的世界裡存在著陰間（Sheol），而夢是會受到傾聽的；然而，當夢境降臨在彼拉多的妻子身上，這是一個決定耶穌命運的夢，卻是沒有被聽從（《馬太福音》〔27：19〕[57]）的這段，依然出現在今日的《新約》裡。基督教信仰與地下世界落入對偶，包括物質上的、功能上的、邏輯上的。我們於是被留置在這樣的情況裡，基督教的意識以及心理學透過對夢的關注而進行的靈魂製造，兩者被迫是對立的立場。

　　透過這樣的對偶，我們可以重新思考榮格對基督形象持續不斷的苦惱。榮格對於這個形象的個人看法可以從他的傳記、神學、鍊金術等方面可以得知。我們用原型的角度，去想像榮格這位心理學家長期面對的困境，似乎是有必要的。榮格覺察基督教信仰與地下世界之間與生俱來的對偶，並且試著以「荷米斯─墨丘利」來將基督形象加以調暗。榮格沒有走得夠遠到採用黑帝斯，但是他真的把

56　原註 28：在保羅書信當中，心靈（psyche）這個字只用了四次，在整本《新約》裡，聖靈（pneuma）出現的頻率幾乎是心靈的五倍。「之所以如此是因為保羅的模式就是把『屬血氣的』（psychikoi）稱為惡（bad）而將『屬靈的』（pneumatikoi）稱為善（good）。（參見《哥林多前書》2:13-15、《哥林多前書》15:44-46）」（〈江河神和蝴蝶〉〔David L. Miller, "Achelous and the Butterfly," *Spring 1973* [New York and Zürich: Spring Publications, 1973], p. 14〕）。

57　譯註：（和合本聖經，彼拉多）正坐堂時，他的夫人打發人來說：「這義人的事你一點不可管，因為我今天在夢中為他受了許多的苦。」

荷米斯—墨丘利作為潛意識的原型，是對立於以基督作為地上世界之意識的原型（CW13：§ 299）。他之所以選擇和米斯—墨丘利作為黑暗者的代表，作為引導人死後靈魂進入地下世界的冥府嚮導（psychopomp），對荷馬史詩中對於荷米斯的讚美詩充滿共鳴，是因為這個神是「唯一被承認的往來黑帝斯的傳訊者」，以及攜帶夢而來的人。[58]

榮格調暗耶穌形象的嘗試，必須要從靈魂製造的角度來理解，也就是只有透過地下世界的重建，承認這個被基督使命所廢除的地下世界，才可以有下降並深入死亡的靈魂製造。而這是相當基本的需要，唯有如此心理治療工作才可能發生。我可以理解榮格的許多努力，只因為掙扎在兩種原型義務之間：拒斥地下世界的基督教義，以及不可避免要走到地下世界的靈魂製造。

安妮拉·雅菲[59] 對於榮格理念的共鳴和學術上的瞭解超過其他同儕。她這樣寫道：「自性化的心理歷程就是對於死亡的終極準備。」[60] 如果這就是榮格心理治療原則的終極目的，那麼，靈魂的自性化過程就會朝向幽冥的地下世界移動。這樣一來，神學裡每一個關於復活的幻想或許就是對於死亡的一種防禦；心理學每一個重生的幻想或許都是對於深度的防禦；每一個將夢意象翻譯成日常生活及其關心的事物的夢解釋，都是對靈魂的防禦。

---

[58]　原註 29：*The Homeric Hymns*, trans. Charles Boer, Dallas: Spring Publ., 1979.

[59]　譯註：安妮拉·雅菲（Aniela Jaffe, 1903-1991），瑞士心理分析師，榮格第一代弟子，並且是榮格多年的工作夥伴。她是榮格自傳的記錄者、編輯者和撰寫者。

[60]　原註 30：A. Jaffé, "Bilder und Symbole aus E. T. A. Hoffmann's Märchen 'Der Goldene Topf,'" in *Gestaltungen des Unbewussten*, ed. C. G. Jung (Zürich: Rascher, 1950).（《潛意識的塑造》〈賀夫曼童話〈金盆〉中的畫面和象徵〉）

夢的浪漫之徒

　　一開始我們先回頭看看。首先是佛洛伊德，接下來是神話，我們瞭解夢應屬於幽冥的地下世界，但是從佛洛伊德開始，夢的解析就是要將夢翻譯、平移到地上世界。所謂的深度分析，儘管號稱是深度，他卻是將夢移向白天光線。然而現在，如果我們拒絕用以往慣用的分析思維來解析夢，還有什麼是夢工作的替代方法？

　　有一點我們應該要直接拒絕。我是指的是對夢的浪漫想法，一夜好眠而隨意飄流穿越意象的想法，就像濟慈[1]說的那種：

> 啊　神奇的睡眠！啊　舒適的鳥，
> 孵育心裡洶湧翻騰的海
> 直到它安靜平息！啊　自由自在的
> 束縛！　禁錮的自由！　重要的鑰匙開向
> 金色的宮殿，陌生的吟遊詩人，
> 怪誕的噴泉，新型的樹木，燦爛發光的洞穴，
>
> 回響的巖窟，充滿翻滾的海浪！
> 還有月光；唉，所有的神奇世界
> 在銀白色的魅力中！
>
> ——《恩底彌翁》（11. 453-61）

---

[1] 譯註：濟慈（John Keats,1795-1821），英國浪漫派詩人，《恩底彌翁》（*Endymion*）是他23歲的作品，共分四冊，各千行左右。他筆下的這位古希臘人物，以牧羊人、獵人、艾利斯王國國王的身分出現，十分俊俏，連月神黛安娜都愛上熟睡中的他。

我們可千萬不要以為浪漫思想已經全部死亡了。直到今天，仍然有一些是與我們同在的：就在睡眠研究實驗室，我們再次發現對夜晚世界浪漫的信任和喜悅，因為快速動眼睡眠期（REM-sleep）的研究者宣稱作夢本身就是有益的，不管夢有沒有被記住，受困擾的心智可能已經開始進行工作了，至少也可以安撫放鬆了。這對夢來說就足夠了；因此他們說，作夢可以阻止或預防一般的精神困擾。

齊格勒[2]也在相似的實驗室工作，卻有著全然不同的態度。他指出夢並不能證實他同一時代研究者所做的樂觀而措詞委婉的結論，因為多數夢境帶有壓倒性的不愉快色彩[3]。就算在睡眠實驗室的理想條件下，我們在最浪漫的感覺中沉降進入自己靈魂最隱祕的洞穴而「回到自然」，溫暖，受保護，在大自然傳來的寂靜裡，然而，不愉快的夢還是比愉快的夢多太多了。齊格勒於是提出這個「不浪漫」的問題：也許自然意圖「傷害我們」，甚至「最終是會殺死我們」；而且有許多病理學的證據就是發在作夢階段：包括升高的血壓和夜晚心臟病發作。齊格勒理論角度是生理學的，他的想法是生物學的，但是神話的觀點裡他的態度是古典的。他也一樣，將夢本質的背景轉向那個黑帝斯所在的幽冥地下世界了。

第二個替代選擇，已經和浪漫觀點很接近了，但還是讓人不是很滿意。這個方法來自榮格，雖然他對這一點並沒有很堅持。榮格說：「夢是它自己的詮釋」（*CW* 11：§ 41），有時候，我們儘量

---

2   譯註：齊格勒（Alfred J. Ziegler, 1925- ）精神科醫師，後來定居蘇黎世，成為榮格分析師。

3   原註 1：A. J. Ziegler, "Rousseauian Optimism, Natural Distress, and Dream Research," *Spring 1976*（New York and Zürich: Spring Publications, 1976），pp. 54-65.（〈盧梭式的樂觀主義，自然的挫折，和夢的研究〉）。

能做的是「在夢中向神話前進。」（CW 9,i：§ 271）在這裡如果聽從榮格的話，就無法全然接受夢工作是完全在夢之中的，對於瞭解夢展示之涵意，也要求不夠強烈。

夢的解釋者擁有的古老藝術不只是防禦對抗夢，而是如同所有詮釋學一樣，都是努力讓當今所謂的「象徵材料」浮現出來，是與夢共同攜手合作的。這兩者都是荷米斯的贈禮：是在神祕中的工作，也是對神祕進行的工作。因為夢不只是「自然的現象」（CW 17：§ 189），它們最重要的一點，就是想像／意象的產物。它們是闡述，是語言和想像的複雜情結，證實了佛洛伊德所說的「夢工作」（dream-work, *Traumarbeit*）。就算是最愚笨的夢，它的藝術性也可以讓我們大吃一驚，包括所涉及的領域、演出的想像力、細節上的選擇。如果依循我們提出的相似性原則，那麼對夢的回應就必須超越過去讓夢自身向前進的這種自然理解了。我們對夢的回應應該也有著批判、想像的理解，用夢工作的方式來工作。

然而還有第三種方法可以替代：帶著夢進入清醒生活，或者就是所謂的清醒夢境（waking dreams）。讓我們看看這個夢：「我在醫生的等候室。他遞給我包著髒尿布的一個嬰兒，並且告訴我，換了它。」我們不必用舊有的意義去詮釋它，不必以浪漫的風味流過自由聯想的心智，而是回到夢裡面去。在這個例子中，我們回到等候室，感覺身為夢中這個「我」、醫生、嬰兒、髒尿布的感覺，甚至是身為等候室本身的種種感覺。我們進入其中，並且變成為夢中的所有部分。

這個替代方法並不要超越所有感覺，因此也等於變成了另一種浪漫的類型。所謂變成一個醫生、一片尿布、一個房間，並不是

夢確實的意象所要說的。在這裡，清楚而且明顯地說出來的是：「我」受醫生之託而交付嬰兒，醫生告知去換了它（change it）。這個醫生想要這個嬰兒「改變」：這個謎題，由這位「夢之醫師」給了我。讓我變成那個嬰兒，或醫生、等候室，鼓勵我的幻想開始閒蕩和聯想，因此這個意象開始膨脹而超過它精確的界限。再者，辨認夢中的所有部分迴避了夢自我被交付的難解挑戰：抱持一個被厭惡的嬰兒並且「改變」它。對一切來說，這價值是教導我們「它感覺起來像什麼」，包括如果成為髒尿布而被大便在上面、如果成為醫生而下達清理乾淨的指令、如果成為等候室並提供空間給生病的人，這種對夢中的所有形象進行充滿同理心的認同，到最後是夢轉向了清醒自我，使清醒自我透過自己的感覺而浪漫地吸收了夢。這一切吞吃了自我；也就是，藉由變成夢中的意象而吞下自己的夢，而不是在這些意象之中對自己的反應進行工作。從治療上來說，這是自我心理學，為了清醒自我而完成的工作。夢依舊是為意識世界而服務，因此這個方法可適切地稱之為一個清醒的夢（a waking dream）[4]。

夢自我

第四個途徑，也是我們應該採用的，是由佛洛伊德的

---

[4]　原註 2：這一段所敘述的這個取向已由《清醒的夢》（Mary Watkins, *Waking Dreams* [New York: Harper & Row, Colophon Books, 1977]）介紹並謹慎評論，並且也是這個領域唯一徹底且公正的檢驗。另一個才智出眾的作品〈對「指示喚醒夢」方法的反思〉（Bianca Garufi, "Reflections on the 'rêve éveillé dirigé' Method," *J. Analyt. Psychol.* 22 [1977]: 207-29）指出治療性的想像練習比自我心理學的方法還更敏銳。

「夢工作」這名詞所帶出來的。佛洛伊德以這個詞代表夜晚發生的一系列特殊心智操作：凝縮（condensation）、移置（displacement）、退行（regression）、倣古作用（archaisation）、象徵作用（symbolisation）、多元決定（overdetermination）、逆轉（reversal）、扭曲變形（distortion）（*IL*, p.xi; *ID*, p.vi）。這些詞彙當然都是日間世界的概念。當我們藉由這些詞彙來看待夢，也就表示有某種方式被用來將夜間世界的活動轉譯成了白天的語言。對於夢中所發生的一切的描述已經遭到貶抑。夢的工作於是被稱作退行、移置、扭曲變形等等。

更嚴重的是，後來的佛洛伊德學者們，例如羅海姆[5]等人，他們相當拘泥於字面上的意義來看這些概念，認為所有夢的基本工作是讓一個人透過象徵作用，退行和移置到胎兒睡覺時的母親陰道和過往的子宮羊水之中。[6]夜晚的微妙夢工作就這樣整個被不分青紅皂白的白天意識所俘虜，並被用來為單一觀點服務。如這個理論所呈現的，夢變得極其濃縮、扭曲偏頗。

所以，如果心理治療工作是讓自我穿過夢的橋樑走回頭，是教作夢的人如何作夢，這樣我們就不能透過這些用詞來進行工作了。我們要做的，必須是逆轉這個將夢翻譯成自我語言的習慣程序，反而是將自我轉譯成夢語言。這表示我們要在自我身上進行夢工作，找出它的隱喻的夢，看透它的「真實」。在這裡我們暫且先擱置這一系列的自我操作、自我工作，以及自我藉以接近夢

5　　譯註：羅海姆（Géza Róheim, 1891-1953），匈牙利人，第一位將精神分析應用到人類學的分析師兼人類學家。

6　　原註3：G. Róheim, *The Gates of Dream* (New York: International Universities Press, pb., 1973), ch. 1.

夢與幽冥世界：神話、意象、靈魂

和操作其解釋的這些模式[7]。這些是因果論（causalism，視夢為因果相關的連續事件）、本能論（naturalism，假設夢的事件應該與自然本能的地上世界順應一致）、道德論（moralism，以道德觀點看待夢的地下世界，夢是道德良心進行自我規範的補償性表達）、人格主義（personalism，相信靈魂領域的主要關懷在於個人的生命）、時間主義（temporalism，把夢境事件和過去或未來相關連，夢不是過去事件的要點重述就是未來事件的預先告知）、志願主義（voluntarism，以行動的觀點來看夢，所以要求要有行動的回應：「夢告訴我們應該怎麼做」）、人本主義（humanism，夢主要是人類故事的反映以及給予人類的信息）、實證主義（positivism，將夢解讀成實證的、是實證的陳述，正面和負面的判斷都可以應用其中）、字面主義（literalism，以單一意義的觀點看待任何夢或觀點，因此遺忘夢中的每一個細節，包括夢的「我」〔I〕，都是一個隱喻意象）。

由於自我在夢工作時看到的是一系列貶抑的因素（退行、扭曲變形、移置），因此自我在工作時，對地下世界的觀點也就成為一組貶抑的態度（人本主義、人格主義、字面主義）。在還沒有找到全新的方式來接近夢以前，這些觀點必須首先擱置。

舉個例子來說：根據佛洛伊德的看法，德文 Tagesreste 組成我們的夢意象，其意為「白天的殘留物」。我們不再只採取表面價值的觀點，也就是不再用白天的字面世界來看待真實的事件。相反

---

[7] 原註 4：為了取代所有這些方法，Patricia Berry 詳細地闡述想像的運作如何視夢為影像，而不是視為補償。可參閱她的著作〈夢的探討〉（"An Approach to the Dream," *Spring 1974* [New York and Zürich: Spring Publications, 1974], pp. 58-79）。

的，我們想像夢正消化白天的某些零零碎碎素材，將事實轉化成意象。與其說夢是針對白天的評論，不如說是將白天加以消化的過程，在心靈的迷宮管道裡對白天世界進行的分解和吸收。夢工作藉由意象的模式（象徵、縮凝、倣古），將生活事件加以烹煮成為心靈的成份。這個工作將從生活中萃取材料，加以轉換，然後進入靈魂，同時也在每個夜晚用新的東西來餵養靈魂。整個世界都跟隨這一切而移置（transfer）了。這是全世界都可以看到的練習，尤其是在埃及人：將生平的物品放在死者墳墓中。他們的整個世界跟著這一切移置過去了。由於心靈的生命是一個無止盡的過程，需有充裕的材料來供應，因此必須準備大量的供給品。

對夢的正確工作，有助於夢自身每一角落仍持續的移置過程或死亡過程。這和夢已經在進行的工作是互相平行的。解釋，就像作夢一樣，都是透過將夢表面的事實反芻成為隱喻事實這樣的方法，形成了白天世界的瀕死過程。我越常夢到我的母親和父親、兄弟和姐妹、兒子和女兒，我就越少以自己單純的和本能的寫實方式去感受到他們，他們也就越來越是幽冥地下世界的心靈居民。當他們升起而進入我夜晚的靈視，我將細細思索並消化他們的來來和去去，家人（family）變成熟悉（familiars），是內在的伴隨，不再是平日相處的寫實人物。逐漸地，這些家人，原本是我必須抗拒和搏鬥的真實人物，現在轉變成栩栩如生的祖先、鬼魂或亡靈，他們的特徵奔流在我心靈的血液裡，透過他們在我夢中的出現而帶給我支持。我家人的家將地基從地下（gē）移動到地府（chthōn）。

家人的這些昔日場景讓我們魂牽夢縈已經許久了！在那裡，母親叨叨唸著，目光穿過鏡片後閃爍著，而父親轉過身來，一個死去

很久的兄弟仍躺在另一張床上。為什麼相同的人物有這一切永恆的回歸？心靈想要什麼？我們過去的愛戀被帶回而成為現在的掙扎，這到底又是為什麼？夜復一夜，我們親吻道別的臉龐又回來了，依舊執意要求著什麼。經常地，我們認為這些重複（repetition）和持續（perseveration）的反應代表著還未解決的情結；但是，這一切有關的解釋究竟真正要說的是什麼？

也許有個工作還是一直持續在夢中：對頑固殘渣所進行的長期烹煮，想要將記憶中的人物僵固的軀體溶解成為他們的擬仿物，他們自己的陰影，如此一來他們才可以離去，遠離我們的依戀，而我們也才可以在他們的存在之下繼續安居，卻不再被他們的生命所壓迫。這些形體不只是有待解決的情結，一直也是參與靈魂製造的工作所需要的情緒材料。

主觀層面

這些映像（reflections）要求我們再一次轉向夢中的人物（參見第三章）。我們需要再次檢驗榮格所謂有關解析的主觀層面觀點（the notion of the subjective level of interpretation），這是榮格之後就大量應用在心理治療的，尤其是格式塔心理學。

佛洛伊德和榮格兩個人都認定所有夢境中的人物形象和地理風景是內在心靈所擁有的可能性。夢事件是屬於個人深處的；這是所有深度心理學的起始點，是佛洛伊德有關夢的鉅作所開啟的一片天。在書裡他這麼說著（ID, p.299）：「每一個夢處理著每個人的自己。」而榮格提出有關解析的兩個層面（前面我們已經討論

過），但請記得「客觀」和「主觀」是指解析的不同層面，而不是夢的不同層面。夢本身是全然主觀性的。走過我夢中的並不是真實的，只是其他人或是他們的靈魂特質映照在我的內部（他們的圖像或他們的擬仿物），走過夢中的，是人格化偽裝下的那些深度而主觀的心靈。夢呈現出了「我」（me）——向「我的」主觀性臣服的我。我只是夢中許多主體的其中之一罷了。睡眠時，我是完全地沉浸在夢中。只有到了清醒時刻，我才反轉這個事實而相信夢是在我裡面。在夜裡，夢擁有我，但是，到了早晨我卻說：「我作了一個夢。」在解析上的真正主觀層面應該是要讓這個「我」臣服於夢。

格式塔技術似乎試圖藉由角色認同來做到這一點。格式塔這麼說的：是的，你的確只是夢中許多主體的其中一個，所以，讓你自己臣服於這些主體吧。讓他們進入你，變成他們，認同他們。且讓我們看看這個方法吧。

角色認同的技術意味著與意象融合，模仿意象，同時因此失去意象。它和我再也沒有區別了。它和我在感覺中結合了。我們已經融合在相同的格式塔中，就像 128 頁的例子。

下一步要做的是，當我開始將夢的意象當做心靈潛能，例如在85-86 頁，我的哥哥就是我掌握問題的能力，然後進入這個意象，並且將我的感覺合併一起，這樣一來我扮演的將不只是一個角色。我是在操作著還原的行動；我在還原「幽靈」（eidolon，其中有些是原型的），使之成為我整體性中的一部分特質。這的確是「成長」；但是成長的是自我，自我的人格因為犧牲了所形成的夢中人物而得以變大了。

格式塔夢工作透過這個微妙的方式，依循榮格詮釋方法的主觀層面，可以擴展我的自己而去拿下夢中的人物，最終拿下夢中以人身出現的諸神。格式塔是「人本主義」心理學，意即，透過它所提供的心理技術，可以讓人本主義將他古老的敵人，也就是諸神，從祂們靈魂最後的退避處，將祂們最後的痕跡完全抹去[8]。自從普羅泰戈拉以來[9]，所有的人本主義模式都試圖以人為中心，以此作為為所有事物的準則。現在，藉由「主觀詮釋」或「格式塔技術」，發生在夢境中、相當於神話的這個最首要而直接的經驗，可以放進人們的內部成為個人天性的特質或或天性的一部分。所以，這種夢詮釋的模式不過只是讓自我膨脹的又一種摩登方式罷了。創造性成長和整體性這兩個觀念掩藏了英雄的古老傲慢（hubris）。整合的道路是老式的英雄旅程，途中他遭遇到本質（nature）中所有的怪物，同時也是來自想像的神聖形式。當他從一個人走向另一個人，從這個驛站走向下一個驛站，這些都消失了。當這一切被征服並整合之後，到底哪兒去了？唯一的去處是進入他自己的個性中，人於是化成他自己巨大怪物一般的神。

你也許聯想到第三章「夢中人物」的其中段落，我引述了榮格和多茲的話，因此這樣說：「在夢裡，我們被外貌如同昨晚遇到的朋友的精靈、仙子、英雄和諸神拜訪。」然而我們要如何才能更精確地形塑出這些原型人物之間的關聯？（一）透過我的友人們的形象；（二）透過我自己的人格特質和潛能；（三）如果看這些友人

---

[8]　原註5：關於我對人本主義心理學（humanistic psychology）的評論，可在 RP 裡看到，因而在此省略。

[9]　譯註：普羅泰戈拉（Protagoras, 490-420 B.C.），古希臘哲學家，被視為詭辯派。

只從主觀的層面，將它當作個人的潛在性，是會失去地下世界的。然而，這些幽靈和諸神為何不以自己的形態前來，為何費心地藉由我的家人、朋友以及古怪陌生人的夢中化身出現？這些夢中人物會這樣做，一定有其必要。

　　他們是靈魂製造所必要的。他們是為了能夠看透穿過、去除表面工作所必要的。沒有了昨晚我遇見的朋友，夢將是以神啟靈視（numinous vision）與精神直接溝通。然而夢並不是靈視，就像心靈不是靈性。夢帶來了世界所有的山谷，所有的一切包括平凡、細瑣和美麗的複雜性，就像我朋友一樣的一切，是夢在靈魂之中所必要的做為。這些朋友是處於這個曾經稱為居中（metaxy）[10] 的中間地帶所呈現的形象。他們不只是人類，也不只是神聖，既非主觀也非客觀，既不是個人的，也不是原型的：但也兩者都是。和我一起共進晚餐的人們以及回到我夢裡的人物，具體呈現了兩者：我的特質和行動以及神聖的特質和行動。（他們的特質和行動以及晚餐真實的陪伴者的這個客觀層次，在前面已經討論了。就像我們在前面說的，我們是夢見了他們。他們並沒有在我們的夢裡。）

　　因為這些朋友化身呈現（embody）了這兩者，他們如果被從單一面向詮釋，在人格上被還原成我的，或是因原型的反轉（epistrophe）而靈性遭到消解，那麼中間地帶的靈魂也將不保。因此唯一的辦法是，心理學與精靈、仙子、英雄和諸神的連接模式似乎只能透過「主觀的層次」，但是惟有將主觀的種種擴展成與個人無關的（impesonal），將不是我的一切也加以涵蓋進來，包括我親

---

[10]　　譯註：metaxy 這個字出自柏拉圖的《饗宴篇》，指中間地帶或過渡空間。

戚朋友之外的那些人。

這樣的主觀化行動是深度心理學的基礎。這通常被稱做「取回投射」（taking back projections）。我們當然也會對夢境做這個的行動。我指的是：藉由把共進晚餐的伙伴帶進我的內部，並藉由尋找我們共同的特質以及他們喚起的感受：「她好消極！」、「他多麼惡毒！」、「某某是這麼棒的傾聽者！」，我已經將他們都容納進來。我正看著映照在他們裡面的我自己，看著映照在我裡面的他們。我是映照在我們共有的陰影上。這是地下世界的程序。然而，將他們納入，不是為了要將他們整合進入我個人的主體。反而是，原型感（archetypal sense）將開始從前面提到的「消極的她」、「如此惡毒的他」，以及從「擅長傾聽的他」之中，開始冒出來（emerge）。我友人的形象構成中，是我主觀的個人特質和潛能，也是每一人主觀性裡更深層特質的原型人格面具。這些人格面具透過它被認為的那個樣子，將我們引領出自己的主觀性。

關於主觀層次還有一個思維，我認為是可以讓整個結構更完整的。既然夢中人物是作夢者個人的部分，是為了讓夢走出個人的主觀性，我們就必須以神話的平行物來加以擴大。榮格的擴大方法（amplification method）審慎地將夢意象提昇到神話內容，這是他在主觀層次上對夢的詮釋的必要結果。現在，這裡有個障礙：如何擴大那個大男孩，包括表面和中心？我們可能發現他正在做所有童話和神話的人物會做的事；意即，他的行為和裝備也許可以全面地擴大而進到原型向度。但是，他自己究竟是誰？我們不是把夢自我當作是作夢者嗎？夢自我是基石，唯有在其上才能建立主觀層次。

當告訴給作夢者的解釋說明了自我在夢中做了什麼，或是用作

夢者的白天生活來說明夢自我的行為，夢中的自我受到的是客觀層次的對待，就好像是平日生活裡的真實人物。我覺得自己有責任，要說明這個「我」在夢中做了什麼。日間世界的作夢者和他夜間世界的夢境，兩者之間原來的區別消失了。這剛好就是大多數的夢解釋的明顯矛盾：所有的形象都以主觀層次呈現，但是自我依然在客觀層次。雖然解釋者可能知道我夢裡的我的車，不是我真實的車，而是反映出我的「汽車駕駛」，我的「車輪」；我夢裡的姐妹不是我的真實姐妹，而是她的意象影響我靈魂的方式；而這個夢中的「我」還是這個坐在治療室個案座椅上的我。這個我依然如外表所見原封不動，從未曾真正分解進入它自己的意象中。

因此，為達到全面性的主觀，夢工作者必須伸進客觀性的最後口袋，就是夢自我，包括它的行為和它的感受，將這一切保留在意象內。這工作要讓自我向夢臣服，讓自我溶解在夢中，清楚揭現自我所做的、所感覺的、所說的每件事都是反映出「意象中的自我處境」，也就是讓自我是完全意象的。這不是容易的工作，因為自我在原型上來說原本就是地上世界的現象，向來擅長英雄式的態度，直到藉由學習如何去作夢，才能變成意象的自我。

意象的自我在黑暗中是自在的，在其他的意象之間彷如其中一員般移動著。自我經常會有一些模糊印象，在夢裡對荒謬和恐怖習以為常，儘管那在白天的意識清醒時會帶來驚嚇。意象的自我瞭解這些意象不是它自己的，甚至夢中的自我身體、自我感受及自我行動都是屬於夢自我的。因此，教導自我如何作夢的第一步就是教導它有關它自己的一切，而它自己也是一個意象。

意像自我如果可以將舊的立場整個倒空，也就是將前面提到

的那些源自軀體的觀點，以及道德主義、人格主義、本能主義、字面主義等等舊有的態度全都倒空，就可以進一步地確實建立了。舊的英雄自我失去它的內在，變回二次元的影子。如此一來它可以十分隱喻地反思它的這一切行為。它於是可以瞭解到，在夢中的自我也是全然主觀的／主體的形象或陰影，現在是將這個讓他睡著的「我」全倒空了。夢中自我的行為反映出意象的類型和意象的內在關聯，而不是白天世界的類型和關聯。

顯然，夢自我和清醒自我有一種特別的雙胞關係，他們互為彼此的陰影，就像黑帝斯和宙斯是兄弟一般。但是，夢中的我絕不是編寫劇本讓自己演出的祕密舞台導演（叔本華）[11]，不是從下面自拍肖像的攝影師，也不是自我在夢中終於實現的希望。夢不是「我的」，而是心靈的；而夢自我只是在劇中演出的一角，是臣服於「他者」的要求，也臣服於夢所鋪陳出來的必要性。

而夢就像是陰影的演劇、像是面具，是與地下世界更有關聯的。死亡最古老的呈現形式之一就是戴面具舞者的外形[12]。而最難以理解的還是全在於人，包括自己，也許也只是面具，正演出著我們的死亡角色。正如榮格所說，黑帝斯身上的酒神特質確實使夢幾乎類似戲劇。夢有時很明確地表達出這一點：不論時間或空間，我們都是在一部電影、一齣歌劇、一場歷史小說的排演、一次盛典裡。就在我們夢境的戲劇中，你我即使坐在觀眾席，也都是在戲台

---

[11] 譯註：叔本華（Arthur Schopenhauer, 1788-1860）德國哲學家，唯心論的開創者。關於夢的名言：「世界是一個作夢人自己夢出來的夢，在那裡所有夢中的腳色也是如此夢著。」「幸福不過是一場夢，不幸才是真實的。」

[12] 原註6：Eva Neumann, *The Masked Dancer*.

上，是演出我們所有角色的演員，是我們的所有夢中人物，為我們必須演出的方式戴上適當的面具來演出我們必須表演的角色。

這一點是很難理解的。即使在夢中，還是有個力量拉著朝向地上世界的「我」。好吧，就算你說其他人不是生活中相同的人們，那麼至少我還是我吧。當我在夢中因為加油站服務員加進過多的汽油而和他爭執，或是帶著衣服去給乾洗人員，我只是體現原型神靈（archetypal numen）[13] 的面具而已嗎？當我在「春夢」中有了性高潮，當然也是同一個我從溼了的床舖中醒來。然而，如果我們追隨榮格（見第 86 頁），開始「往下或往上探尋，到達其它相當的層次，將會對一般的常識感到懷疑的。」如果這樣，夢的種類或是夢中人物的種類為何又有所例外呢？我們可以斷言，所有的夢在地下世界都有它們的家，所有夢的人物都是影子。我們也必須尋找夢自我的守護神靈。這個醒過來並記得這一切的「我」已經有許許多多的痕跡了，而不只是溼了的部分以及已參與並演出的角色；也包括這個持續存在於不同的地方，甚至可能在不同的人物裡面的這個進行著記憶的我。正如夢可以從我兄弟和父親的真正現身中釋放他們的影子，我們也可以經由清醒自我的現身，並且以它的名字演出，好讓夢自我釋放出來。再一次強調，在夢中所有的人，包括我自己，對生命而言是死亡的，是他們在別處的影子。甚至他們的高潮也是出現在死亡之地 [14]。

---

[13]　譯註：Numen 這個字在拉丁文中有神聖、神聖呈現或神聖意願的意思。

[14]　原註 7：巴靈魂（Ba）執行「身體的動作，特別是有關性本能方面的」，而《棺槨文》（Coffin Texts）裡提到「他與自己交媾」，同時「取得性的歡愉」（Ba, p. 103）。睡眠中的性活動可視為是在「巴」的領域，在其中「他與自己交媾」指的乃是發生在想像中，意象之間發生的性關聯。譯註：《棺槨文》是指古埃及棺槨上的文字，為學者收集編成書。

靈魂的種類

在這裡我們嘗試著用自己的方式，藉由夢的方法，來恢復迄今還在所謂原始人類之間廣泛流傳的靈魂觀點。（這些觀點有時被稱為前科技的、萬物有靈論的，或第四世界等等。我們也可視這一切是逃過了入侵文化中的一元論心理學對靈魂、人以及自我的教條。）[15]

根據北歐民族誌學派對靈魂的研究（亞伯曼、波森、赫肯茨）[16]，全世界都有著兩種靈魂的經驗，這些不只是記錄在如荷馬時代的希臘、古埃及（卡〔Ka〕和巴〔Ba〕）、中國（魂和魄〔hun and p'o〕）的高層文化，也繼續在這個世紀的民族中被發現，包括橫跨廣大亞洲大陸，從大西洋中的拉普人[17]到面對阿拉斯

15　原註8：「歐亞大陸北方的基督徒（以及伊斯蘭教徒及佛教徒）教義中典型的特徵顯示，大多數歐亞大陸北方民族所持守的古老而原始的靈魂觀念是和他們一元論的概念平行相似的。當有人詢問時，他們懂得維持兩種模式的區別。保持栩栩如生就是自由靈魂（free-soul）古老原始的特點，即使只允許死亡靈魂，這個在墳墓之外的死亡鬼魂。」（這段是我譯自〈調查……北歐亞大陸〉〔I. Paulson, "Untersuchungen…Nordeurasien," p. 155. Jung (CW 7:§ 302-03)〕）重新恢復了自由靈魂這個觀點，認為阿尼瑪（anima）是一「獨立存在的實體」（autonomous entity），與看不見的「墳墓之外」的領域相關聯，也就是指「超越（白天世界的）意識之外」。

16　譯註：亞伯曼（Ernst Arbman, 1891-1959），瑞典的宗教歷史學家。波森（Ivan Paulson, 1922-1966），是愛沙尼亞民族誌學者兼詩人，二次大戰移居瑞典，師從亞伯曼。而赫肯茨（Ake Hulkrantz, 1920-2000）則是亞伯曼最傑出的學生，將這一體系的思想傳播到北歐以外的歐美地區。

17　譯註：拉普族（Lapp）是芬蘭－烏格爾族（Finno-Ugri）的一支，被同族系的芬蘭族趕往北極圈。也稱薩米人（Sami）。

加的西伯利亞人[18]，以及在美國印地安人[19]之間也有發現。安克曼[20]也在非洲人發現對靈魂的類似經驗[21]。

　　如波森所說，這些靈魂「二元的多元性」（（dual pluralism））觀點，一方面提及生命靈魂（life-soul）是多樣的，與身體各部位及情緒有多樣性的關聯，因此也稱做身體靈魂（body-soul）、呼吸靈魂（breath-soul）及自我靈魂（ego-soul）[22]。另一方面，自由靈魂（free-soul）或心靈靈魂（psyche-soul，這是亞伯曼的用詞），乃揭示並等同於陰影靈魂（shadow-soul）、鬼魂靈魂（ghost-soul）、死亡靈魂（death-soul）、意象靈魂（image-soul，此為安克曼的用語）以及夢的靈魂（dream-soul）。亞伯曼表示：「身體靈魂或其他各種靈魂是和心靈靈魂是彼此獨立的，有不同的本質及起源，以及不同的任務和活動範圍。」[23] 波森[24] 說：「心靈

18　譯註：西伯利亞人（Siberian），西伯利亞原住民因為俄羅斯人入侵，目前只佔該地區 10% 人口，該原住民又有不同的來源，大致可分為四種。

19　原註 9：Ernst Arbman, "Untersuchungen zur primitiven Seelenvorstellungen mit bes. Rücksicht auf Indien," 2 vols. *Le Monde oriental* 20-21 [Uppsala, 1926-27]: 85-226; 1-185（〈對印地安人靈魂觀念與啟視圖的調查〉）; I. Paulson, "Untersuchungen…Nordeurasien," pp. 147-57（〈調查…北歐亞大陸〉）. Åke Hultkrantz, *Conceptions of the Soul Among North American Indians*, monograph (Stockholm: Ethnolog. Museét, 1953. Cf. I. Paulson, "Swedish Contributions to the Study of Primitive Soul-Conceptions," *Ethnos* 19 (1954):157-67; Otto, *Die Manen*, pp. 37-83, support the two-soul concept.

20　譯註：安克曼（Bernhard Ankermann, 1859-1943），德國民族學家和非洲探險家，提出文化圈理論家之一。

21　原註 10：Bernhard Ankermann, "Totenkult und Seelenglaube bei afrikanischen Völkern," *Z. Ethnolog.* 50 (1918): 89-153.（〈非洲人的死亡崇拜和靈魂信仰〉）

22　原註 11：Paulson, "Untersuchungen…Nordeurasien," p. 148.（〈調查…北歐亞大陸〉）

23　原註 12：Arbman, "Untersuchungen zur primitiven Seelenvorstellungen mit bes. Rücksicht auf Indien," (1962), 1:183.（〈對印地安人靈魂觀念與啟視圖的調查〉）

24　原註 13：Paulson, "Untersuchungen…Nordeurasien," p. 148. 波森發現，歐亞北方民族將同樣的靈魂都歸屬於動物。可以推想而知，所謂的「原始人」通常是不會在人類和動物之間，製造出我們現在「先進」文明所製造的切割裂痕。參考〈北歐亞大陸民族動物靈魂觀念的調查〉

靈魂只顯現在身體之外」，並受限於這個存在形式，「它在人清醒時的意識活動狀態下是沒有作用的。」在清醒的條件下，心靈靈魂完全被動，而不像在夢、靈視及薩滿出神所表現的人格特質。自由靈魂或心靈靈魂與以下概念的關聯：人的死亡及死者、人的疾病及療癒、陰影及鬼魂、個人的名字及相似處——而所有這些都是與我們在這裡所談到的夢中的人物，尤其是夢自我，是高度相關而具特殊性的概念。

在前面文章中對「夢自我」和「意象自我」詳盡探討的，指的就是心靈靈魂的原始經驗。至於關於白天世界的清醒意識的這些其他觀點，是上述這個民族學學派的研究所描述的生活靈魂、身體靈魂、自我靈魂。這些語詞裡兩個名詞之間的連結讓我們注意到自我也是一個靈魂。如果我們也總是將自我這個詞和靈魂相連一起，這樣一來心理學是多麼不同！自我靈魂如同身體靈魂，很容易就聯想到佛洛伊德對自我的肌肉看法以及我引用英雄和赫克力斯所做的暗喻。（本章裡，我將提出赫克力斯的身體觀點，和納西瑟斯的意象及死亡的觀點，以這兩者之間的對比，進一步提出民族學的證據。）

只是比較！我並不想讓民族學研究在我的論點中成為普遍性的證據。然而深度心理學已經走上這條路徑了：為了建立根源比喻（root metaphor）而尋求普遍性證據，已經迫使我們兩度偏離主題。佛洛伊德派用民族學來顯示伊底帕斯情結的普遍性，而榮格派用同樣的方法顯示四的摺疊性（four-foldedness）構成的曼陀羅型式

（I. Paulson, "Die Vorstellungen von den Seelen der Tiere bei den nordeurasischen Völkern," *Ethnos*, vol. 2, no. 4 (1958):127-57）。

的普遍性。我們不再走這路徑，即使這可以提供很大的安全性。畢竟，從全球這些特殊的、民間從未聽聞當代心理學（更別提傳教的滑稽人士所告知的）的地區所進行的嚴謹而獨立的研究，所收集到的正向而堅定的證據還是不足以支持生活靈魂的自在愜意！不，我們必須堅持守住深度心理學。靈魂是我們唯一的領域。雖然，這所有重要證據都和靈魂有關，但仍然是以白天意識客觀的、正向的語言呈現，因此無法為地下世界的心理學提供基礎。我們必須留在夢靈魂這裡，用它的方式看待事物。這樣研究的重點不是文字上的實證支持，而是對比，一種相似性，將我們現在說的一切用另一種方法說出來，說出一個最有幫助的故事。

　　我有關地下世界神話學的夢理論，擁有的基礎不過只是有幫助的故事，但卻有著很重要的差異。神話的意象對任何正向的事物都不是足夠堅定的證據。它們自己背後還沒有系統的結構。它們還沒辦法直直站立夠久，而且也太隱晦，可以說完全是夜晚世界的現象，甚至它們的內容是有關太陽之上的天上人物。就像夜晚世界的現象一樣，神話的意象也提供了深度及背景，是寧可對所有的明確說明加以清空而非加以確定的心靈面向。它們對正確現實可以提供的幫助，只是幻想中的背景。

　　在這裡我們應發現兩種靈魂的理論和我們自己的描述並不是完全一致。兩種靈魂理論似乎在心靈和生活之間畫了條不可違逆的線，而我也時常畫出同樣的線。然而，聚合（convergence）的情形在夢中可能發生，因為白天世界似乎也要歷經將生命事件移出的過程，並且教育作夢的人如何進入死亡。這時夢不再是橋樑，但可以說因此有了個運作，也就是所謂的作夢，這讓英雄自我變得更是精

微體，因此能成為自由的靈魂。從有利的觀點來說，作夢似乎將自由靈魂或心靈靈魂從它是屬於生活的這個誤解中釋放出來。從另一個觀點來說，作夢似乎是將自我靈魂或身體靈魂移向更深、更心靈的範疇。不論是選擇哪種觀點，夢正是那個我們體驗到各種心靈之間精微演出的最接近也最規律的地方。

之所以在舞台上公開表演，也許是因為那將我們放進劇場的地下世界，因此也排列聚集了生活靈魂和意象靈魂之間奇怪的交互作用。怯場所帶來的最嚴重的自我感喪失，讓一個人感覺被自己的靈魂遺棄了。所有曾經記得的及接受過的訓練，突然之間都消失了。似乎是另一個靈魂必須接去扮演這個角色，而且上台的這個時刻就像成長的儀式（Rite de passage），過渡進入了死亡。

因為白天世界的自我所指涉的是客觀的層面，它的陰影面，也就是夢自我，往往在地下世界是格格不入而不得其所的。它持續用上述所學的態度來反應。在夢境裡，我們逃離了追捕者、提防被欺騙、虐待動物、奔向光亮處、恐懼各種怪物、猜疑陌生的事物。一次又一次，我們找到遠離陰影的「理由」。（這裡所說的陰影，並不是指榮格所強調的道德對質；而是指在夢中的其他主要人物，是夢自我所誤解和阻抗的，然而也可能是其機智的老師。）

通常需要對夢大量的分析之後，夢自我才能像地下世界熟人那樣在夢中行動，遵守那些與地上世界很不同的法則。在夢中，沒有任何事物是天生如此，沒有任何事物是指涉回到上面；這也就是說，沒有回到上面的了。在夢中沒有好的或壞的期待，因為希望是和地下世界不相干的陌生範疇，因為地下世界的每一個夢都是自我滿足（self-satisfied）的願望。補償的說法對任何事的瞭解都沒有

用，這只不過是將夢反射回白天世界，好像夢世界是沒有它自己的自主意向，只因白天世界的平衡目的而跟著白天世界走。

詮釋者的角色是要幫助自我陰影（ego-shade）適應地下世界的環境。詮釋者是進行引道的維吉爾，特伊亞賽斯[25]，擺渡夫卡戎[26]，絕不是赫克力斯或奧菲斯。他的工作是受僱於荷米斯地府（Hermes Chthonios）或荷米斯精神（Hermes psychopompos），符合一條往下的路徑。荷米斯將靈魂帶往下方；而英雄則站在自我身後嚐試將他們帶回到上方。

因此，這些主觀解釋的行動回到白天世界，回答這類問題：「這對我的日常生活來說，代表了什麼意義？」「我應該怎麼做？」「這對我和出現在我夢中人們之間的關係會有什麼影響？」這樣的解夢是為了與白天世界進行溝通，是經由英雄神話來接近夢，而不是經由地下世界的觀點。甚至包括預言取向的觀點，「來自潛意識自我的訊息」是擁有永恆知識的，這最終還是將夢推回到白天世界的自我。而訊息是為誰而來；是誰想要知道這訊息，誰將帶出這訊息：除了舊有的自我，沒有別人。簡單來說，夢告訴你身在何處，而非去做什麼；或是，藉著放置你的所在位置，告訴你，你正在做什麼。

假如我們還記得死亡和睡眠的密切關係，也許就不會將每一

---

[25]　譯註：特伊亞賽斯（Teiresias），古希臘神話人物，在底比斯的一位盲人先知。

[26]　原註 14：希臘神祇擺渡者卡戎（Charon），想當然是「往返穿梭」的，因此我們經常會將詮釋者的角色視為河兩岸之間。然而卡戎從來沒有離開地下世界，同時他的航道只有一個方向：往更遠的河岸去深入。卡戎將自我陰影（ego-shade）搬運進入地下世界的方式是藉由腐敗、遲鈍荒廢、弄髒、驚恐——這些是維吉爾在《埃涅阿斯記》（Aeneid, bk.6, ll. 298-303）中的描寫。我們對自己進行污穢詆毀的抨擊，就是要讓我們自己低下而進入地下世界。

個夢喚回生活，而試著加以應用。在古老的傳統裡，包括原始人民在內，都有個基本的觀念，就是在睡眠時，靈魂是離開身體的。然後它開始「漫遊」（wanders）。這裡的漫遊指的是它的邏輯不是以直線式的相鄰步驟來進行，它的注意力也不再聚焦在白天的目標上。普羅提諾[27]（*Enn.2. 2, 2*）認為這種直線目標導向的行動模式主要是和身體靈魂相關聯，而非心靈靈魂。在睡覺時，靈魂的行動是不一樣的，比較像是幻想（phantasia）的形態，就像希臘思想經常讓人聯想到漫遊；或者，根據柏拉圖在《蒂邁歐篇》[28]中所說，漫遊或許就是根據靈魂必然性而進行的行動，是不屬於理智的。難怪夢總被視為是神祕的，甚至是瘋狂的。

認為睡眠時靈魂會從身體漫遊出去的想法，只是從字面和本能主義來陳述對夢境離開身體靈魂的一種觀點。如果果真是如此，用身體技巧去掌握夢並直接將夢的意象應用到身體相關聯的一切，反而錯失了這些漫遊。治療師藉由身體語言，身體自我及生理生活來著手研究夢工作，是強行認定了自由靈魂是因為睡眠准許才得以離開的觀點。間接手段是此處的關鍵：假如靈魂在睡眠中由身體漫遊出去，那麼要讓靈魂回到具體生活的方式，也必須依循同樣的漫遊路線，是間接的迂迴、反思的困惑，一種絕不去解釋其瘋狂而只是運用它的夢語言與它對話的方法。

「巴」靈魂「享受行動上的無限自由」（*Ba*, p. 98）。這樣它就必須有力量支配自己的腿和腳，可以用自己的手和臂膀來行動；而這是新國度所描繪的地下世界靈魂（*Ba*, p. 76）。靈魂用自己的

27　譯註：普羅提諾（Plotinus, 204-270），新柏拉圖派哲學最重要的哲學家。

28　譯註：《蒂邁歐篇》（*Timaeus*）即亞特蘭提斯。

雙腳站立，有它自己的肢體，用它自己的風格來行動。這個靈魂藉由它的靈魂身體來移動。當我們試圖強迫它的腿踏入我們的白天世界，將它的手轉向而著手我們白天世界的任務，瘋狂於是開始了。這一切還真的不折不扣地就是「付諸行動」（acting out）。在粗大的肌肉身體中失去了「巴」靈魂精微的行動，就是赫克力斯式的瘋狂。

在黑帝斯屋中的赫克力斯

字面上來說，赫克力斯的發狂是為了瞭解事物底面的意義，或許是因為他前往黑帝斯的旅程是一團混亂。當我們想像赫克力斯在黑帝斯之屋的情景（歐里底特斯《阿爾刻提斯》〔846-54〕；荷馬《伊利亞特》〔5.397〕，《奧德塞》〔11.601〕；阿波羅多洛斯〔2.5, 12〕）：他的攻擊性全面發揮了，拔刀相向、拉箭瞄準、刺傷黑帝斯的肩膀、屠殺牛群、摔倒牧人、扼緊三頭惡犬的咽喉並且鎖住──我們看到佛洛伊德所謂的生命本能如何在死亡本能領域裡的意象典範（*EI*, p.59）。據佛洛伊德所言，這融合恰恰就是攻擊性的起源（*BPP*, p.73f.; *CP* 2: 260）。與其死亡成為暗喻，我們寧可在文字層面進行殺戮；我們拒絕死的必然，攻擊死亡。我們的文明以英雄紀念碑來讚揚戰勝死亡的勝利，表揚在地下世界不知所措的赫克力斯自我。

按神話學家克昂尼的說法，赫克力斯與其他的英雄不同，因為

他十分悲劇地與死亡連結[29]。在本書中，我在前面一直使用「英雄自我」（heroic ego）這個詞，其實更清楚地稱為「赫克力斯自我」（Herculean ego）是更適當的，因為在所有英雄之中，只有他是死亡的敵人。然而英雄這個詞，我的用法是有道理的，因為以前的英雄是生活在活生生的諸神世界，這和現今的所謂英雄氣慨，是兩種截然不同的情況，即便後者原本是來自前者。過去的英雄是半人半神，但是當諸神死亡以後，英雄已經變成完完全全的人類。神聖的比例是完全由人類所假定，我們所擁有的只是人本的奠基人物和人本主義對人的崇拜。

　　然而，這個英雄確實是地下世界的形象，這一點只能從他的墳塚、土墩這些將他固定下來的明確地方去瞭解，因此對英雄的崇拜是想像中的搏鬥重新又復活，是對生命榮枯變遷過程加以發現、定位及完成的紀念模式。有些學者甚至認為英雄這個詞代表「住在地下的神明」，意味著是地下世界的力量，因此，「這個字在希臘晚期的一般用法是指已故的人。」[30] 對英雄的犧牲獻祭是陰暗的，祭祀細節不同於分配給諸神的祭禮（thysia）[31]，但是具有一樣的低矮神壇或爐床、一樣的儀式、一樣的滴流到地下的血溝渠，這些和對英雄和死者的祭拜來說都是常見的。犧牲的牲口一樣是綁在溝渠

---

[29]　原註 15：K. Kerényi, *The Heroes of the Greeks* (London: Thames & Hudson, 1959), p. 177。這本書的導論不容錯過！譯註：克昂尼（Karoly Kerényi, 1897-1973）匈牙利古典學者神話學者，因為與榮格交往而以心理學來擴大神話學。

[30]　原註 16：L. R. Farnell, *Greek Hero Cults and Ideas of Immorlality* (Oxford: Clarendon Press, 1921), pp. 15-16; cf. Rohde, Psyche, pp. 116, 121-22; also Kerényi, *Heroes* (London), p. 14. 譯註：法爾爾（Lewis R. Farnell, 1856-1934），英國古典學者，牛津大學副校監。以《希臘城邦崇拜》五卷而知名。

[31]　譯註：古希臘的祭禮儀式 rite 是分成兩種：thysia 是對奧林匹亞諸神的，而 Sphagia 則是對地下或冥府的神人。

上，頭向下低垂著。[32]

今天，因為和心靈背景的完全斷絕，所謂的英雄反而變成了反社會行徑：只是為了好玩的張狂活動。崇拜的位置不再是日後建立城市和諸多發展之所在的埋葬土墩，而是在人類肉體自身：人本的自我（humanistic ego）。甚至這個自我原本應該因為太陽英雄或文化英雄任務上的良好功績而受到尊崇，但現在英雄失去了的另外一半——諸神及死亡——也沒有了心靈上的跟隨，而這卻是從前每一個英雄都有的，像冥府蛇形一般地在每一行徑深度上進行的心靈追蹤，「英雄的傳奇於是變成了好戰之徒的故事。」[33] 赫克力斯自己被稱為「aretos」，意思是「好戰者」。[34] 這裡恰恰就是我一切熱情的理由，以及我對英雄自我這一切攻擊的根據。原型的英雄還是持續存在，因為諸神是組成了他的其中一半，所以是不死的。所有的神祇都是內在的，如同季默[35] 說過的，而榮格在他病人的情結裡也這麼發現。英雄依然存在他的墳塚土墩裡，也就是現在人們的自我情結（ego-complex）之中。這就是我們崇拜的固著之處，是自我力量的來源。自我心理學是英雄崇拜的現代形式。到最後，赫克力斯將走上火堆。自我的傳奇，即我們現在所謂的心理學，是否終有一

32　原註 17：Kerényi, *Heroes* (London), pp. 4-5.

33　原註 18：*Ibid*. p. 3.

34　原註 19：Farnell, *Greek Heros Cult*s, p. 104。赫拉克力斯也被稱為「冠軍戰士」（Champion）及「炯炯有神」（Bright-eyed）；他的這些別名還有一張以三欄位形式列舉的行動清單，見於 *Pausanias's Description of Greece*, translation and commentary by J. G. Frazer (New Youk: Biblo and Tannen, 1965), 6:74-75。在他所有的謀害、掠奪、征服、殺戮等諸如此類的行徑中，有一個別稱是最古怪的：鼻子切割者（Nosedocker）。他割掉許多鼻子。他剝奪了地下世界不可或缺的一項知覺功能。見第 246 頁「氣味與煙霧」的部份。

35　譯註：季默（Heinrich R. Zimmer, 1890-1940），印度語文學者，因二次大戰由海德堡大學到倫敦牛津大學，是約瑟夫‧坎伯的啟蒙者兼終生友人。

天將發展成好戰之徒的故事？而自我心理學是否將引領我們進入戰火？

在神話學中仍然有個問題，也就是赫克力斯是否啟始自大型的厄琉息斯祕儀，而這祕儀代表從白天世界的生命到夜晚世界的死亡這一過程的意識改變[36]。這個啟始是赫克力斯神話迷思的中心問題；因為其他英雄從來都不是死亡的敵人。然而，從赫克力斯在地下世界的行動來看，這個啟始如果曾經發生，也是從未見效的。對我們來說，這代表我們的英雄自我是沒有啟始的，於是每晚沉降進入夢境才是我們的啟始模式。這意謂著對理論徹底基進的翻轉。夢不是補償，而是啟始。它不是自我意識（ego-consciousness）的完成，而是倒空自我意識。

因為如此，我們下沉的方式也就關係重大。如同我們上面指出的，尤里西斯和埃涅阿斯下到地下世界去學習，在地下世界重新設想（re-vision）他們在上面世界的生活。然而赫克力斯到地下世界是去拿取，他繼續以上面世界的肌肉反應去測試每個幻影的真實性，例如，他拔刀面對戈爾貢[37]幻影，以致荷米斯必須告知他那只是個意象。陰影群怪在他抵達時都已退避，就像夢境從白天的心智消失一般。佛洛伊德說，「我們將現實感的測試能力當做自我的一項重要設置。」（*TD*, p.149）他解釋（*CP* 4:148）這個測試能力就好像他剛好在〈黑帝斯的赫克力斯〉讀到的這個故事。「一項因肌肉活動而消失的感知，被認定為外部的，是現實；這些活動沒有

---

36   原註 20：見第六章原註 28。

37   譯註：戈爾貢（Gorgoneion）是蛇髮女妖，有三姊妹，美杜莎即為其中之一，也是唯一肉身的。

發生任何差別，因為這感知是源自主體內部……它不是真實的。」在同一段落中，我們得知這種測試對「外面而真實的與主觀而不真實的」這兩者的區別是和「肌肉的行動」有關。以這模式運作的意識，將真實定義為只有對肌肉力量有回應的；因此，主觀性的想像絕對不是真實。然而由於它就在那裡，而且煩擾依舊，佛洛伊德因此說，個體必須「投射，亦即，轉移向外，這所有讓他煩惱的都是來自內在。」

在另一個地方，佛洛伊德重新以心理學用語改造赫克力斯，他寫道（*CP* 4:62）：「讓我們想像自己是這樣的處境，幾乎是完全無助的、對這世界是完全沒方向的活生生有機體，而各種刺激的侵害著……（在地下世界的赫克力斯）。這個有機體（赫克力斯）很快就會變得有能力做出第一個區辨及第一次定向適應。一方面，它將發現有些特定刺激可以由肌肉行動而避開——它將這些歸因為外在世界；另一方面，它也將覺察到對抗這類行動的刺激將使行動變得無用（戈爾貢的頭），而迫切感無法因為行動而減少——這些刺激就是內在世界的代幣……這活生生的有機體（赫克力斯）因此將發現肌肉活動的效能，是區辨『外在』與『內在』之間的手段。」

赫拉克利特說「這不是人在熟睡時會做和會說的。」（frg.73, Burnet）[38]。也許在夜晚生活，不適合像人清醒時刻那般的言行方式。這個區別必須謹記著，但是赫克力斯無法看出差別，因為他似

---

[38] 原註 21：馬可維奇（Miroslav Marcovich）以不同的分類及翻譯將這個段落整理在一起。見他的 frag. 1。惠爾華特（Joseph Wheelwright）（14）這麼說：「一個人如果熟睡了，就不應行動和說話。」譯註：馬可維奇（1919-2001），賽爾維亞語言學家，後來赴美，一生投入古希臘經典的編譯；惠爾華特（1906-99）為榮格分析師，舊金山榮格中心的兩大創始人之一。

乎沒有想像的能力（他已經殺掉想像的野獸，即想像力的動物力量，並且把動物在家裡孵育的想像腐敗物，也就是大便，沖洗掉了。）

地下世界的歹徒是英雄自我，不是黑帝斯。很久以前浪漫時期的斯蒂芬[39]就注意到了，造成損害的是自我，他說：「正是在夢中的清醒意識限制並反對真實的內在夢境，真實的內在夢境是對靈魂內在世界所隱藏的豐盛而產生的深刻反映，正如夢在白天擾動了清醒意識。」[40]

我們可以發現這個英雄就在我們自己裡面，在夢裡攻擊它所猜疑的、不熟悉的，以及自主的一切（動物們）。同時，拉高的活動力使我們讓步：匆促行動，改變場景，到下一個任務去，駕著戰車加速穿越太空。神話說我們在地下世界不可以使用刀劍；我們只能透過親近搏鬥或丟擲石塊來和陰影掙扎。黑帝斯從未在荷馬式的想像中扮演任何積極的角色[41]。他接受走下來的靈魂。克昂尼說，溫和是他的個性特質[42]。希臘時代稍晚以後，在四世紀時的阿提卡[43]，對死者靈魂的崇拜儀式場景呈現虔敬和親密，而「獻祭動物

---

[39]　譯註：斯蒂芬（Hanrik Steffens, 1773-1845），挪威出生的丹麥哲學家、科學家和詩人。

[40]　原註 22：Steffens, *Caricaturen*, p. 698（《神聖漫畫》）, quoted from Béguin, *Traumwelt*, p. 108（《夢世界》）。

[41]　原註 23：Nilsson, *Geschichte*, p. 455（《歷史》）：「……地下世界的國王改畫，但沒有任何真正傷害……」Nilsson 強調黑帝斯的被動性，這給了心理學方面很重要的提示，說明關於赫克力斯和黑帝斯之間的相對性。

[42]　原註 24：參考「溫和結合著陰鬱」（Farnell）引用在上面黑帝斯的章節中。埃及神話裡的阿努比斯（Anubis）也是溫和的，「是一個關心死者的仁慈神祇」，並且被描寫為「以他的手臂環繞死者的肩膀」。Brandon, "Personification of Death," pp. 334-35。

[43]　譯註：阿提卡（Attica），希臘雅典市的歷史古區。

的鮮血從未溢出」[44]。

我們不要低估了赫克力斯對暴力的偏好。當他抵達黑帝斯，他原想要餵養陰影所要求的鮮血。他想要恢復他們的血氣精力，並將他們從心靈中釋放，進入行動，這樣的本性在他自己的行動中充分揭露了（他屠殺了牛群）。無論如何，赫克力斯崇拜都伴隨著鮮血。克昂尼這麼說[45]，厄琉息斯祕儀的啟始之所以受到阻止，主要原因就是他那被大量鮮血污染的雙手。法壘爾也說[46]：「做為最具雄性氣概的英雄神祇，他偏好雄性動物的血祭，尤其是公牛、雄豬、公羊……他也可能很滿足於被獻上公雞，因為公雞是好打鬥的鳥。」盧西安說：「這個神是嗜食牛肉者。」[47]

或許許多重點放在行動治療上的心理學派，包括歐哈德研討訓練（Erhard Seminar Training0, EST）、擊打枕頭、和伴侶相互尖叫，到依循步驟進行肌肉訓練的行為治療、強壯的羅夫（Rolf）和溫和的賴許（Reich）的肌肉工作，以及東方學派的激烈訓練[48]，每一種模式都與強壯、好戰的赫克力斯有關。這些是對自我的治療。但假如這正是疾病之所在，那我們就到病理的源頭去尋找藥方。唯有我們更深入的目標，將外在的自我聯結到夢，如同英雄與神祇和死亡聯結，我們才真能改變自我情結（ego-complex）。否則，心理治療只不過是多成就一個牛肉愛好者，雖然習得過日子的新信念，

---

[44]　原註25：Rohde, *Psyche*, p. 169.

[45]　原註26：Kerényi, *Heroes* (London), p. 178.

[46]　原註27：Farnell, *Greek Hero Cults*, p. 155.

[47]　原註28：Lucian, *Erotes* 4. Cf. Birgitta Bergquist, *Herakles on Thasos, Boreas* 5 (Uppsala: Acta Univ. Studies, 1973), p. 66; Thasos 的祭典法則說明，山羊和豬都不允許以之做為祭品，女人也不被允許參與祭禮。

[48]　譯註：這些提到的治療，在七、八〇年代的美國相當流行。在此不一一提出。

但都是只有行為而沒意象。

　　英雄自我的啟始，也就是學習如何對夢進行隱喻式的理解（metaphorical understanding），這並不只是「心理學的問題」，只是在治療時將一切加以複雜化。這樣的啟始更是文化性的，是浩大而關鍵的。文化英雄赫克力斯以及所有我們個人的小型赫克力斯自我都模仿著半人半神（Man-God），這是眾多意象中的殺手。這意象驅使它瘋狂，或更確切地說，喚醒它的瘋狂，因為英雄堅持守著這樣的真實，是它可以設法對付的、可以箭矢瞄準的、可以棍棒重擊的[49]。真實等同於物質肉體。因此它攻擊意象，將死亡從王座驅動起來，彷彿看到了意象就意謂著自我的死亡。這個英雄自我將意象字面化了。因為缺乏意象工作所應該的隱喻式理解，因此錯誤行動，並且是相當暴烈的錯誤。

　　赫克力斯在黑帝斯冥界對我們指出，破除偶像崇拜是謀殺的首先行動。我們（基督教）的文化必然有第六戒的約束（不可殺人），因為殺人的可能性已經存在於第二戒當中了（不可雕刻或崇拜偶像）。如果我們知道意象中的神聖力量，那麼除了道德禁令還有什麼可以制止自我的字面化（literalism）呢？缺乏隱喻式的理

---

[49]　原註 29：Cf. L. D. Hankoff, "The Hero as Madman," *J. Hist. Behav. Sci.* 11(1975):315-33。Hankoff 檢視奧德賽、大衛（David）、梭倫（Solon）、庫薩和亞（Kai-Khosrau）及布魯圖斯（Brutus）的瘋狂，他認為英雄的瘋狂是被虛構的；是英雄為了轉換意識以便「從身體力量進入心智靈敏」所使用的策略。他也認為「下降進入虛構的心智症狀的混亂」是一起始儀式，在那之後英雄將達到全面巔峰。不論我們是否如 Hankoff 一樣看待英雄的瘋狂，我們至少可以知道瘋狂元素已植基於英雄故事中。一個強壯的自我似乎只能藉由它自己的對立主義來擺脫它自己，意即，轉換進入失去了整合的自我（ego-disintegration）或是瘋狂。這個普遍性需要藉由詳細觀察瘋狂的極大差異型態，比如說赫拉克勒斯與尤里西斯，以進一步獲得更仔細的說明。當我們由英雄的觀點看精神錯亂（insanity），相較於一般所謂的脆弱自我（心理治療經常汲汲營營於使它強化），瘋狂似乎更是強壯自我的一個功能。

解，所有事物都只是看到的樣子，而且只能在最簡單、最直接的層次來交會。於是每一事物都是對行動的召喚；而這樣處境的英雄也意識到，他身處在只有字面看法所建構的現實裡。這種對現實採取完全不接受其他觀點的觀點，當然是一種錯覺。在英雄自我這個例子裡，這錯覺將自我加以神聖化（self-divinization），也就是人類自我是優越的，是僅有的真實。至於其餘的，都不是真的。

缺少想像的意象理解將盼來殺戮，就像我們的文化完全無法讓野蠻的西方自我有任何的屈服，除非它願意恢復有關意象的古老意識，從宗教改革拘泥於表面文字的碎片中重新找回想像／意象。如今，在塵世凡人和天國上帝之間、在身體自我和抽象大我（Self）之間、在堅固的事實和透明的幻想之間，並不存在任何的東西。進到那兩者之間並沒有任何存在的這個「彷如」（As-If）的開放領域，也就是「中間地帶」（metaxy）[50]，在這裡心靈的想像力形塑了所有的虛構，用他的武器及他的聖經對自我進行悄悄的跟蹤，質疑意象彷如質疑惡魔或幻覺，從他所謂荒原的潛意識創造出他自己相當自我中心的文明及一個沒有靈魂的心理學。

是的，如今我們擔心電視螢幕出現的暴力是和街頭的暴力有所關聯，但是意象和行動兩者之間的混淆，特別是被遺棄想像／意象這行動的暴力，才是我們傳統所在的根基。人類的第一樁謀殺是神性且是意象的，是第一個人類從伊甸園被逐出後所引起的後果：一場謀殺[51]。（既然我們是以神聖的意象創造出來的，我們能做的

---

50   譯註：這個字最早出處在柏拉圖《會飲篇》，是指「之間」或中間地帶。

51   譯註：亞當和夏娃被逐出伊甸園後，該隱和亞伯是他們生下的兒子。該隱因為妒忌耶和華寵愛亞伯而殺了他。這是基督教文化中的第一起謀殺。

也只能是神祇在他們行為中對我們所想像的一切。）螢幕上的想像行動與街頭上的實際行動兩者間的混淆甚至被聖者馬太加以神聖化了，他在福音中（《馬太福音》〔5：29〕）否認心中不貞意象與肉體上的付諸行動是有差別的。如果用字面解釋的觀點來看意象時，所有的想像則必須被禁止，因為這和行動沒有差別。「用字面觀點來看意象」，是和自我在白天世界所使用的是相同的現實主義：這是英雄式的錯誤，赫克力斯式的錯誤，透過對魔鬼、夢境、偶像及所有靈魂意象形式的告誡，以為可以呈現更多猶太教和基督教的福澤。

每一天的早晨我們總是重複著自己西方的歷史，用詮釋的概念向自我解釋夢境，卻也扼殺了意象，而誅滅了我們的兄弟：夢。自我，像是過渡濃烈的黑咖啡（同理心的魔法儀式），追趕夜晚中的陰影來增強他的統治權。沒有人看得見該隱第三隻眼所能見的標記。

對我們而言，處理夢的黃金守則是讓夢保持鮮活。夢工作是保護夢的工作。我們必需拒絕以往很自然且經常在做的那些方式：將夢投射到未來、將夢化約成過去、試圖從夢搾取出訊息。我們為了取得夢的一切，所交換而來的卻是失去了夢。夢的保護意指，保持夢原來的樣子，甚至認定它的樣子是正確的。這意味著夢中所有事物都是對的，除了自我。夢裡所有事物都在做它必須做的，跟隨心靈的必然性，隨著四處漫遊的路徑而走向目標；除了自我之外。河流必然要乾涸、橋樑如此高聳、樹木連根拔起、狗跑走了、舞會中藏匿著下毒的人、牙醫要求拔光牙齒：但只有自我的行徑才受到懷疑。自我容易做錯事並做出錯誤評估，因為它才剛從別的地方來，

在黑暗中是看不見東西的。

就像荷米斯對待赫克力斯，我們看待夢自我如同一位初學者，經由如何作夢與如何死亡的學習，使自己和地下世界更熟悉。它必仍然執著於身體，以肉體（shtula）[52]（印度教）[53]，或 molk（伊朗文化）[54] 的觀點，以完全實際的觀點對待它所見的，就像對待物質世界的方式來反應。夢自我還未具備能量體（suksma）或 malakut 視野來看待暗喻，因此無法洞察其他的形象，直到夢自我學會讓這些形象去看穿夢自我它自己。在這裡，又一次的用赫拉克利特（frg.21, Kirk）的話來說：「當我們熟睡時所見到的，即是睡覺。」[55] 在睡覺時我們看不到清醒世界，我們見到睡神。作夢就是自我藉之以學習「看見睡眠（see sleep）」的一個模式。詮釋的首要任務是要保護這個睡覺，這裡的保護意味著在睡覺中看見（seeing in the sleep），在夢中喚醒夢自我。

---

[52] 譯註：有肉體的意思。印度教有三種身體，Karana 是因果體，Saksma 是能量體或精微體，而 Sthula（這裡拼成 Shtula）是肉體。

[53] 原註 30：shtula/suksma 的區別，見榮格在他的〈論拙火瑜珈〉（C. G. Jung, "Commentary on Kundalini Yoga," *Spring 1975* [New York and Zürich: Spring Publ. 1975], pp. 5-7）所做的心理學討論。

[54] 原註 31：molk/malakut 的區別，見 H. Corbin, *Spiritual Body and Celestial Earth*, trans. N. Pearson (Princeton: Princeton University Press, 1977), pp. 211, 244; also his "Mundus Imaginalis," *Spring 1972* (New York and Zürich: Spring Publ., 1972), pp. 6-10（〈想像世界〉）。

[55] 原註 32：馬可維奇反駁這個看法，認為睡神 Hypnos 腐敗墮落。然而他指出，Snell 將它翻譯成 Traum，Zeller 翻譯成 Traumbild，Reinhardt 翻譯成 Trugbild，而 Kranz 翻譯成 Dämmerung。Burnet 的翻譯：「……所有我們在昏睡沉滯（slumber）中看到的就是睡覺。」

夢工作

讓我們再看看睡覺中的工作。工作和睡覺的關聯是什麼？又是什麼樣的工作發生在睡覺中？為什麼要強調夢是一件工作？

佛洛伊德認為夢工作（dream-work）是「夢中最重要的部分」（*NIL*, p.17）；而且最近對榮格學派分析師的一項調查顯示，絕大多數的榮格學派分析師以夢為他們工作中的最主要工具[56]。夢所做的工作（the work of dreams）及對夢所進行工作（the work on dreams）對深度心理學而言是必要的。這是什麼樣的工作？為什麼要進行這項工作？

首先，我們應該讓「工作」從赫克力斯式的勞力分離出來，而將工作的概念回歸到夢這個例子。在夢裡，工作是富於想像的活動，就像畫家和作家發生的想像工作。並不是所有的工作都是自我以所謂的現實原則來完成的。有些工作是想像以它的真實而完成的，而歡樂和幻想也參與其中。在這裡巴修拉[57]和榮格是比佛洛伊德和馬克斯更好的嚮導，因為像這樣富於想像力活動的工作帶有煉金術的意義，能超越智慧老人意識（senex consciousness）的道德責任。其次，心靈總是在工作，翻攪並醞釀，不去考慮可能的產品，也沒有來自夢境的利潤。如果我們取徑於夢是為了意識而利用它，向它求取資訊，我們等於把它的作用轉向工作的經濟學。這是自我的資本主義，好像產業的統帥在不斷增加他的資訊量的同時，

---

[56]　原註33：K. Bradway & J. Wheelwright, "The Psychological Type of the Analyst and Its Relation to Analytical Practice," *J. Analyt. Psychol.*, 23 / 3, 1978, p. 218.

[57]　譯註：巴修拉（Gaston Bachelard, 1884-1962），法國哲學家，特別是詩學和科學哲學。

也讓他自己和原始材料的泉源（本質 nature）及他的工人（想像 imagination）愈來愈疏遠。結果就是帶來位居高位的人尋常出現的那些疾病。僅僅為了從夢中取得訊息而對夢進行「勤奮地工作」，對生命一點也沒有保障的效果。

在想像中，工作和遊戲是沒有分離的，現實和喜悅是一體。這表示我們也許要拋開遊戲人（homo ludens）[58] 的主張和最近的遊戲哲學。（這些哲學將小孩和純真者尊貴化，一如當代的新神祇。）這些哲學本身是對基督新教教義的節日及工作倫理的反叛殘留物。這觀念依然是將工作和遊戲加以對比的，在兩者之間和同時擁抱兩者的就是想像力。在這中間地帶，夢工作和幻想遊戲是沒有差別的。

夢工作是由情結完成的，這一點榮格已於 1906 年就指出，在他討論情結和夢中形象的關聯時（CW 2：§ 944; cf. CW 8：§ 202）。這些情結是「小小人」（the little people）（CW 8：§ 209）以如詩體的韻律一般運作，手指在想像力的原始土壤上認真的工作。他們是在夜裡守護地下寶物的精靈，是地下世界的工匠和迷宮的製造者，也是無法停止形塑的手工藝人；或以榮格的語言來說，是構成我們所謂現實的那些心靈幻想的持續活動（CW 6：§78, 743）。夢是由在人們自己內在的人所製造，也就是由在我們每個人裡面的情結化身而成的人所製造，這些「人們」在夜裡最能自在地出現。為能瞭解一個夢，我們必須小心檢驗這些「人們」已加工製造的產品，以及他們相互的關係如何運作而產生我們所謂的夢。

---

[58]　譯註：*Homo Ludens* 是荷蘭學者 Johan Huizinga（1872-1945）在 1938 年的作品，相對於智人（homo sapien）的觀念，他主張遊戲人也是一個社會科學的理論模型。

夢是當我們閉上雙眼時，虛幻的人物就開始進行塑造的心靈工作。赫克力斯這麼說（frg.75, Wheelwright），有一種形成的過程發生在晚上，因為「睡覺的人是工作的人」，「也是參與宇宙事物的合作者。」

就是夢工作這事，佛洛伊德宣稱保護睡眠是夢唯一真正的目地。這個睡眠，我相信佛洛伊德所說的不是生物學上的睡眠，而是浪漫主義所說詩意的睡眠。我相信佛洛伊德也暗示了浪漫詩意的睡眠，因為他在睡眠看到的是轉身向原發自戀（primary narcissism）（TD, p.138）；原發自戀正是又一個取自神話的詞彙，同時也是富有詩意而受人歡迎的神話基本主題。納西瑟斯（Narcissus）會是想像的守護聖人嗎？這個反射倒影是他的愛全部付出的對象，也是他的愛得以完成的方式，將他帶到地下世界。

納西瑟斯與夢

藉由自戀和納西瑟斯，我們試著用不同的角度來看佛洛伊德整個夢理論中最受激烈辯論的觀點：對「所有的夢都是願望的實現」（NIL, p.41）這句話進行整體的解釋。榮格學派對佛洛伊德假說的批評集中在「願望」，卻忽略了「實現」。榮格學派的批評這麼說，夢不是願望，因為相當明顯地，我夢見的所有一切遠遠超過我會想要的願望，但是這觀點並沒有更深入地探究夢在實現這方面的本質。因此，且讓我們這麼問：「假如夢的內容是願望實現的再現」（OD, p.61），那麼是什麼恰恰滿足了本能的願望？夢工作本身是我們唯一的答案：夢中製造的意象滿足了本能的欲望。納西瑟

斯的欲望經由倒影中身體體驗的意象而實現了。至於其它的，欲望都不想要了。[59]

為了掌握住這個結論的基進性，我們需要回想一下佛洛伊德學派的理論。當晚上睡覺時，控制力鬆弛了，本我這一騷動翻騰的大鍋帶著它力比多的欲望，沸騰了並且燙傷了我們，其中充滿著多樣化且倒錯的性願望，是心靈的審查機制不容許我們帶進入睡眠的。將這些性衝動轉變為可接受的、偽裝的心理機制，就是夢工作。它所有複雜的勞動就是將潛伏的性願望變形為顯露的心像（imagery）。這個心像有部分是容許本我釋放的，部分讓我們在真實的一切（性方面的）正在發生時依然可以保持平靜。因此，夢工作之所以如此重要，是因為它使性本能和睡眠本能兩方面都獲得滿足。簡而言之，夢工作實現了本能的需求。

在這裡，我們可能比剛開始的想法還更接近榮格。榮格認為原型意象是本能的再現，是它們的另一面。意象透過引導本能朝向它的目標讓本能得以完成，或以佛洛伊德的話來說，是讓本能實現。因此，對佛洛伊德和榮格兩人而言，睡眠中所發生的工作滿足了本

---

[59]　原註 34：自戀（Narcissism）沒有說明納西瑟斯（Narcissus）的情形，甚至還曲解了故事。納西瑟斯不知道他在池中看到的是他自己的身體。他相信他正在看的是另一個生物的美麗形體。因此這不是對他「自己的」影像的自我之愛（self-love；自戀），而是對同時出現在眼前的身體、意象及倒影的美景的愛。更進一步見 Louise Vinge, *The Narcissus Theme in Western Literature,* (Lund, 1967)。自從 Vinge 之後，這個主題的兩篇重要論文使我們的了解更加深入：M. Stein, "Narcissus," *Spring 1976* (New York and Zürich: Spring Publ., 1976), pp. 32-53; P. Hadot, "Le Mythe de Narcisse et son interprétation par Plotin," *Nouvelle rev. psychanalyse* 13 (1976): 82-108（〈納西瑟斯神話及普羅提諾的解釋〉）。Hadot（p. 90）將納西瑟斯與戴奧尼索斯及普西芬妮連結在一起，因為「地府的」（chthonic）元素（潮溼、催眠性的睏乏、死亡）是他個性中的特質。我想要再強調，「自戀」的地府本質由這個意象所具有的顯著重要性更被彰顯出來，是要將人帶進深處。

能的或原型的需要。這個滿足不是經由夢的意義，智性的意義，因為夢是如此驚人地難以理解。就如同佛洛伊德說，夢不是用來溝通。願望的滿足也不是藉由夢中的內在情緒和行動滿足，好像我們的欲望是可以經由本能的夢境，打鬥、性交、吃、逃等等來得到實現。這類的夢不那麼常發生，同時一個人從這類夢醒來後不那麼常帶有實現的滿足感。不是的，夢所帶來的這種實現是自戀的，是讓納西瑟斯滿足的。本能經由一些神奇的方式，在夜晚世界透過自己的意象（屬於自己的意象）而獲得滿足，彷彿心靈藉由意象看到自己的倒影就夠了，彷彿以詩意的形式去想像它生理的身體和需求、它的愛和它自己的自體就夠了。

佛洛伊德的理論從科學上來看是十分生物學的，以致我們不自覺地忽略了其中的浪漫主義。如同佛洛伊德自己指出，納西瑟斯正是洩露（giveaway）。畢竟，血液和腺體（blood-and -gland）的本能需求是要用它自己的方式來實現。然而，佛洛伊德堅持主張，本能願望的整個滿足過程是內在的，完全是心靈的或自戀的。不需要任何外在的事件，沒有奮戰或奔逃、食物或前戲，或任何其他 f 字頭的詞語。來自本能的渴望單由意象就可以被取悅，而心靈依然安詳沉睡著。作夢變成一種超級的本能：它滿足其他的本能渴望，包括睡覺的需要，也自戀地滿足它自己對意象的要求。

我們可以將佛洛伊德的理論放到柏拉圖《克拉梯樓斯》（*Cratylus*, 403-04）的語言裡。在文中，蘇格拉底問：「是什麼讓靈魂留在地下世界？」（佛洛伊德問：「是什麼讓心靈繼續沉睡？」）答案是：欲望（願望）；靈魂希望能留在那裡，因為它在那裡找到滿足。而是什麼使欲望得到滿足？（是什麼使願望得到實

現？）答案是：黑帝斯樂於助人的睿智（404a）：「他有關所有崇高事物的知識」，而這裡也是他自己名字本身的起源（*eidenai*）。也就是說，黑帝斯和文化內涵（eidos）與幽靈（eidene）有著隱藏的連結，這些意象給予的原型智力。因此，滿足我們最深處願望的是黑帝斯，而在他夢裡的是原型觀念的智力；我們必須入睡才能看到這些原型觀念。正是這些意象，這些看得見的觀念，實現了靈魂欲望，隨著它沉入夜晚時餵養以智力。或者如浪漫的馮·巴德[60]說的：「意象對靈魂有益！它們是它真正的食物。」[61]

最好的食物是神話的意象。心靈和心理學從神話獲得最好的滿足，這個前提我們就立刻想到佛洛伊德風格如何使用舊神話而加以重寫成新神話。我們也可以發現榮格表現了同樣的理論性前提。當然，在他們兩人之前，浪漫主義已經如此做了。他們尤其認為神話和夢兩者之間的相似之處。凡·修伯特（von Schubert）[62] 已經指出，夢中的象徵心像和希臘戴奧尼索斯崇拜裡或厄琉息斯祕儀裡的象徵心像，彼此之間有著精確的平行性[63]。

雖然夢本身對清醒生活沒有任何興趣（*CP* 5: 150），但夢工作做為本能的滿足，對清醒生活卻仍有影響力，即使這影響不是直接的，基於夢進行的自我諮詢對生活也沒有有利的聯結。如果直接從夢中粹取忠告沒有太多用文化，那夢的效果又是如何發生的？

60　譯註：馮·巴德（Fraz von Baader, 1765-1841），日耳曼天主教哲學家。

61　原註 35：Fraz von Baader, *Tagebücher aus den Jahren 1786-1793* (Leipzig, 1850), quoted from Béguin, *Traumwelt*, p. 109.（《日記 1786-1733》）

62　譯註：凡·修伯特（Gotthilf Heinrich von Schubert, 1780-1860），德國醫學家兼自然學者。

63　原註 36：G. H. von Schubert, Die Symbolik des Traumes (Bamberg, 1814).（《創傷的象徵》）Cf. Béguin, *Traumwelt*, pp. 137ff., especially p. 142.（《夢世界》）

拿夢來和神話、療癒儀式和宗教祕儀來做比較，就明白改變是來自參與其中，即使沒有直接的解釋介入。並非夢之後有關這個夢可以怎麼說；而是夢之後從中所擁有的體驗。從夢和祕儀的比較中可以知道，只要夢依然栩栩如生才仍然會功效。阿斯可勒庇俄斯[64]的治療儀式端賴於作夢，而非對夢的解釋。這對我而言，這意謂著夢會遭到詮釋者的扼殺，因此將夢當做傳遞訊息給自我的這種直接運用，比起夢依然是謎樣的意象，其實是更不可能改變意識和影響生命的。因此寧可將夢帶來的憂鬱整天留存在自己的內在感受裡，因為這比「知道」它的意義（性衝動、母親情結、邪惡的攻擊、守護者……任何你想得到的）都還要好。一隻狗活生生的，好過一個人被塞滿了想法或是由詮釋取代了。

　　如果要讓夢意象在生活中繼續作用，就必須像神祕經驗一樣，是要徹徹底底真實體驗的。當我們和意象失去了連結，當意象的真實只是衍生物，解釋於是就出現，如此一來這個真實必須透過觀念的翻譯來加以恢復。這樣一來意象的睿智也就被我們自己的理解力來取代了，而不是意象繼續告訴我們它的睿智。意象經由對本能的滿足，在它們本身就可以改變我們的生命方式，就如同其他本能的要求獲得滿足也是一樣的。在解釋都還沒開始之前，夢已經對意識和它的白天世界中開始進行工作了：將日間的殘留物消化成為靈魂材料；將個人的行動和關係放入夢的幻想，讓這一切成為夢敘事的一部分，將白天世界編織成另一個故事。只有這樣的改變，也就是靈魂層次的改變，才可以影響一個人心靈上如何去看自己的行動

---

[64]　　譯註：阿斯可勒庇俄斯（Asclepius），希臘神話中是阿波羅之子，手持蛇杖，是醫療之神。

和關係。至於其他的改變，那些意圖經由自我的路徑來做意識修正的，是意志的企圖。這些是赫克力斯的努力，而不是納西瑟斯的倒影。這些針對生命的直接詮釋，只是在地下世界中拋擲出新的陰影，一個又需要補償的新行動，進一步贖罪的修正工作。

夢的表裡不一

對夢的直譯同時也以另一種方式背叛了夢：直譯從夢選擇了訊息而偽造了夢的曖昧。然而，為什麼有關這主題的作者特別關注夢的曖昧呢？首先要說的是，夢中可見的真實經常都不是曖昧的。意象是以明確的形體出現的：蛇是銀色和巨大而就躺在臥室的地毯上；警察是蹲靠在左側的屏障而同時身前有盾牌；我打開門就看見了喜劇演員格魯喬‧馬克斯（Groucho Marx）。當我碰觸到柔軟的肌膚、聽到清晰的聲音陳述著想法、聽到複雜的音樂熙熙攘攘，或是讀到清晰印在頁面上的整段句子時，我的是感覺到的或是憤怒、或是恐懼，或是全然湧上的慾望。

因此我們必須清楚區分，具體而明確的夢意象是不同於人們作夢後的模糊感覺，那是因為夢是被捕捉到白晝以後才變得滑溜，難以捉摸和必然的含糊。這是因為過渡到白晝會給夢帶來陰影的質地？我們都知道這是個多麼藝術的過程，並不是因為夢，而是因為對夢的重新記憶。

然而，確實有些夢是模糊的。不過，且讓我們將模糊（vagueness）當作是有用的現象。不透明（opaqueness）、難以捉摸（elusiveness）、含糊其辭（equivocation）、不精確（indefiniteness）

夢與幽冥世界：神話、意象、靈魂

於是必須是夢形狀的一部分。這些特性是屬於意象的，並不一定是白天意識對地下世界理解粗淺導致的「失誤」。

模糊特性將夢放在雲區，是水和空氣的混合；不透明特性則是水和土的混合。難以捉摸快速飛來飛去的夢是墨丘利之火的精確呈現，就像那些冗長費解而沒有出口的夢，像繞著大地轉的迷宮。一個夢境如何來到，就已經是它陳述的一部分，表達了基本的條件。我們可以說：夢新臨的風格可以說成文學文體。這些文體不只是反映作夢者人格類型的差異，也不只是某種精神病理學的傾向，比如憂鬱者的夢簡潔、歇斯底里者的夢則熱情洋溢，而分裂傾向則是怪異的夢。[65] 我們要認識到意象產物的文體是多樣性的；而夢工作就像是任何「建築」（*poesis*，指把圖象文字化）[66]，它的形狀不僅是來自夢的內容，也來自所呈現的方式。

這樣文字上的反思可能可以幫助分析師避免於任一可能的錯誤。我們時常使用某一元素或某一季節（諾思洛·普弗萊）[67] 做為標準，來譴責另一類的產物。為何就不能有夢是關於冰的、關於燃燒中的房子、關於水位上漲而牆塌的？難道飛上天就是膨脹般而溺水必然是危險？還是我們忘記了珀耳修斯 [68]、伊卡洛斯 [69]、柏勒洛

---

[65] 原註 37：我主張好好審查這些精神醫學症候群合併了詩意文體的夢；參見 Annabel Patterson, *Hermognese and the Renaissance—Seven Ideas of Style*, Princeton: Princeton Univ. Press, 197, pp. 44-68。

[66] 譯註：古希臘文 Poesis 或 Poiesis，指的是將某個東西變成過去不曾有過的存有，有具體化形成的意思。

[67] 譯註：諾洛普·弗萊（Northrope Frye, 1912-1991），當代文學批評家，加拿大人，他的神話原型批評理論一度是不遜於馬克思理論或精神分析理論的文學批評。他以四季為原型圖表，各有指涉。

[68] 譯註：珀耳修斯（Perseus），希臘神話的英雄，征服了美杜莎，憑藉雅典娜的盾和翅膀，後來成為英仙座。

[69] 譯註：伊卡洛斯（Icarus）在希臘神話中用蠟造的羽翼逃離克里特島，卻因飛太高而遭太陽融

豐 [70] 都必須透過空氣才能想像自己是奔向目標的；而透過在水中溶解使老國王在煉金術中有改變，雌雄同體才得以誕生？而且這些元素性或季節性的內容，也可能出現在夢的措辭、夢的火焰、夢幽默的滋潤和腫脹的誇張，而呈現出寶石般的寒光。當來訪者的夢不符合分析師認為該夢素材應有的風格時，分析師也經常就會懷疑個案是「潛伏性精神病」（latent psychosis）。[71]

通俗劇一般的可憐夢境裡，每個人改變了性別和認同，死亡而又復活，這是水性想像的風格；就像火性的想像，突然出現，迸發，一閃而逝。在緩慢的夢裡，一切春暖花開（女性懷孕的可能出現的夢），這並不意味著療癒或個體化正在發生。這些夢僅僅是因為屬於夏季的文體，屬於某一季而已。這風格可以理解為在原型上屬於某特定夢的某些特定意象的修辭，而不是引發期待的一般過程中的部分，這反而會誤導我們對隨之而出的夢材料的理解。

當我們將夢作為材料來說（在下一節會有更詳細的說明），就要先瞭解巴修拉對想像元素的研究。他的物質詩學（poetics of matter）幫助我們看到夢風格所呈現的元素：火、空氣、水和土。我們透過他的學說而知道：風格或文體是最具元素類別的夢內容。這裡的每個元素，都具有許多含義。火既是可燃的暴力，也是明亮、溫暖和冥想的反思；保護著生命，推動著生活，也淨化了死亡。想像元素是不同於科學元素的，有著多重價值的特徵。

化跌入海。

[70] 譯註：柏勒洛豐（Bellerophon），希臘神話的英雄，征服天馬珀伽宇斯（Pegasus），但最後被牠摔下而死。

[71] 原註 38：「我並不期望傾聽流水的他可以聽懂火焰的歌聲。」Barchelard, *On Poetic Imagination*, p. xxiii（from *La Psyanalyse du feu*, p. 178〔《火的分析》〕）

夢的曖昧就存在於想像的本質，就像是流動的河就是必須要移動（參見赫拉克利特，frg.12、49、91）[72]。心靈的本質就是運行的原則；而這一點，亞里斯多德也看見了。任何能「代表」某種心靈意義的意象是能夠讓心靈流動立刻停滯的。這徵兆就如同榮格譏笑的：意象所指涉的並不具任何想像力。夢之所以是夢（而不是符號、訊息或預言），是在於沒有單一的解釋、單一的意義或是單一的價值。巴修拉指出：「在想像的領域裡，沒有一種價值是沒有多重價值（polyvalence）的。」[73]夢的曖昧在於意義的多重性，它們內部的多神崇拜；事實上，在夢裡的每一個場景、人物或意象當中，榮格會說「這裡面都有著對偶的內在張力」。這張力不只是對偶，更是多重的相似性，無盡的可能，因為夢是靈魂本身，而靈魂，就像赫拉克利特所說的，是無盡的。

意象可能是明顯的，但意義是多邊的。例如，在一個夢中，我正在奔跑和被追趕。這是否意味著：我正在奔跑，因為我被追趕著；或我被追趕，因為我正在奔跑？或是意味著奔跑是為了感受到追趕；當我奔跑的狀態是個追趕者？另一個意象：我開車和車子在路上熄火，這是夢中明確的狀態。這是否意味著：我把車開到熄火；或是當我開車時，車子自動熄火；甚或是我潛意識裡故意將車子開到熄火？到底我「開車」和「熄火在路旁」之間有什麼關係？

---

[72]　原註 39：Cf. Barchelard, *L'Air et les songes* (Paris: Corti, 1943): Ch. 1; "Imagination et mobilité." （《空氣與夢想》〈第一章：想像力和能動性〉）

[73]　原註 40：Barchelard, *On Poetic Imagination*, p. 83 (from *L'Eau et les rêves*, p. 17) （《水為沉思》）。參考他的《空間詩學》（*La Poetique de l'espace* [Paris: P. U. F., 1967], p. 3. My trans.）：「詩的意象是變化的本質。這不像觀念那像是構成的。」（譯按：本書有中文譯本，張老師文化出版）

表裡不一或多重性不是存在於確切的意象當中，而是存在於意象的意涵。然而，多重意涵的可能將必須是存在於意象之中，即便意象的輪廓是清晰的。事實上，表裡不一是想像力的基本法則，這一點巴修拉表示：

　　想像力沒辦法給予雙重生活的物質（matter），就不能扮演基本實體（Substance）的心理角色。無辦法引出心理矛盾的物質，就不能發現其中提供了無盡調換（transpositions）的「詩學替身」（poetic double）。這樣一來，雙重的參與（double participation）是必要的：渴望與恐懼的參與、善良與邪惡的參與、黑與白的和平參與，有這些雙重參與才能夠讓物質元素包含了整個靈魂。[74]

　　巴修拉「黑與白」這個名詞，可以回溯到菲洛斯特拉托斯（Philostratus, 生於西元 191 年）[75] 對經典意象的描述。在這本書裡，他以簡潔的意象來呈現基本理念、主題和人物，例如：夢神是一個「『輕鬆姿態』站立的人，裡頭是黑衣，外面披著白袍。」[76]
　　在這裡，我們對這些以幻想形式呈現而表裡不一的夢有所疑問。我們同時看到了兩方面：一裡一外，一白一黑。夢本身的穿著是懶洋洋地放鬆，彷彿是在說：「我不是充滿張力的人。我能輕鬆

---

[74]　原註 41：Barchelard, *On Poetic Imagination*, p. 83 (from *La Terre et les reveries du repos*, p. 83〔《大地與休息的思維》〕)

[75]　譯註：菲洛斯特拉托斯（Philostratus）這名字在古希臘史有好幾位人士。最有名的一位應是 170/172 年生，247/280 年去世，人稱雅典人的辯士。但這裡指的這位，應該是《想像》（*Imagines*）第一卷的作者，是其繼子，正式的全名是 Lemnos 的菲洛斯特拉托斯，西元 190-230 年。

[76]　原註 42：Philostratus, *Imagines* 1. 27, Loeb Library (London: Heineman).

地承受這一切。這是我自然的起身，一種我喜歡出現的方式。這是你們分析師和解釋者的問題，你們把我說成是天生的二元、對立和張力的人」。所以，解釋者把黑與白或一裡一外的服裝說成是：正向和負向，主觀和客觀，潛在和明顯，雄性和雌性，物質（gē）和靈魂（chthōn），牛角和象牙，生命和死亡。他們宣告要進行的任務，就是將黑的變成白的，或是倒過來把白的變成隱蔽的黑色，或是聯合起對偶來做為補償。不論我們是怎麼做，夢的呈現是自身表裡不一的袍子，清楚說明了：意義的模糊是其慣性的表現。如果夢是清醒自我的老師，那麼表裡不一則是它所傳授的核心教導。然而，表裡不一是諷刺性的戲謔多於邏輯上的矛盾；在詮釋上，不是對偶的，而是戲謔的。難怪人們會詢問荷米斯[77]關於他們自己的夢。

夢，死亡的工作

讓我們想想，夢工作如果是幹活兒，這工作更像個修補匠（bricoleur），而不只是審查員（censor）[78]。審檢員讓人聯想到道德，或是暗示著密探、密碼或偵查等。而修補匠卻是手巧的雜務工，能夠把白天殘餘的垃圾取來，毫無目的地隨便做做，慢慢將這些殘餘拼湊成一幅拼貼畫。當塑出夢的這些手指在破壞了這些殘餘最原初的感覺時，同時將這些殘餘依新的脈絡形塑出新的感覺。如果夢正如佛洛伊德所說的，是有關本能的，那麼就是要依據這兩個

---

[77]　譯註：希臘神話中，神的使者荷米斯也是亡靈進入冥界的接引者，以調皮著稱。

[78]　原註43：Cf. C. Levi-Strauss, *The Savage Mind* (London: Weidenfeld, 1966), pp. 16-36; also *RP*, p. 164。

原則，愛和死亡。死亡是廢料零售商，它把這世界拆解成零件，分離或破壞其整體的連結（*EI*, p.53）；而愛（繼續使用佛洛伊德最初的隱喻）則是把世界焊接成新的整體。夜間的想像力從生活中抽取出事件，而聽命於死亡本能的修補匠則是在白天殘餘物中找尋有用之物或糧草，將個人世界越來越多的經驗垃圾從生活中移除，因為愛的緣故將這一切轉移到心靈之中。

想像力的運作在同一時刻的去除形式（deforming）和形成形式（forming）。巴修拉曾經討論「想像力裡的去除形式的活力」，彷如想像力運作形成的因素主要就是去形式原則或將意象病理化（pathologizing）的原則[79]。病理化或去形式的意象是煉金術和記憶的根本（*MA*, p.192f.），這兩者皆呈現了靈魂形成的情結方式。在夢裡病理化的意象是古怪、罕見、生病或受傷的人物，也就是破裂的元素；而我們必須找到為這些進行夢工作的鑰匙。這裡是夢的形式因素進行去形式工作的最佳地方，將夢的類型鑄打成想像力的彈性。

這時似乎有個什麼東西（或許是心靈本身），似乎在想要的同時卻又要抗拒這些形成不自然形狀的扭轉。一方面，在佛洛伊德的想像中，心靈在最嬰兒的狀態是倒錯的：原始本能的小孩自然就是扭轉的。而另一方面，我們內在還有另外的東西，在同樣深的地方，想「一切都不是極端的」，想要保持在自然地平衡和和諧的幻想之中。

煉金術對於這個兩難困境的解決之道，是將去形式的工作視為

---

[79]　原註 44：Barchelard, *On Poetic Imagination*, p. 19：「想像力永遠可以視為形成意象的能力。但它更是將感知的意象加以去除形式，將我們以當下的意象解放出來的成員。」

「違反自然的工作」（opus contra naturam）：一種違反自然卻因此服侍活生生且具有靈魂的更廣大自然。煉金工作必須把自然去除形式以服務自然。它必須傷害（煮沸，截斷，脫皮，腐敗，窒息，淹沒等）自然的天性以釋放活生生的自然。如果要將心靈納入考量，只有自然是不夠的。靈魂製造就像政治、農業、藝術、愛的關係、戰爭等等任何其他富有想像力的活動一樣，都是需要工藝的，需要獲得任何的自然資源。然而，只接受自然所給予的一切是沒法讓完成這歷程的；還需要一些從中製造出來的東西。而這些顯然是某個來自靈魂深處的東西，從唯一的自然中奪取出來的：我們經驗了這一切彷若是倒錯的扭轉或彷若是酷刑和折磨的病理化扭轉之後，被迫在靈魂製造之所在的這個扭曲又彎折的迷宮中摸索我們的出路[80]。分析是針對這些扭轉的推敲，轉而面向我們稱之為情結的本性中，然後讓這一切趨向消散（lysis），也就是一條出路。我們向來是假定病理化來自情結，而情結來自歷史的力量；然而情結為何不是來自我們的性格本身，這個與生俱來的本質？自然人難道不是從出生開始就是情結？難道不是從一開始，諸神就是披上我們的情結作為外衣而透過這些情結來發言的這些內在具有極端張力的複雜人物？

因此，當文藝復興時這些意象的製造者將王國的鑰匙交到黑帝斯、普魯托的手中時，這一切要表達的是：啟動祕儀（所有隱藏在靈魂內部的所有）的開啟鑰匙，是在神的手中，祂將透過去除形

---

[80] 原註 45：酷刑（torment）、折磨（torture）、扭轉（torsion）和侵權（tort，錯誤、傷害）在字根上與彎折的（tortuous）和陸龜（tortoise，靈魂扭曲而緩慢的移動）是同源的。以下也是同源的：翻騰（writhe）、強取（wrest）、扭曲（twist）、環繞（wreathe）、皺（wrinkle）、擰（wring）。

式而將事物從自然中取出而再放到心靈之中[81]。對自然的毀滅、殘酷、傷害、缺乏和掠奪，甚至是所有在夢中不合常理的事件，將可以經由黑暗的光而完成。

巴修拉堅持，對想像力來說是必要的這些充滿活力又可流動的新意象，將可以引導它去找尋尚未公認的、意義尚未靜止的意象。他問說：「我們要如何將意象從我們熟悉的記憶中，從過於穩固的根基中，鬆解開來？」[82]當這一切對我們已經有了某種意義，我們又如何加以撕開而讓它自由呢？我們或許會說：透過去除形式的衝擊，尤其是病態化的去除形式，可以讓意象恢復能力以儘可能地擾亂靈魂，這樣一來意象貼近了死亡，在這同時又讓意象再次復活了。這些教人驚嚇的夢（我們記憶最深的惡夢就是典範），是最能擾亂靈魂記憶（memoria）的。[83]

對夢進行工作是夢工作以後的事。我們對夢的工作，不是像佛洛伊德所說的拆譯（unravel），不是去恢復（undo）夢境未做的部分（undoing），而是運用我們工作的相似性去回應夢境，目的是像夢般地說話，像夢般地想像。對夢工作不是要放棄分析，但這分析是依循原型原則而帶出不同於平常的態度。當然，分析意味著分離及區別的產生。夢於是被撕開甚至是侵入，這對智性及區分能力來說，確實是必要的破壞性工作。然而現在，用來進行夢分析的原型，不僅用來讓夢意識化（而意識意味著陽光），也將這破壞性的分析和黑帝斯作連結。黑帝斯將從所有自然的預設狀態、所有對未

---

[81]　原註 46：Farnell, Cults 2: 556.

[82]　原註 47：Barchelard, *On Poetic Imagination*, p. 21.

[83]　原註 48：Cf. my "Essay on Pan," with W. H. Roscher, "Ephialtes," *Pan and the Nightmare, Two Essays*, (New York and Zürich: Spring Publ., 1972).

來的預想當中取走生命；或是憑藉修補匠及他荷米斯一般的手藝，將我們想要抱緊的一切東西都給偷走。

分析性的撕裂是一回事，概念性的解釋又是另一回事。我們可以有夢的分析而不需夢的解釋。解釋將夢變成意義。夢本身被翻譯所取代。儘管我們將意象的血肉和骨頭解剖分開，對它們內部連結的組織進行檢查，在細部裡四處走動，但夢的本體還是攤在桌上。我們不曾詢問夢的意義是什麼，而是去問這夢是誰，是什麼，又是如何了。

我們也許瞭解了，首先對夢的阻抗，是對黑帝斯有「自然」本性的阻抗。對於夢境，我們「記不得」，因為變模糊了、忘了記下來或太潦草無法辨識了，然後強調夢相當滑溜而來給自己找理由。然而，如果每一個夢都是踏入地下世界的一步，那麼對夢的記憶就是死亡的回憶，因而在我們的腳下迸開了可怕的裂縫。另一種選擇是：愛這些夢，迫不及待進入下一個夢，像是熱情少年（puer）的心理狀態看到的，這原型和這舒適的死亡相愛的程度是如此強烈，以致看不到下面的一切。

又一次地，表裡不一了。這一次的表裡不一是恐懼和慾望。我們就像波瑟芬妮一樣，既同時要抵抗又被吸引，有時抓住的只是一半的經驗，像抗拒夢的擄掠一般地掙扎，但同時又投向夢的懷抱，並坐在夢的寶座上掌權。黑帝斯除了作為破壞者及情人以外，他還有無法比擬的才能。跟夢進行工作就是要得到這隱藏的才能，要在夢裡跟神溝通。因為夢既是黑也是白的，夢的智力不是完全模糊也不是完全清楚。

赫拉克利特（frg.93）在相似的脈絡下也觀察到類似的情

況：「在德爾菲[84]神的神諭，既沒有說出也沒有隱藏，只是給出訊號。」馬可維奇（Marcovich）在他的評論說：「這樣的說法就是個意象（隱喻）。」「它的意涵可能如下：『就如同阿波羅既沒有說出也沒有隱藏，祂只是呈現出事實的一部分，邏各斯[85]所存在的一切也是如此，既不是為人類的知識所觸及，也無法不驗自證（self-evidence），只能透過人的智性努力』，也就是，洞悉力（insight），或是對邏各斯發出的信號可以正確解讀的本領……。」[86]

這種智性或想像力的努力，是清醒自我對夢的貢獻。我們可以稱這努力是西方的塔偉經義（ta'wil）[87] 版本[88]。這智性的努力引導我們進入夢，努力跟隨想像力去除形狀而帶來的引導，在那裡註解是出口／死亡（exitus），將引導生命跳出生命，在這時夢的解釋不是生命科學而是死亡科學，像是哲學化一樣也是將生命引導到死亡。

前頭塔偉經義（ta'wil）引導著夢回到它的原型根基，回到它的背景，也就是引導夢既是「進入」靈魂也是「離開」生命[89]，然而對原型背景這樣的發現帶出了原始性（primordiality）的感覺，一切開始的開始；用巴修拉的話來說：「生命湧起的狂熱浪濤。」「在我看來，原型儲藏著熱情，讓我們能相信這世界，能去愛這世

---

[84] 譯註：德爾菲（Delphi），泛希臘信仰的聖地，崇拜阿波羅，在此過視可以獲得神諭。

[85] 譯註：邏各斯（Logos）在希臘哲學中是支配萬物的規律性或原理；亦有人譯成「道」。

[86] 原註 49：M. Marcovich, *Heraclitus, op. cit.* "Abbreviations," p. 51.

[87] 譯註：參考第一章註 9。

[88] 原註 50：Cf. H. Corbin, *Avicenna and the Visionary Recital* (New York: Pantheon Books, 1960), pp. 28-35.

[89] 原註 51：參考本書第一章原註 1。

界，能創造我們的世界。」[90] 我們從夢移到這世界的快樂不是直接完成的：從夢直接到世界；而是間接的：從夢到原型再到這世界。而第一步就是經義（ta'wil），這是這世界的出口。

我們對夢工作採用深度心理學這一名詞，來表達夢邏輯的和最嚴肅的推論。夢引導我們從榮格回到佛洛伊德，再回溯到在佛洛伊德之前的浪漫傳統；這傳統可以用赫拉克利特未完成的作品來引述，他的作品是我們視為有關靈魂深度隱喻的源頭，我們也視他為西方傳統上的第一位心理學家。就像我們之前提過的，赫拉克利特提出所謂的領導者（archon）或是所有東西的根本原則，不是空氣也不是水，不是原子也不是數字，不是衝突也不是愛情，而是靈魂[91]。

　　當我們活著的時候，我們的靈魂是死了並埋葬在我們之內，
　　當我們死了的時候，我們的靈魂又再次恢復生命而活著。

（frg.26）[92]

---

[90] 原註 52：Barchelard, *On Poetic Imagination*, p. 97 (*La Poétigue de la rêverie*, pp. 106-07〔《沉思的詩學》〕).

[91] 原註 53：赫拉克利特的風格本身是心理學的，也因此經常被直率思考的哲學家嘲笑。他被護教神學的羅馬主教希波律陀（Gippocytas）稱為「謎語之人」和「黑暗」。他的雙關語儘管永遠是曖昧的，他的想像永遠是敏銳的。他使用暗喻和明喻。他說話的方式將黑和白放在一起，或佛洛伊德所謂根源觀念的矛盾意義。赫拉克利特是一位酒神式的思想家，這是 F. M. Cornford 的說法（*From Religion to Philosophy*,[New York: Harper & Row, Torchbook, 1957], p. 183）。或者像 B. Snell 說的：「所以赫拉克利特文字遊戲的偏好並沒成為機智的聖人，但他永遠指出邏各斯奇特的雙工程，一種雙獨特的獨特。」（〈赫拉克利特的語言〉〔"Die Sprache Heraklits," Hermes 61, (Berlin, 1926):373）W. K. C. Gathrie 也討論了赫拉克利特的風格：悖論、象徵和睿智的朦朧（*A History of Greek Philosophy* [Cambridge: Univ. Press, 1962] 1:410-13）。

[92] 原註 54：Cornford's paraphrasing in his Greek Religious Thought (London, 1923), p. 81.

在這一段文字裡，「死」可以放在夜間世界的脈絡來解讀，也就是放在夢世界。以下是馬可維奇翻譯的相同段落：

人在夜晚為自己點燃一盞燭光，

即使他的視覺是熄滅的，

即使活著，他只在睡著時是觸碰死亡的，

即使醒著，他也觸及睡眠的人。

——馬可維奇

換句話說：「睡」將我們放置的位置可以觸及「死亡」、「幽靈」（eidola）、「本質（essences）或「意象」；「清醒」將我們放在可以觸及「睡者」的位置，是自我意識的人格。用浪漫主義的觀點來看：我們在睡眠時，是清醒的，是活著的；我們在生活的，反而是睡著的。（參考 frg.1）

在另一個未完成的作品（frg.89），赫拉克利特說：「清醒，讓我們有一個共同的宇宙（cosmos）；相反地，睡眠，讓每個人進入其個人的世界。」在每人的個別宇宙中，是夢工作產生的地方。夢工作的目的是讓來自白天觀點及自然觀點的靈魂得以個體化。因為夢的個體性，想要對夢提出普遍的概念必然會失敗的。就像赫拉克利特所說的（frg.113, Freeman）：「思考的能力是都一樣的」，但是「靈魂有它自己的邏各斯，這是依循靈魂的需求而長成的」（frg.115, Freeman）。透過對白天殘餘物的消化及轉化，依循靈魂的邏各斯（智性）而非一般思想的規律，夢工作可以形成個體化的靈魂。然而，這不可能只靠白天世界來完成，赫拉克利特說

（frg.106）：「每一天都像另外一天。」在夢裡，去除形狀及轉化的工作建造了黑帝斯的廳房，也就是個體的死亡。每個夢都是建造在這廳房之上，每個夢都是進入地下世界的練習，是心靈為死亡所做的一種準備。[93]

夢的材料

在考慮夢出現的這些東西時，佛洛伊德基本的幻想之一可以從他用字具體（concrete）一詞表現出來。（「對一場夢而言，所有用文字進行的操作都只是預備進行成為具體的概念而已，（TD, p.144）」。對佛洛伊德而言，「夢的歷程都可以控制成有足夠的適合性來形塑再現。」（TD, p.143）巴修拉對夢的談論也相近，彷彿夢的形狀是來自想像力的可塑性，一團具有想像力的生材料（raw material），像是生麵團、陶土或可熔融的金屬[94]。所以「東西」（stuff）這詞的確適合來形容夢材料。

對夢的材料進行工作是很難的；在我們的想法裡，夢的材料很難破解又堅不可摧。我們從夢的材料上可以理解的能力，

---

[93]　原註55：夢是死亡的準備，這一個觀念同時出現在浪漫主義者和希臘人之間。參考 C. A. Meier 在《夢的重要性》中有關 Mnesimachos 和 J. E. Parkinje 的註明裡（Die Bedeutung des Traumes [Olten: Walter, 1972], pp. 32, 118）。我們現在的時解不再是字面，而是指從生活中取出元素（Tagesreste）而給與它們靈魂的價值。

[94]　原註56：G. Barchelard, La Terre et les rêvesies de la volonté (Paris: Corti, 1948), pp. 74-104（《大地與意志的沈思》）；cf. On Poetic Imagination, p. 80 f. and ibid., 80 (Gaudin's footnote), and Barchelard, "L'espace onirique," in his Le Droit de rêverie (Paris: P. U. F., 1970), pp. 195-200（《夢想的權利》〈夢幻空間〉）；Barchelard, La Poétique de la rêverie (Paris: P. U. F., 1968), p. 144（《沈思的詩學》）；The Poetics of Reverie, trans. D. Russell, (Boston: Beacon Press, 1971), p. 167.

是和佛洛伊德所說的「阻抗」（NIL, p.23-25; CP 5:137-38, 152）
剛好成反比的。夢是要加以工作（worked on）和修通（worked
through）的，分析師要把個案的夢作為材料來參考。夢是透過
凝結（coagulative）的過程所形成的：凝聚（condensation），強
化（intensification，也就是多重決定 over-determination），減少
（reduction，也就是簡略 abbreviation），重複（iteration，也就是
反覆 repetition），和具體化（concretizing）。夢工作在合成的烹煮
過程就像我們之前提過的修補（bricolage），將不同的成分放在一
起，而調合成新的事物。這些夢的新事物，我們稱之為象徵。這像
密度（density）一樣，是作成或給予的，在德文裡就是 Dicht 這個
字，意思是密度的、濃厚的、緊密的。這個德文字源同時又出現在
Verdichtung（佛洛伊德的用詞，翻譯成「凝聚」〔condensation〕）
和 Dichtung（詩），或 Dichter（詩人）。

　　夢的材料不僅只是生的材料而已。這東西總是有形體、有意
象，就像煉金術所說的「原始物質」（prime material）一樣，總是
有特定名字的。如果將這些東西（stuff）稱為「混沌本我」或是
「集體潛意識」，反而背叛了這東西的真實樣貌。混沌，就像是本
我或潛意識一樣，是個抽象觀念，是關於這材料的概念而不是這材
料本身，可以出現在海洋、無底深淵、土石流、嘉年華會、瘋人院
或是果凍等不同地方；但總是，總是一個十分精確的意象。

　　情緒（emotion）精巧地製成不同材料的樣貌。它的語言（例
如：葉片一般的顫抖、沸騰的憤怒、躺平、沉下去等）是精準地指
出在情緒上發生了什麼。情結的手指在夜晚裡將一個人撕成碎片，
因為睡眠皆是工作的人；只是一旦撕碎了，又將每個情緒形塑成應

有的形狀。一位被愛人背叛的女人，夢到她的痛苦像是無底溝，她自己被丟到野草堆、荊棘或空洞的窩，而背叛者是以四面白牆的冰冷房間出現，而作夢的她則被引向高高聳起的大理石板。你的背叛不同於我的背叛，因為每個事情都以不同的形狀出現，就像是用不同的模子烘焙的，早晨帶給我們每個人的夢都有它特有的樣貌和堅定的意象，就像是新鮮出爐紋路不同的麵包。

「生或熟」（出於李維史陀）[95] 的幻想，是從心靈的夢開始，那不僅是純然的自然 [96]，而是更細緻的自然，是「自然出現的自然」（natura naturata）。對心靈東西（stuff）進行的烹煮是整晚持續著，因為它是靈魂的製造，所以是和人類學所認定的其他形式的烹煮或手藝一樣，都是文化的根本。

分析師談到夢的時候，雖然也都用到這些材料的名詞，但他們還是傾向於不加批判就依循了笛卡爾「心（res cogitans）」和「物（res extensa）」之間加以區隔的二元論（dualism）。他們傾向把外在的物質放入物性的地球，所以為了得到物質，分析師個案要去謀職、去鍛鍊身體，或面對外在更實際一點。至於空氣或濕度則當作心理和隱喻使用（這個人裡面的熱氣快滿了、快到雲端了、飛太高了、潮溼霧濛的眼神流向各處），想像大地的所有一切文字都是來自自然、身體和物質的。心靈的物質元素被認為是真的具有土氣的物質。但是當一個人透過作呼吸練習或跳傘還是很難獲

---

95 譯註：李維史陀（Claude Lévi-Strauss, 1908-2009），法國人，結構派人類學大師，他建構的結構主義、人類學和神話學，對各方面學科都產生巨大影響。他的《神話學》第一卷就是以《生食與熟食》為標題。作者在本書也採用了他修補的觀念。

96 譯註：nature 這一詞不只可以譯成自然，也可以譯成本質、天性……。

得心靈的空氣，洗更多的澡或喝名牌礦泉水也很難獲得心靈水分時，為何土元素就可以透過物質活動來獲得？即使靈魂是一個各種元素的複合，難道經由簡單的對應引導（「你太客氣了，需要一些土。」），或透過字面加上的元素加上真實的土字邊，就可以達到適切的混合嗎？

然而，土是能夠透過在對夢的「材料」進行工作而獲得，因為夢「刺激了工作」[97]。透過這工作，隱藏在所有翻譯、擴大作用和解釋背後的這些工作，我們獲得內在的土壤。透過對意象的行動，我們的心靈東西會塑造得更加堅定，被闡明，也更加具區分性。我們在分析中如果對我們的材料做越多的功課，甚至只是在分析前或分析的幾個小時，都可以讓心靈變得更加有模樣且更加被涵容。我們更能夠抱持這一切並加以燉煮，也就更能夠接納；我們於是同時獲得了空間及土壤。

雖然一個人可能既是「自然」又是「被賦予天份」，我們仍然可以感受到他或她的靈魂是原始的、天真的、單純的，似乎還有很多工作待進行，包括打開靈魂的空間、讓靈魂的身體更穩定，並且增進靈魂的靈敏度。我們要的不僅是「老靈魂」、「好靈魂」或「偉大的靈魂」，更要「經過工作過的靈魂」（worked soul），在我們接觸時才有什麼是重要的感覺（a sense of what matter）。

在經過這一切，我們才是現在這樣子：知道有什麼是重要的，是不同於物質的東西或對待事物的物質主義。我們自己的生活想要有重要感，包括我們的關係、我們怎樣過日子，以及讓我們的死亡

---

[97]　原註 57：C. Gaudin, "Introduction" to Bachelard, *On Poetic Imaginaton*, p. xxiv.

　　　　　　　　　　　　夢與幽冥世界：神話、意象、靈魂

有意義。我們在找尋的這些，其實就是靈魂事務（soul-matter）。心靈事務是如何形成的？我們又如何獲得土讓和土元素？只有在心靈東西上工作，在那些看來像是非物質的夢境看似無關緊要，經過了汗水澆過（犁田、敲打及板成一片）才能獲得意義及重量。我們做的任何工作都是重要的。也就是說，工作才有事務／重要（matter），心靈的工作則使心靈顯得重要。

我們獲得土不僅是在狄蜜特的大地上工作，像深耕者對回歸土地的農業幻想，回到自然一切。我們如果還要變得更土性，可以透過地下，也就是在個人命運上工作，這是與祖先的罪孽相連的因果報應，這是先天的侷限來自一個人的家、依戀的處所、第一個故鄉先天特定的地理學上和歷史脈絡中的位置。

還有第三個方法製造出重要事物，就是透過地府（chthōn），將工作面向心靈冰冷而死亡的深處，也面向形塑在我們鬼神情結（chthonic complex）中無藥可救也無可改變的特殊本質。這就是地下深處的家：黑帝斯的房子。

我們用這樣的詮釋學方法來進入，是依循柏拉圖有關「隱意」（hyponoia）的想法（《理想國》〔378d〕），或把這個字是指為「底下的意義」（undersense）或「更深的意義」（deeper meaning），這是佛洛伊德「隱性」（latent）概念的古老表達方式。對底下意義的追尋，等於是我們平常談話中表達出來的求知欲望。我們想要走進發生的一切的深處、想要看到它的根本、看到它的基礎，它是如何又是在哪裡建立穩固的。這種瞭解更深的需要、這種對更深基礎的找尋，像是黑帝斯呼喚著我們，移向他更深的智慧。隱意所有的這些移動，帶引我們，對土壤的獲得與物質製造的

更加瞭解，這就是工作。[98]

　　如同我們之前有關赫克力斯的討論，以及我們從佛洛伊德那讀到的（*ID*, p.148; *EI*, p.41, 56; *OTL*, p.7），這些工作通常都只是在自我或自我的肌肉上進行想像而已。因為笛卡爾式的大地只能看見可以看見的外在，人格也只是選強壯的自我來處理真實世界裡艱辛事實的那些困難問題。然而，夢工作和對夢進行工作還是可以將工作推向不可見的大地，從字面上的真實推向想像的真實。透過夢工作，我們的觀點從意識的英雄基礎轉移到意識的詩學基礎，明白到對任何一種現實而言，最重要的就只是心靈的幻想意象（*CW*6：743，78，*CW* 11：769，889）。夢工作是將塵世、努力、基礎加以內在化（interiorization）的焦點；這是給予幻想（fantasy）有密度、堅固、重量、重力、重要性、感性、持久性和深度的第一步。我們對夢進行工作，並不是為了強化自我，而是製造心靈現實、透過死亡製造生命物質／讓生命有意義（make life matter），以及透過想像的凝結和強化來製造靈魂。

　　現在也許可以更清楚知道為何我稱這工作是「靈魂製造」（soul-making），而不稱為分析、心理治療或個體化歷程。我強調

---

[98]　原註 58：處理「隱意」（hyponoia）或底下的意義（undersense）的方法之一就是將平常的意解去除形式。我們將平常組成句子的方法，包括句子的標點、拼字和部分的言論，加以工作來解除這組合，隱藏的意象就會從我們句子纏繞的裹屍布中浮現，如復活後的顯現一般地站起來。我們在平常字詞中忽然聽到新的意義，霍姆（T. E. Hnlmo）在詩人中追求這一點，小說家喬哀思（Jame Joyse）操作這方法。對語言細微的隱意有重要的劃時代意義的是拉蘇拉（Jed Rasula）的〈史派色的奧菲斯和發音的解放〉一文（"Spicer's *Orpheus* and the Emancipation of Pronouns," *Boundary 2*, 6, 1 [Binghamton: SUNY, 1977], especially section 4）；也參考我兩篇關於意象的語言工作的文章，收於 *Spring 1977, Spring 1978* (Zürich and Dallas, Tex.: Spring Publications, 1977 and 1978)。譯註：霍姆（1883-1917），意象詩人；拉蘇拉（1952-），美國文學教授。

的是用心靈東西來進行的塑造、處理或做些什麼。這是工藝的心理學，不僅只是成長的心理學。成長是讓靈魂做它自己的事，就像植物。這樣的有機神祕醞藏在小小的工作裡。靈魂製作也有它神祕的地方，也就是死亡的神祕，它將有機的成長包含在裡頭，並且在靈魂製造的工作中採用了這意象。製作（making）這詞反映了心靈本身是什麼：它製作意象。意象製作是所有心靈生命首先給予的。是的，我們是技藝人（Homo faber），但我們製作的是意象，這些在我們內部製作出來的意象就是心靈現實（psychic reality），是需要工藝及想像力的。聖經（The Good Book）上說，人類的靈魂是用神的形象／意象來創造的。讓我們明白這一點也說：人類是由靈魂內部的神聖意象所創造出來的。

拿煉金術來作為心理工作的模式，最大的價值之一在於煉金術做的恰恰是一種「大業」（opus），一種對物質的工作。我們相信，煉金術士用物質進行工作時，是因為他們將心靈投射進入物質，或像巴修拉所說的：「煉金術士投射了他的深度」[99]。心靈仍然在物質之內，雖然如今是有另一種意義。現在物質是經過了投射的物質：我們的物質主義（materialism）和實體化（materialization），全都是我們心靈生活上的具體固著，包括發生在概念、信仰、症狀、感受、人們之上的一切。我們在這些具體化的投資是相當充實的，就成為了現代的自然（physis）[100]。今天所謂的原始材料，是指我們毫不懷疑或批評就認為是「真」的一切事

[99]　原註 59：Barchelard, *On Poetic Imagination*, p. 53 (from *La Terre et les reveries du repos*, p. 51)

[100]　譯註：physis 是古希臘神學、哲學和科學的用語，直譯為自然，這詞是相對於人為的一切，包括法律、習慣、標準等。

物，是我們沒好好看清的一切事物。這是我們的不透明物質。這些「真實」以白天的殘餘物的方式進入我們的夢，這在那裡經過想像力加以工作。一旦對這些自然的碎片完全加以工作了，也就是原始材料放進了心靈的容器內，開始強化也開始分化，將「心（res cogitans）」轉換成內在世界的「物（res extensa）」了。[101]

在實務工作上，物質碎片轉化成內在土地是出現在我們回收了「投射」的時候，也就是我們所謂的心理治療的時候。如果我們要找到這些失落土地的碎片，只需要注意哪裡出現了具體的文字（重量、密度、嚴重、沉重感都是），哪裡某人強而有力地說：「但是，這是真的！」有時候這只是社會的或道德上的約定俗成，一種道德準則；有時候只是飲食、健康、能量和習慣。這具體主義甚至能夠在事實、歷史、證據、邏輯或個人感覺裡以半哲學（semiphilosophical）的信念來呈現。很多時候是一種個人關係，是有關真理和信任的一位理想化人物。最多的時候則是錢，這底線。對一個人在那裡是具體的念，那裡就有他已經有所投資的身體。就是在這樣的地方，他會說：「那是不可避免的必要；它的重要性勝過一切」。

在實務中將投射加以回收，並不是聽起來那樣的容易，因為要溶解投射要先鬆開身體，去鬆開容放物質的容器。這些投射像是固著的或過高評價的概念。它們有種妄想的特質，因為無法很容易就看清其中的心靈固著作用或心靈價值。那是我們在卡在自然中的地方，也是夢境可以運作的地方：撿起這些具體主義的碎片，經由想

---

[101]　譯註：這裡兩個拉丁字，就是笛卡爾心物二分法的心與物。

像讓它們有血肉的感受。換句話說，夢的材料確實就是我們可以將物質轉換為內在的、心靈的深度之所在。

這種對深度的關注，讓我們的實務會更注意到表面之下任何的發生。這是從有精神分析以來就有的觀念，包括壓抑、下意識及陰影這些觀念的提出。而這些用詞彙，我們從以下的意象很容易就看見：埋葬、死者、祖先；垃圾堆的工人、下水道的水管工；罪犯和流浪者；身體下半身，包括衣著及功能；我們瞧不起的低下型態的生命，從猿猴到蟲子；世界的地下內部，海洋的板塊底層，地下室和酒窖，任何「隱意」感覺裡能夠轉換而揭顯出更深意涵的一切。而這些鋪在底層的意象所伴隨的情緒則是：不情願、討厭、悲憤、壓抑、密閉、昏睡，或是那些壓在我們身上的深度感受，如：抑鬱、壓迫、壓抑。我們向下的想像力也就進入了地底：底層的夢。

佛洛伊德注意到，每個夢都打開了深不可測的深度。即使佛洛伊德總是承受許多細密痛苦去解釋每一夢境的每一細節，他在《夢的解析》（*ID*, p.525）至少有兩次提到：「……我們在解釋工作的過程慢慢覺察到…有些夢思想的糾結是無法解開的……。這是夢的肚臍（navel），由這個點住下觸及不可知的一切」。這些夢萌芽之始的夢核心，「就像蘑菇從菌絲體長出」，佛洛伊德這樣表示，（以潮溼而芳香的泥土意象，）是不可知的。我們可以說，這就是進入地下世界的洞口，是黑帝斯的時刻，是赫拉克利特所謂心靈領域，純然深度的開口。而這就是心靈世界的肚臍（omphalos，希臘語）。夢的皇家大道引導到這一點。至於任何對白天世界的對應，顯然就是錯誤的運行方向。

我之所以強調地下世界且堅持夢依然是地下世界的現象，就是

為了保持夢完整的深度性。我們從夢裡拿出的、我們從夢中獲得的好處、我們從夢中帶出的，全都是表面。深度是看不見的連結；我們的雙手親自在這看不見的連結上工作，在黑夜軀體的深處，去穿透、組裝、區別、橋接、翻攪、揉捏，這一切構成了夢的工作。我們總是要做確切的事，但這一切都是看不見、模糊不清又是在移動中的材料。我們對生命所知道的一切，在這裡相對是次要的。我們知道的一切，是屬於這些最像夢的領域，那就是神話的現實，在那裡一切也都是形狀明確但又意義模糊的，而夢只有對想像力是明顯而清楚的。

更何況，由形式而形成的想像力工作總是同時是去除形式的、是破壞性的。每個通往地下世界的途徑都是要經過冥河，必須會遇到可恨寒氣的障礙。這是不可避免的，也不能感情用事。夜間世界裡的每一正確移動都會殺死它所碰到的一切。我們面對的是密度很高、阻抗強烈的地方，可以穿透的只有洞識力，一種產生震驚又帶來死亡感的洞識力。我們曾經緊緊抓住也賴其而生的這一切，終於才能看透。對夢進行的工作很難只靠治療師或是病人一方。我們似乎是無法單獨進行夢工作的。這可能是因為我們永遠看不清楚自己不可能有意識的潛意識；但更可能是因為我們基本上是阻抗夢工作所涉及的毀壞：殺死依戀，揭開依然不變的深度。地下世界的王后正是波瑟芬妮。她的名字正是意謂著「帶來毀壞的人」。

夢與幽冥世界：神話、意象、靈魂

第六章

實踐

讀者請擦亮眼

　　這一章不應該是擺在這本書討論意象的書裡的，原因有二。首先，意象是不能用普遍化的方式來討論：即使是夢中出現的特殊例子，一旦拿來作為實務的例證時，也會變成普遍化的。從定義上來說，每一個意象都是特別的，都有著可以瞭解的標準和內在關係。以下文章討論的普遍化，是想要深化某一群意象的相關觀點，並不能用來解釋你夢中可能出現的任何特有意象。這個是絕對不可以的。讀者們千萬要小心，這一章不是用來告訴你有關你的夢的意義。

　　第二，地下世界，指的是心靈的觀點，不能有任何白天世界之實踐（實務工作）的靈魂態度。將地下世界放進實務工作就是背叛了夢，夢不是實務／實際的，這是我們談過的。在前面讀起來十分困難的章節中，一直要你向下而朝向靈魂，同時也讓靈魂向下而朝向地下世界。在以實踐為標題的這一章，它的危險就是不斷地想要透過對讀者有幫助的實際暗示所產生的誘導，將這本書拉回來，跨回橋，回到白天世界。

　　特別注意是，我們千萬要小心不要誤讀了「死亡隱喻」（見前面第 90 頁及其後）。以下列舉的意象都不是死亡之夢的線索，一如夢到了黑狗、篩子或漏洞的罐子、鏡子、地上的洞，向來被認為將有逼近的和字面理解的死亡。這樣的方式是白天世界，或本質主義對夢的處理方式：將夢運用到實際的生活，即便實際的生活早已經朝向對死亡的預期。這樣一來，隨之而來的意象都不是屬於地下世界的，因為任何的夢和任何的神，包括任何的英雄，只要我們採

取了地下世界的觀點觀之，就會產生引導我們朝向那裡的方式。這正是關鍵之所在。我們不是要呈現出屬於地下世界的諸多意象（像是大地之母、陽具、自性這類的象徵那樣），好像原型可以透過普遍的化約，而用特定成組的象徵意象來呈現出來。不是的。地下世界是位於意象內的看法，透過這方法我們的意識可以進入或啟蒙而抵達地下世界的觀點。隨之而來的意象想像將加速這樣的啟蒙。一旦可以這樣來看待所有的這一切，這一切就可以釋出與我們習以為常的看法完全不同的感受。

這也就是我在第六章出現的猶豫，而其中部分是我自己的緣故。以下的文章將提供溝通空間來討論關於夢的洞見和反應，希望能平衡那些讓我非常反對的看法（因為這些看法彼此太接近了？），而提出對這一切黑暗的另一種態度——有關我們的夢和人性中的黑暗，它的陰影、病理化，和不近人性的冷峻距離等等。其次，是為了像你這樣的人，也就是讀者。傳統解夢的書，總會告訴你關於夢的意義。如果沒做到這一點，會讓讀者對題目有「夢」的這本書所產生錯誤的原型期待。所以這一章的進行，將航行在不要誤解讀者但也不要誤解夢這兩者之間。如果你還是覺得困惑，最好再讀一下，好好去感覺，尤其千萬注意，一旦你開始想將這些用在實務，就會出現誤讀了。

實踐（praxis）這個字有著很不好的歷史淵源。荷馬用這個字形容生意實務；柏拉圖視之為更傾向於應用科學的技術知識；而亞里斯多德將這個字運用在倫理學和政治學的脈絡中，來將這個字加以強化。無論如何，這個字指的總是行動，完全是屬於白天世界的，完全是自我層面的。所以，在這裡，我們和這些希臘人先說

再見吧。我們保留這個字，但將意思移成我們在彈鋼琴、在體育館、在舞台上所做的一切：一種執行、一種嘗試，想要將我們的技巧更精進的努力。我們進行實務操練，免得一些細節漏掉了。我們完成這一切操練，不是要變得實際（practical），而是要更熟練（practiced）。

黑

在談到夢裡的黑色時，我要先跳過色彩象徵主義裡的豐富內容，也跳過黑暗的宗教性神祕主義中和黑化（nigredo）[1]有關的煉金術象徵主義，儘管這兩個領域已經蓬勃進行的許多觀點，但此處將重心局限在「夢裡的黑人」。[2]

將黑色當作陰影是榮格學派約定俗成的習慣，一個沒有異議的習慣。然而分析心理學傾向於將這些黑色陰影視為 Ge 或狄蜜特這樣意味的大地，這樣一來也就成了生機十足的潛能（性、豐饒、積極、力量、情感）。此外，黑色陰影的內容也進一步被社會學過度強調而論定了。個人會因為文化對黑色的聯想，而影響了對這意象的解釋。在今天，黑色陰影被認為是帶有自發性、革命、溫暖，或音樂，又或是令人害怕的犯罪行徑的。在其他時代，夢中的黑人形象可能有著忠誠，或是人猿性質的，或是嗜睡、奴態和愚蠢，或解讀成超能力和完整性，所謂的「人」（Anthropos）或「最初的

---

[1] 譯註：黑化（nigredo）在煉金術的意義裡是回到物質的最初，而榮格視之為回到潛意識的初始混沌，也是個體化過程意識到自己陰影時的痛苦過程。

[2] 原註 1：Cf. *Realms of Color; EJ 41* (1972).

人」（original man）[3]。黑色也可能帶著各種社會陰影，包括真實的宗教和信仰，也包括懦弱和邪惡。而所有的這些社會時尚都忘了，黑人其實也是死神（Thanatos）。[4]

正如我們前面所言，在埃及時代，冥府的火都是黑色；在羅馬時代他們被稱為冥界（inferi）和暗影（umbrae）。庫蒙[5]就曾說過：「這個字眼除了意味著微妙的本質，也意味著地下世界隱蔽空間裡的居民是黑色的，而事實上這也是他們被賦予的顏色。這同時也是供俸給他們的犧牲的顏色，也是為了他們的榮耀而在哀悼時刻穿著的顏色。」[6]

我認為，從原型的層面來說，對夢中黑人的思考，如果是透過他們和地下世界脈絡的相似性來著手可能會更正確，也更具有心理意味。他們被隱藏起來卻又具掠奪的特質，是屬於黑帝斯「侵犯性」的現象學，正如前面提到過的，他們的追逐就像是死亡惡魔的追獵。他們是來自被潛抑／壓迫的低地之國（netherland）[7]的鬼魂，不只來自被潛抑／壓迫的貧民窟。他們的訊息是心靈層次的，其次才是生命活力的。他們讓人倒下，偷走了人們的「好貨」，鎖起門來威脅著自我。

換言之，即使我們不容許有這樣的社會偏見，但他們恐怖的特點或許才是動力之所在。來自死亡的國度，像是黑夜裡的爬行動

---

[3]　譯註：最早的人類一般認為是來自肯亞大峽谷的考古發現，也就是黑人的祖先，也是遷徙到世界各地的人。

[4]　原註 2：Cf, Herzog, *Psyche and Death*, p. 196，在夢裡進行追捕的黑人就是死亡，見「黑人」（The Black Man）一節。

[5]　譯註：法蘭茲・庫蒙（Franz Cumont, 1868-1947），比利時考古學家、歷史學家和語文學家。

[6]　原註 3：Cumont, *After Life*, p. 166.

[7]　譯註：netherland 平常指荷蘭一帶的國家，源自低地（nether）的意思。這裡指廣泛的原義。

物，當然是讓人驚嚇的。然而這樣的焦慮，是自佛洛伊德以來我們就都知道的，是潛抑的一切出現了回歸才有的信號；而潛抑的這一切，我們現在當然曉得不是性、不是犯罪，也不是殘暴：所有這一切都只是黑色「形象」的重現。他們呈現的是死亡；被潛抑的就是死亡。而死亡，讓他們因此有尊嚴。

順著這一切，夢中的黑人不再需要負責社會的陰影，包括原始的陰影（為了自我的發展幻想），生命力的陰影（為了自我的英雄力量），或自卑的陰影（為了自我的道德或政治幻想）。換言之，若我們脫離虛假的黑色心理學，將走向真正的陰影心理學，試著去恢復黑色形象「細微本質的意味」。

疾病

有關夢中出現的疾病，不論是受傷、生病或垂死，我們都可以將之瞭解為是在引導作夢者進入黑帝斯的殿堂。（在民間傳說裡，動物或孩子的生病，是死亡邪靈的緣故。）這一切內容是最具有心理意義的；之所以這麼說是因為在夢工作中，這一切將成為進行反自然工作（opus contra naturam）的材料。正是這些意象帶來我們內在的改變（絕非是我們的努力產生了這些改變），所以，它們所做的是心靈或靈魂嚮導（psychopompos）的工作。在夢的內容當中，最具有製造靈視潛力的，往往是最被病理化的部分（這觀念在另一作品有詳細的討論。）[8]

來自地下世界的原型觀點，讓我們更能糾正分析式的解釋，

---

[8]　原註 4：RP, Part 2, "Pathologizing."

例如：「病阿尼瑪／病靈魂」[9]。我們不需要如此自然主義或人格主義地看待。正如荷索[10]說的：「有很多描述關於童話、地獄女人或韋爾特女人，她們的背是空的或爛掉的，或是滿滿是蛆蟲和蛇和腐敗物。」[11]當夢裡出現這樣的人物，同時在童話分析也會認為是「病阿尼瑪」這意象是顯示內在的阿尼瑪（感覺、女性特質、情欲或任何種種）是如何腐敗，所以這個個體才會有這個夢，或這個文化才會「有」這個童話。

我們不將這樣的意象視為遭忽略的靈魂需要救贖、醫療照顧或進一步發展，視為用罪惡感來要求自我做一點什麼的訴求；我們認為這是靈魂將要進入「洗滌」（putrefactio）的過程，就像是波瑟芬妮墮入了深淵。地下世界的空洞、蛇和蛆蟲，已經進到她的內部；而看不到的，則在背後。

動物

在討論動物時，讓我們記得：動物的世界是比我們的世界還大的。我們是牠們的一員，臣服其中，所以我們對牠們的意象只能說幾句戒慎而敬畏的話，因為身為牠們的夥伴公民之一，我們這種稱為人類的動物跟牠們的關係其實是差到極點的。

一般來說，在深度心理學裡，動物意象的解釋往往是當作動物性的代表，也就是人類本性的本能、獸性、性愛等部分。演化論

---

[9]　譯註：阿尼瑪（Anima），也就是女性特質，也有靈魂的意思。

[10]　譯註：荷索（Edgan Herzog, 1891-1965），德國心理治療師，個人心理學，1960 年到蘇黎世榮格學院講課，內容即《心靈與死亡》一書。

[11]　原註 5：Herzog, *Psyche and Death*, pp. 199-200.

和基督教義的偏見，產生了這樣詮釋的預設。而我寧可將夢中的動作，視為是諸神，是神聖的、聰明的、原始住民屢屢要求尊重的力量。動物在大自然中所追隨的這些堅定不移的型態，就像狄刻和忒弭斯[12]的律則一樣，是讓諸神維持在界線之內的。而生態主義就像是多神論：兩者都是在展示出原始住民（autochthonous）力量相互滲透和相互限制的類型。每一個力量都具有十分有品質的光華，每一個呈現既是獨特的例子也是普遍的才華。這些動物就像諸神一樣，彼此需要彼此的存在，而每一個都在自己物種的限制內遵守著神聖的正義。

上述的這一切並非遙不可及。在藝術和宗教的歷史裡（這兩者的領域在歷史上是分不開的），諸神往往以動物的形式出現，動物也是諸神在犧牲儀式中最想要的東西，而且和動物的關係裡所需要的敏感和儀式，是和與諸神的關係裡一樣的。

我既然不喜歡將動物意象視為我們內在的本能，我也就不會對牠們在夢中的出現視為詮釋學上的生機活力。在這裡，我將不再將動物視為是帶給我們生命，或顯出我們力量、雄心、性能量、耐力或其他特質的；這些是我們文化中加諸動物的饑渴索求和強迫性的罪惡或壞習性，而且繼續投射在我們對夢的解釋裡。如果從地下世界的觀點來看這一切，我們反而會將動物視為帶著靈魂的東西，就像是圖騰攜帶著我們的自由靈魂或死亡靈魂，是要幫助我們在黑暗中洞悉一切的。如果要找出在夢中的牠們是誰，在做什麼，首先我們就要好好看著這個意象，而不去是注意自己對這意象的反應。對

---

[12]　譯註：狄刻（Dike），希臘神話代表公正的正義女神；忒弭斯（Themis）則是法律和正義的象徵。

一隻盲眠的鴨子，或是順風漫步的野鹿，我們的焦點是在意象上，對外表保持敏銳的，對自身的存在則是不好意思的，會儘量削減強度的，才能準確地追隨這動物隨興出現的動作。這樣我們也許可以明白牠在夢中對我們的意義是什麼。然而無論如何，任何動物都不會只代表一種意義，更不會有動物只單單意味著死亡。

在我們地下世界神話或民間傳說的傳統裡，有幾種動物是規律出現的：黑卡蒂的狗、黑帝斯的刻耳柏洛斯、阿努比斯這位藍黑的胡狼[13]；黑帝斯戰車的馬，死亡的馬騎士，以及用馬形式出現的夢魘；小鳥是靈魂，有翅膀的大型鳥是死亡惡魔；大蛇是神地下靈魂的面向，穿過洞溜進地下而看不見了的部分則化身成為死人的靈魂。我們也可以發現，對男神、女神有神聖意義的特有動物，通常都和地下世界有著強烈關聯的：懷孕的牛之於特勒斯；豬之于狄蜜特；狗之於黑卡蒂[14]。在有些童話裡，死亡是以魚、狼、狐狸的形狀出現。非特別的、黑色、有角的動物，也經常是死亡的動物意象。有時這形象是想像成黑色的山羊。古典學者法聶爾就說，山羊從來沒被英雄們喜歡過。[15]特別是在古典的世界裡，黑色的動物是用來獻給地下靈魂帶來諸多力量的。

夢中的蜘蛛也值得特別列出，因為通常和地下世界的象徵無關。蜘蛛的意象一般交織在一位大母神裡，她編織著錯覺（馬雅神

---

[13] 譯註：黑卡蒂是黑月女神，以狗為聖獸；刻耳柏洛斯（Kerbros, Cerberus 或 Cerberos）是冥王黑帝斯廳堂裡的地獄犬，看守著地獄入口，多頭，通常稱為地獄三頭犬；阿努比斯 (Anubis) 是埃及神話死後世界有關的神，胡狼頭形狀，經常是藍黑兩色的。

[14] 譯註：特勒斯是大地之母之一；狄蜜特是農業女神，也是豬神；黑卡蒂出巡則是一群地獄獵犬同行。

[15] 原註 6：Fannel, Greek Hero Cults, p.155。（山羊是「屬於」潘這位牧神和酒神戴奧尼索斯的。）

話）、被害妄想的情節、有毒的八卦，和引人陷落或黏著的關係，也包括肛門期力量的幻想。榮格派有時將夢中出現的蜘蛛視為負向的自性（黑色的、八腳的生物，做出曼陀羅的形式）。他們說，當一個人害怕潛意識的整合力量，蜘蛛就會出現。

雖然大部分的蜘蛛都生活在地上，但夢中蜘蛛卻經常出現在空中，在夜間世界的空中，像是在冥靈的（chthonic）、風動的地下世界。這裡有著地下世界的智性，一種冥靈的自然心智，是需要編織自己的形態，建立自己的網路，才能抓住和抱住任何載翅飛過的幻想。還記得柏拉圖派對黑帝斯的看法嗎？他的心智是如此驚人的奇妙，以致沒有任何靈魂可以離開他的領土。你於是放棄了所有希望而進到這裡。沒有任何方法可以走出蜘蛛的網。而輕飄飄的少年精靈（puer spirit）最怕的就是冥靈的心智。所以，當你的夢出現了蜘蛛，不要做任何的診斷。這時應該轉向蜘蛛後面的連接，也就是你自己，夢的自我。你是滿意自己小板凳的小瑪菲特嗎？[16] 還是來自思想的小小蜜蜂，擔心由深沉心智描繪的的想像力量，會將你的命運編織到不屬於自然而井然有序的智性呢？

這裡的要點是：有很多種進入地下世界的動物之道。我們也許是被狗引導或是追逐而下去，遇到了恐懼之犬，正攔著通往心靈更深處的路。我們可能因為一股超乎駕馭的馬力，忽然爆發十足能量衝下去；也可能有各種方式穿跳空間而往下，就像鳥兒的各種方式，包括嘰喳、飛翔、潛落等等，靈性就這樣一陣悸動，心智忽然一個念頭就出現了自殺的衝動。我們也可能透過自己豬一般的貪婪

16　譯註：〈小瑪菲特〉（Little Miss Muffett）是一首英國童謠：「小小瑪菲特，坐在小板凳，吃著乳酪，然後來了大蜘蛛坐在她旁邊，嚇跑了小小瑪菲特。」以下的小小蜜蜂也是童謠典故。

而下降，這豬性深處也有獨特的神聖性。再一次強調，因為動物而聚過來的下降和死亡並不必然來自我們生理的存有，因為動物本身就是一種生理的存有。這可能只注意到動物意象的表面意思而已。其實，動物所呈現的是熟悉（familiaris）[17]，雖然魯鈍，卻是站在我們這邊的靈魂兄弟或靈魂醫生，是比白天世界的自我更懂得心靈律則，也就是對白天世界而言就是死亡的律則。

在一般的看法裡，動物是我們死後靈魂的身體呈現，我們因此對夜間出現在身旁的動物有一種特別的敬意。從夜間世界的觀點來說，它們是靈魂特有特質和行為的呈現，可以說除了動物形式現以外沒更好的呈現方式。

動物的出現讓我們又可以恢復到亞當的狀態。我們發現在洞穴裡最初的人類，追查出地下世界想像力的壁上刻畫的動物靈魂。當然，不同的動物代表生命力不同的形狀和風格，所以人們才會以為：「夢中出現的動物呈現出我們的本能。牠們代表我們的原始性和獸性。」不對的，牠們絕不是這樣的。第一個理由，牠們是牠們，不是我們本身或屬於我們的。其次，牠們不是動物的意象，牠們是如同動物的意象。這些夢動物告訴我們，地下世界是有牙齒和爪子的，我們因此意識到這個事實：這些意象是惡魔力量。我們能夠做的，至少是對這些在黑暗中畫畫的洞穴人表示出最原初的敬意，面向這些石壁，當成亞當一樣的尊敬，他是如此用心的思量才可能為每一個都找到名字。我們需更多這樣的大洞穴和更充滿愛的注意力。這樣牠們也許就會來告訴我們關於自己的一切。

---

[17]　譯註：familiaris 這個字是「犬」，但字根的意思也有家庭的、熟悉的或友善的意思。

有關地下世界的準備工作，可能從夢中動物犧牲的意象而開始啟動。如果我們只從白天世界的看法，認為動物犧牲是放棄我們活力欲望的一部分，是完全不對的。舉一個例子，一位婦女開始分析她的夢「必須放走她的狗」。那是和她們家相處許久的老邁德國牧羊犬，目前由她女兒照顧。在夢中，她帶牠去狗醫生那裡「讓牠入睡」。這個夢有著狄蜜特和波瑟芬妮合併一起的主題：既是保護她、看顧她，讓她可以在羊群裡依然十分羊個性的家族精神；也是這狗會是她的引領精靈，帶她走入死亡的領域。當這狗走向了睡眠和死亡的同時，她也透過失落、嗜睡和孤單的感覺被引導到那裡。動物醫生同時也是醫生動物，或是有著動物智慧的人，可以執行涉及動物的治療之死亡儀式。在這一個夢以後，她也夢到了許多家族的死靈，去世的親人，倒錯的欲望，古老的原罪。她不再從狗那兒獲得狗的保護。狗現在正統領著她的安眠之所在，她入睡的大地，挖出各式各樣的骨頭和髒污。一場召魂的儀式（nekyia）於是開展了。

水體

關於夢中出現種種水的體（bodies of water，海洋、河流、湖泊、水池、浴池），我們不妨跳過下列的這些象徵吧：淨化和受洗，教義的智慧和子宮母親，也跳過太泛泛的生命活力、墨丘利[18]和潛意識吧。相反的，讓我們從古希臘哲人赫拉克利特開

---

[18] 譯註：墨丘利（Mercurius），羅馬神話中的信息傳遞者，相當於希臘神話的荷米斯，也是水星的名稱。水星因為運行迅速而如此命名。

始吧:「對靈魂而言,是死亡將它變成了水……」(frg.36),而且,「這是喜悅的,或者說是死亡,讓靈魂變濕了……」(frg.77, Freeman)榮格在討論《哲學家玫瑰園圖》(*Rosarium Philosophorum*)有關的經典作品裡(*CW*16),對水的意涵提供了大量的心理學洞見。在這文章裡,他也提到了赫拉克利特。

如果我們將赫拉克利特有關水和死亡的敘述,與眾人熟悉的煉金術座右銘:「除非一切化為水,沒有任何操作是可能出現的。」這兩者加以合併一起,那麼就可以明白,所有創造性工作的開端是死亡。當夢的意象開始濕潤,也就進入溶解(aissolutio),開始成為巴修拉所說的更加心靈化(psychisized),開始製成靈魂,因為水是神思(reverie)的特殊元素,讓意象得以反映出來,並且無止盡也無從掌握地流動。夢裡出現了濕潤現象,表示靈魂在它的死亡中的愉悅,終於可以從被固定住的字面意義狀態,開始有了淹沉而溜開的愉悅。

進入到水裡,讓人將緊抓的一切放鬆開來,讓深陷其中的執著終於放手。人們走進去的「水」,像是走入新的環境或是新的教義體系,將他整個人包裹起來,既可以浮上來,也可以沉到深處。這就像是新的性愛關係,赤裸的身體完全沉入,可能是讓人共同激流的河流(海神波塞頓既是河流也是馬),或者漂浮其上而感覺到在深處移動的支援浮力。水是可以或冷或溫或熱,可以浮腫,可以淺淺,可以清澈,就像巴修拉說的,水有關的語言在暗喻的神思中是十分豐富的。地下世界至少分出五條河流:冰冷的斯蒂克斯,火燃的地獄火河庇里弗利格松,哀怨而哭泣的悲歡河柯塞塔斯,憂鬱

且黑暗的愁苦河阿刻戎，還有忘川麗息（記起和忘記）。[19] 所以，我們必須注意夢中出現的水的種類：不能總是假設河流是指生命之流。

因為開啟的儀式（initiation）而進入到水裡，往往帶來煥然一新的流動，夢的解釋者因此將水等同於情感（各種情緒或感覺），但流動的部分則是與人無關的元素特質，就如同水本身。如果仔細觀察夢，情感總是出現在原本乾枯的自我靈魂開始溶解的時刻，而不是在水裡；水就只是存在那裡，冷冽、不帶激情、靜靜接受。

所以意象靈魂的喜悅，等於是自我靈魂的恐懼。在夢裡頭，它往往害怕在激流、漩渦、浪潮裡溺斃了，而夢的詮釋者（也許是他們的自我靈魂同樣枯乾了？）經常將這解釋為作夢者有著危險，可能是在情感性精神病中被潛意識所淹沒了，一下子湧進了洪水一般的幻想：沒有了立足點，失去了落地之處。然而，赫拉克利特的看法和煉金術心理學一樣，將水中的死亡視為塵世存在的溶解，而成為另一種新的存有。在第 36 個片段裡，他這麼說著：

> 對靈魂而言，是死亡讓它變成水，
>
> 對水而言，是死亡讓它化為土地。
>
> 從土地，湧出水；從水，出現了靈魂。

---

[19] 譯註：古希臘人相信死後世界裡靈魂是活在地下世界的。在黑帝斯統領的地下世界，有著五條河：斯蒂克是最大的一條，是充滿恨的冰冷；地獄火河庇里弗利松（Pyriphlegethon），柏拉圖說它是「火的河，蜿蜒纏繞著大地，流向地獄的深處」；悲歡河柯塞塔斯（Cocytus）最後流入阿刻戎，在但丁《神曲》則有更豐富的描述；愁苦河阿刻戎是卡戎這位擺渡船夫的所在，地獄火河和悲歡河都流入這裡，是地下世界最主要的河流；還有忘川麗息（Lethe），是遺忘之河。

地面侷限的問題總是出現表面上的固著，將使得靈魂停止移動，所以「是死亡讓它化為土地」。然而，靈魂都是想流動的，想要移動的。如今，既然死亡也是靈魂的方向，這一切極相似的侷限和固著，將靈魂推向土地，也將土地推向靈魂，也就為物質帶來了新的心靈意義。心靈物質於是形成了；這也就是「從土地湧出水」。我們開始可以從心理層面明白了，也感受到了：是什麼物質存在於靈魂的固著裡。這一切讓水再生，也讓靈魂再生了。

將一切文字化以後，流動死亡了，靈魂埋葬了，而這永遠是需要加以溶解的。在這同時，溶解的一切永遠會遇到新的土地地形來阻礙原來的流動。這是永遠不斷發生的過程，就像煉金術一樣的方式來描述了靈魂製造的循環；為了這一切，溶解於水是必要的。害怕夢中的水，就是害怕循環的世界加以包圍和沉入其中，然而這一切都是靈魂所喜悅的。

記憶和遺忘

整個記憶和遺忘的問題也需要重新檢驗，而這次要從麗息的觀點，如我們知道的，麗息構成了奧菲斯教團體 [20] 的一部分：夢、睡覺、死亡和遺忘。當然，麗息在浪漫主義裡扮演著相當詩意的一部分，但在由佛洛伊德對遺忘（在歇斯底里症裡）與對說溜嘴和空洞

---

[20] 譯註：奧菲斯教（Ophism）源自古希臘，與詩人奧菲斯（Opheus）相關。他曾到地下世界又回到塵世。麗息是冥河忘川的女神。相信死後輪回的奧菲斯派認為忘川是死後靈魂到地下世界第一個遇到的場景。

（hole）[21] 這些意識層面的小小遺忘（Fehlleistungen）進行探索而開始的深度心理學的發展裡，她也扮演重要的角色。（OPA, p.261）榮格依循這個方向，追尋著這些遺忘，包括字詞聯想實驗中注意力的停頓，以及在文化研究裡心理學中（諾斯底主義、煉金術、神話學研究）的集體遺忘。他們追隨著麗息，全都被引導進了地下世界。

不幸的是，心理學所強調的都是清醒的注意力和回憶能力；白日世界希望的是（而且是非這樣希望不可）好的記憶；不好的記憶對成功的破壞，比不好的良知還來得嚴重。遺忘於是成為了病理症狀。但如果以原型觀點為基礎的深度心理學來看，我們就會明白，遺忘其實是有更深層的用意，可以明白白天世界說溜嘴或空洞是用來轉化我們個人生活事件的方法，也就是將生活加以清除，加以排空的方法。總之，既然麗息掌管我們這麼多年，我們要對她更好一些，特別是在晚年階段；如果將她的行動鄙視為病理，這只不過是自己愚昧不堪罷了。相反的，浪漫主義者對待麗息的態度顯然就嚴肅多了。

神話學家克昂尼（Kerenyi）[22] 在一篇獻給麗息和謨涅摩敘涅兩位女神的文章裡 [23]，推測在古代的時候，這兩者是有著和現代不一樣的意義。因此，遺忘對生命中徒然的流逝必然有它的意義，像是

---

[21]　譯註：佛洛伊德「心靈空洞」（Psychichole），這個觀念首先是 1894 年提到：「在憂鬱症裡，這空洞是在心靈領域。」他用這觀念進一步解釋否認（negation）的機置。

[22]　原註 7：K. Kerényi, "Mnemosyne-Lesmosyne: On the Springs of Memory and Forgetting," *Spring, 1977*, pp. 120-130.

[23]　譯註：相對於遺忘女神麗息，謨涅摩敘涅（Mnemosyne）則是記憶女神。她的名字成為記憶有關的字根。她也是九個謬思女神的母親。

河流，像是達那伊得斯的水，流入的容器底部是有漏洞的。[24] 這也成為另一個地下世界的神話基本主題（mythologem），指的是尚未製造的、尚未完成的靈魂。[25] 生命的流逝將會渴求更多的生命，將會飲盡更多的忘川水，這樣只是徒增強迫性地繼續尋找更多新的流入和流出。所遺忘的不是這個事實或是那張臉龐，而是原型相似物的自身，也就是謨涅摩敘涅記憶女神。這位謬思心智的母親，她自己一個人就能夠滿足了這一切的飢渴。對麗息的這種理解方式，支持了我們的看法：我們生活中的白天世界所遺忘的，讓另一種相似性的流入變得可能了：也就是我們的注意力要從失去的資料偷回一些什麼的想法，就是轉移到遺忘所留下來的這些空洞而沉落的感覺，而這也就是謬思心智的母親。

在夢中，遺忘的證據（不注意、失言、錯認、打盹、酒醉，包括忘了夢本身）不僅是屬於複雜的症狀標誌（這畢竟都是以白天世界重視注意力的標準而判定的）和紮紮實實地待在門檻關頭的這位嚴厲審查員而已，這些也是將事件傳送到原型領域的方法。[26]

遺忘的夢是夢對被記住的阻抗，也許是因為記憶是被白天世界所奴用的，而遺忘的夢則是拒絕了服侍這樣的工作。遺忘的夢不願

---

[24] 譯註：達那伊得斯（Danaides）是指埃及王達那俄斯與妻妾所生的 50 個女兒們，除了大女兒以外的 49 個女兒都在新婚之夜殺了夫婿，於是全被天神分派於地獄，強逼她們以水灌滿永遠不可能灌滿的無底桶。

[25] 原註 8：Eva Keuls, The Water Carriers in Hades: A Study of Catharsis Through Toil in Classical Antiquity (Amsterdam: Harkkert, 1974)；十分傑出的一本書。也參考 I. M. Linforth, "Soul and Sieve in Plato's Gorgias," U. Calif. Publ. Classical Philol. 12 (1994)。

[26] 原註 9：R. Graves, Greek Myths, §14. b. 4：古希臘作家普魯塔克（Plutarch）稱酒神戴奧尼索斯為「麗息的兒子」（Graves 指的是酒）。儘管麗息的意義在這裡比酒醉還複雜，這一點卻將戴奧尼索斯和黑帝斯與地下世界連在一起了。

因它的內容來強化自我的力量。我們如果能因為地下世界而變得濕潤，包括被分析的時候，麗息的阻抗也就會變小。這樣夢就更容易到臨，因為我們現在和麗息所屬的大家族關係更好了。遺忘和夢有著如此親密的關係，意味夢果真就像我們前面所說的，是遺忘的過程，是將元素移出生命的過程，這樣一來，像說溜嘴，這種讓自我溜進心靈的順流洗滌，將不再有任何值得留戀的興致了。

遲緩

如果地下世界就像佛洛伊德說的，是沒有時間的，那麼準時和遲緩（retandation）也就不屬於那裡。然而，以下這些是夢中常有的經驗：我們趕飛機遲到了，趕著赴約卻只是更麻煩和拖延；或者看錯時鐘而只剩一小時就要考試（表演、開會），所以設法及時開始；最糟糕的是，我們十分絕望地努力要趕上一切，卻發現雙腿像糖漿一樣軟趴趴沒法動，因為癱瘓而慢下來。

這些趕忙的焦慮情緒，是需要以意象來解讀的。這樣我們就明白，夢自我是被緩慢嚇壞了，特別是它下半身的緩慢。我們也明白，準時的意象是對別人時間的理想調整，和時鐘一定固著地綁在一起，這樣就可以讓夢自我保持滴答前進了。夢的準時顯示出夢自我依據的是白天意識，而遲緩則顯示夢自我飄離進入地下世界裡無時間的迷失狀態，儘管驚慌地想要努力。地下世界開始去影響地上世界了，讓它現在拋開了對時間的承諾，放慢了對時鐘完全配合的強迫行為。

所以在夢中，我們可以發現這樣的句子：「沒多少時間了。」

「我遲到了，要快一點。」「手錶一定有問題的。」「我會錯過開場了。」我們可以將這些解讀為時間就要停止下來的宣稱。一個人的「手錶／觀看」（watch）失去了警覺，或是其中的機置停止了。這樣的經驗是失去了時間，是在心靈空間裡因為沒有時間而失落了，不再能往前行動了。不再有開始，也不再有起頭。一個人的下半身已經暗中和追擊的一切聯手合作了，因為雙腳停止了奔跑。現在有的只是停滯。前進或後退都是沒用的組成。它們和地下世界毫無瓜葛。

藉由遲到或時間不夠，讓時間從地上世界移向地下世界。而和這個方法可堪比擬的是，藉由將故事裡時間相關的字眼拿掉，就可以讓故事變成意象了。故事是在時間當中展開的。先是什麼發生了，然後又有了什麼和什麼，然後是怎麼的情形。每一個「然後」永遠和「何時」有關，而不是一連串的「然後」。發生在夢中的事件，可以想像成不用顧及時間的發生，彷如一切都是在同一時間，彼此的時間順序也就不再重要了，不再像是故事那樣的線性連接關係。

舉例來說，在一場夢裡你（這個夢自我）衝去找醫生，然而你遲到了；而且是當你遲到了，你才衝去找醫生。衝去找和遲到兩者是不可分地需要彼此。它們發展出彼此，也強化了彼此。他們全和「找醫生」出現在同一意象裡，但沒有誰先誰後。

另一個夢的例子：有個會議宣佈下午三點開，然而你的電梯停住，無法上升去開會了；當你的電梯停住，你無法上升，然後你察覺正在宣佈下午三點要開會議了。被停住和宣佈開會一起出現在夢裡，但沒有哪個先，才有後面的另一個。

從意象論的看法，夢的解讀是本質上的陳述，而不是雞或蛋哪一個先。我們不是從故事的時間出發，而是意象的空間，雞和蛋都需要彼此，同時是彼此相關的。起源和因果關係的觀點，對地下世界而言都是沒用的組成，因為在這裡時間是進不來的，而意象所呈現是靈魂的永恆（總是持續的、再三出現的）狀態。

　　朝向意象時間前進，夢擺脫白天世界態度而來的時間性事件而得以自由，畢竟這一切就是因為遵守「真實」的時間和「真實」的時鐘而造成本質上的謬誤。相反的，遲緩的現象依然保留在醫生或電梯的意象裡，因為這裡是阻擋和遲到發生的地方。時間的問題已經放到某個地方了。我們會問：要求準時、要求趕快，這些事所聚合的，究竟是和誰、和什麼特別有關係呢？對夢自我的這些意圖沒有確切回應的，究竟有那些？是判讀方向的能力、自動的升降（電梯）、汽車啟動器、觀看（手錶）的機制、還是腿和腳？我們找出這些出現失敗的地方，找出病理化的地方，而這裡正是夢工作將白天時光開始加以瓦解的地方。

　　如果夢因為地下世界是沒有時間的，而沒法在時間中展開，夢也就不可能前往任何所謂目的地的地方了。我們在進行夢的工作時，必須拋棄對未來的任何期許。夢讓時間停止了，我們也要在時間上停止，否則會淪為故事，將我們又帶回到時間的河流了。我們只能避免將夢解讀成故事而讓時間停止。這樣一來夢就沒有盡頭。這有雙重的意思：夢沒有地方可以前去，而夢也是永遠繼續前進。夢是困在它自己內部，它真實的意象界／想像界（actual imaginary）裡，而且是透過對夢內部正發生的一切來獲得理解的。夢困在自己的框架限制裡，就像一幅畫可以看到的，沒有哪一部分先到而哪一

　　　　　　　　　　　夢與幽冥世界：神話、意象、靈魂

部分後到，我們只能對夢意象的內在關係加以闡述和深化而已。

如果夢不能隨意到任何地方，夢自我也就同樣如此，是緊緊地栓在夢的界限之內的，是困在這樣意象裡，這個讓地上世界時鐘的時間故事和時鐘依數目規律地前進全都停下來的意象。夢自我充滿時間的驚恐，想要逃離這意象。它因為時間慢「下」來而試著要追「上」。

對於時間化身其中的意象，包括其中部分的意象是充滿象徵的中數目字，如果對這些意象特別加以關注，我們就是在強調時間的品質，就像阿特米多魯斯[27]和古代其他的解夢者一樣，總會詢問夢出現在個時間，是入睡沒多久，是深夜且遠離白天之際，還是將要破曉時？雖然他們好像是根據自己的理論按照睡眠的程度將夢的解釋加以固定下來，但他們也會問作夢的人所注意到的夢意象的時間特質。這些時間特質指的是某些特別的心靈時刻：在早餐，剛放學時，深夜表演結束時。它們呈現出感覺意識的時刻、凌晨時刻、午後時刻、臨晚時刻、一日的結束時刻。一場下午二點的檢測，既是檢測二（twoness）的雙重性和張力，也是發生在過了最高點的白天已不知不覺降落下來的時候，儘管一天所累積的明亮和溫暖還依然炎熱著，沒察覺到正午已經過去了。

在這裡，我試著重新感覺對每一時辰彼此的差異。[28]每一個時

27　譯註：阿特米多魯斯（Artemidorus），古希臘占卜和釋夢家，著有五卷的《解夢》一書，約西元二世紀的人。

28　原註 10：Cf. Silvio A. Bedini, *The scent of Time, Trans. Amer. Philosophical Soc.* 53 no. 5 (1963)。中國、韓國、日本的文化和西方依賴白天日光的日晷傳統不同，是以晚上也運作的水和火來測量時間的。透過線香，計時的人員才能錯綜複雜地調整每年不同季節的時間（不同的夜間長度）；人們可以透過氣味來知道夜間的時段（也可參考本書 246 頁有關地下世界和氣味）。晚上的時辰是不同于白天的時辰：例如，日本的時間體系「六時」（Rokuji）意指六個不同階

辰也都是神話裡的人物（Horae，荷麗）[29]，是不同的人格。夢裡的時間則是夜晚的各個領域，有不同性質的不同地方，就像埃及的太陽神坐在祂夜間的船所穿過的十二個領域。[30]

圓形

　　榮格對自性象徵的研究，已經形成詮釋上的成見：圓形等於自性。這假設的立基於榮格有關曼陀羅的討論（梵語之「圓圈」的意思）。從榮格的時代，圓形應用的廣泛，從交通圖形標誌和甜甜圈，到珍珠和幽浮。任何在夢中的曼陀羅形狀，都很容易因為榮格所謂圓形事物是「自我療癒的嘗試」，而放到這個範疇來。在這裡，榮格這個前提，有一部分是語言學上的關聯：療癒（heal）、老當益壯（hale）、德文的拯救（heit），和完整（whole）。

　　曼陀羅來自西藏的心靈領域，是來自西藏有關地下世界的神祕宗教，和依此宗教建立的文化。因此曼陀羅裡所刻劃的自性，是多神論的人和場域所分化差異而出現的類型。（所以不是一神論的圓形、圓圈或圓球，這些是屬於西方欲望所追求的一神論且一元論的東西。）既然這個意象是從地下世界衍生而出的，也就只能用地下世界的觀點來解讀。當夢中出現了曼陀羅形狀的物體或類型，

　　段，其中四個是夜間世界的時間：傍晚、入夜、子夜，和晨夜。早期中國人的夜表將夜晚分為五個相等的部分：日落、黃昏、黃昏之後、等待破曉，和破曉。

[29]　譯註：荷麗（Horae）是希臘神話一群女神的總稱，主管時辰和季節有關的一切，眾女神的名稱有許多不同系統。這個字也是「小時」（hour）的字源。

[30]　原註 11：B. George, "Die Bahn der Sonne am Tage und in der Nacht," *Studia Aegyptica* (Budapest, 1974), 1:104-16（《埃及研究》〈白天太陽下的和夜間的火車〉）；*Ba*, p. 74。

正如榮格說的，可能是意味著整合，但這整合是涉及死亡的中陰（Bando）世界。這是現實的失落，我們平常白天意識的現實的失落。所以，如果隨興呈現出來的圓圈是自我療癒的嘗試，這個療癒也就是我們在書中闡述過的瀕臨死亡。

我們追隨著榮格的方向，從圓圈的曼陀羅走向整合的曼陀羅，從圓形的意象走向完整合一的理念，我們內心必須謹記曼陀羅隱含的死亡陰影。完整合一的觀念從自然的觀點來看，只採用了成長的意義（是指全然圓型的人；而圓形〔roundness〕指的是飽滿而非中空），這個成長於是成為了防禦性的整合，堆疊成為了強化的工作來填滿我們人性中的坑坑洞洞，而這些坑洞原本是用來和地下世界保持聯繫的。榮格自己就指出了這種曼陀羅的防禦性運用，也警告地反對「對這些意象進行人工的重複和刻意的模仿」。（CW9, i: §718）。防禦性是圓圈本身極其本質的一部分。對意義的理解出現了被害妄想的封閉性是十分容易的，只需要將一切都歸之於它的完整合一，將它所在的地下世界加以牽制，停止不前。因為西藏的曼陀羅是保護靈魂遠離惡靈獵捕的冥想方式，所以（大）自性（Self）是一個無所不包的完整合一，是將靈魂打通的這些靈性事件的惡靈本質都包括在內的。不論是在曼陀羅還是完整合一，圓形是有保護作用的，是對我們的妄想傾向永遠提供保護的皇土（temenos）[31]。這個圓圈就是中心所在，是完整的，除了自己，別的都不需要。這是個完整的體系。所以，不只是白天世界對曼陀羅的誤用是「錯誤」的；錯誤的可能性還是圓圈本身就具有的。

---

[31]　譯註：temenos，希臘時代將某一塊地劃分來供奉某一君主或高官，甚至是獻給某一神祇，因此譯為皇土。

在原古西方的象徵裡，圓圈是死亡之地。我們可以從圓形墳墓或葬陵發現這一點；這樣的形式日後在基督教圓形墓園也引用了。[32] 輪狀和圓圈（特別是花圈），都可以解讀為地下世界的表現。綁在輪子上加以懲罰（如伊克西翁），就好像綁進了一個原型的地方，和運氣的轉動綁在一起，月亮和命運輪流而來，永遠無止盡地回到同樣的經驗，一點放鬆也沒。一切都在往前，卻沒有任何改變；生命的一切都是「曾經相識」（déjà vu）。瑪格烈特・理門施奈德[33] 提到在凱爾特的文化裡，圓圈這詞強調了地下世界的意涵。[34] 在凱爾特神話裡，車輪或可以滾動的東西，是有著異樣或險惡的意圖。環是封閉的圓形，而不論是婚禮戒指、桂冠加冕，或墳墓花園，都是封閉在我們身上的圓形。沒有任何出口，這也就是「必要性」的定義。在囚奴或犯人的脖子上的環形桎梏，就是「必要」（necessity，希臘文 ananke）這個字最初的意義。車輪讓封閉的圓形開始行動，我們於是都在循環而強迫的滾動裡，永遠沒有終點。無論惡兆伴隨著技術文明的發展（這一點在發明輪子以前，甚至從負軛奴隸的頸環就出現了），還是桂冠加冕典禮所出現的悲劇

---

[32]　原註 12：A. H. Allcroft, *The Circle and the Cross*, Vol. 1 (London: Macmillan, 1927).

[33]　譯註：瑪格烈特・理門施奈德（Magarete Riemschneider, 1899-1985）是德國的藝術史學者。

[34]　原註 13：M. Riemschneider, "Rad und Ring als Symbol der Unterwelt," *Symbolon* (Basel and Stuttgart: Schwabe, 1962), 3:46-63（《象徵》〈車輪和圓圈作為地下世界的象徵〉）。在古義大利陶壺上，黑帝斯房子的天花板或黑帝斯和波瑟芬妮的頭上，總是描繪著車輪，這點參考 Keuls,, *Water Carriers*, pp. 78, 88, 92。瑪格烈特・理門施奈德對車輪的解釋，是依循 Ge 的觀點（英國古典學學者珍妮・哈里森〔 Jane Harisan, 1850-1928 〕和豐收祭典循環）。關於這些描繪的收集和分析，可以看 Konrad Schauenburg, "Die Totengötter in der unteritalischen Vasenmalerei," *Jahrb. des Deutschen Archäolog. Inst.* 73(1958), pp. 48-78（〈義大利陶壺上描繪的死亡神祇〉）。亦可以進一步參考 Goodenough, Jewish Symbols, vol. 13(Index)，在「圓形物體（Round objects）」一詞下，可以看到關於圓形物體和死亡與埋葬之間，多種的象徵關係。

感，我們都困進機械主義裡了。

輪子是世界通用測量時間的模式，將時間呈現為循環，白天和黑夜輪流替換。我們隨著時間滾動，正如巴修拉所說的，空間是我們的朋友，而時間這觀念裡原本就有死亡的意味。所以在分析的那一小時裡，這個自佛洛伊德以來心理治療最基本的時間儀式，其中就存有死亡，就像沙存在於沙漏裡頭。牙醫師、內科醫師或外科醫師，都沒有用同樣的方法安排時間。因此，這是職業本身需要的時間方式；醫者本身是不會按時鐘來打斷工作的；然而心理治療卻是以小時來出現的，是根據偉大的輪子。每一個小時，透過喚醒死亡，來喚醒靈魂。即便治療師想要擺脫這一切約束（例如每小時談45分鐘，不是預約的會談等等），「小時」還是依然存在的，彷如分析意味的時鐘或沙漏，對心理治療這個療癒—死亡過程而言是基本的要素。

有些時候，忽然出現的圓形意象，除了突破妄想防禦、突破個人獨有的人格整合圖像內部的安全感以外，也帶來了療癒。這些意象必然因此帶來了另一種非個人的整合。個人的自由靈魂，這時移向了宇宙必然性的觀點。我們成為我們移住進入的圓圈的一部分，不論這圓圈是什麼：神經症的、社會的、還是智性的。我們變成它必要的一部分，被帶入了其中。

這種重複性的循環狀態，在我們自己生命條件的渦流裡一直地旋轉，逼使我們不得不承認這些條件是我們的最最本質，還有，靈魂的循環移動（根據普羅提諾的說法，這是它與生俱來的移動），是和盲目的命運分不開的。靈魂之所以獲得自由並不是讓自己擺脫了盲目，而是繼續和它一起旋轉。最後，如果忽然出現了曼陀羅的

療癒，那是因為自己被逼著認識到意識的有限性，我的理智和心只能以循環的方式旋轉，而這同樣的循環是我永恆必要性的一部分。

心理病態

夢中的人物會有一種穩定的人格本質，是清醒自我判定是心理病態的，因為它是完全不受白天世界道德價值的影響，也不會改變的。這些人物，在地下世界是永遠的牢中人。當我們在夢中遇到時，他們可能是殺人犯或納粹，也可能是具有迷人魅力的惡棍。

這裡我先插個話：我所謂的心理病態（psychopathy），在這裡是和社會病態（sociopathy）在觀念上是沒兩樣的。然而選擇心理病態這個詞，是因為有心理或心靈的描述字眼，而不是要將「病態」的行為主要涉及某個領域，也就是社會。心理病態人格是精神醫學裡最多謎題的討論之一了。然而連急性精神分裂發作和抗憂鬱病藥物，甚是較輕微的完整描述的症候群，在醫學文獻中是都可以找到更多更多。精神醫學裡最明睿的這群心智，從榮格到連恩[35]，對這個既無法學習也不會改變的無可救藥又充滿毀滅性的人格成分，都沒給予太多的注意。

在傳統的觀點裡，大家認為心理病態有兩種主要的人格特質。首先，大家認為這是先天的也是靜止的，是沒辦法從經驗中學習，不論是改善或惡化的進展。其次，這情形就如同 1835 年普里

---

[35]　譯註：連恩（R. D. Laing, 1927-1989），英國反精神醫學運動主要人物，可參考他兒子為他寫的傳記《瘋狂與存在》一書（心靈工坊出版）。

查德[36] 最初稱之為「道德瘋狂」（moral insanity）那樣，是無道德的，極端自我中心、殘酷而沒有一絲懊悔或贖罪的念頭。因為這是無止境的重覆、無道德的自我中心，和天生的毀滅性這些特質的結合，心理病態十分適合地下世界的觀點，也因而知道地下世界不只是靈魂的領域，也是心理病態的領域。佛洛伊德也認識到這種心理病態的地下世界是存在於本我當中的，因為本我包含了「不道德的、亂倫的、和性倒錯的衝動……謀殺和虐待狂的誘惑。」（*CP* 5：155）他提到「本我裡的邪惡」，並且堅持作夢者對自己的夢內容必須負起道德責任。[37]

　　　如果夢裡的其他意象沒辦法直接譯成清醒自我的語言，為什麼「本我裡的邪惡」就可以如此侃侃而言？這不也是類比的語言？夢中的亂倫，就像榮格說的，是因為相近的結合，是親族力比多（kinship libido）[38]。如果這樣，夢中倒錯的衝動，可以說是將自然硬扭進心靈而產生的不自然結合。謀殺和虐待狂的誘惑也可以從類比來理解，也就是在煉金術「死亡」（mortificatio）和「腐化」（putrefactio）過程中需要一部分慾望用來去除結構，但也需要另外一些慾望阻止彼此以避免太徹底的分離。偽裝、欺騙、冷漠、殘忍惡作劇：我們現在所處的地方是遠離了人性的溫暖和高尚，然而

36　譯註：普里查德（Janes Cowles Prichard, 1786-1848），英國的內科醫生和體質人類學家，他以進化論的觀點，將嚴重的精神疾病稱為道德瘋狂（moral insanity）。在當時的背景，moraling 有特殊的涵意，因此，譯為道德是極不準確的。有人將這詞譯為悖德症，其實不恰當。在這裡暫時採取直譯。

37　原註 14：參考《夢的解析》頁 620-21，一開始佛洛伊德在這裡並沒有主張對自己的夢內容必須負起道德責任，因為討論這一切時，將倫理問題加諸其上是錯誤的。這些想法是《夢的解析》最後的幾頁，好像是說這書結束了，但又在最後幾頁裡指出這些問題是開放的。他掩藏了過去關於道德議題和夢的相關文獻（《夢的解析》，頁 60-72）。

38　譯註：親族力比多是榮格的觀念，認為這樣的本能讓親族得以形成，但也是亂倫的動力。

心靈繼續運作著，儘管分不出孩子手上的彈簧刀和儀式使用的刀刃有什麼不同。

為了要接受心靈這樣的基礎（base），我們對它的卑鄙（baseness）[39] 不用道德的眼光去看待。這就好像波留克列特斯[40] 在德爾菲[41] 聖殿著名的壁畫，是沒有任何道德暗示的[42]，就像是這句話說的：「在荷馬式的史詩裡，對死者是不做評判的。」[43]；就像對黑帝斯的崇拜儀式是沒有道德的限制；同樣的情形如同荷米斯給的而黑帝斯皆接受，不考慮道德性格，我們每一個人都還是我們。

佛洛伊德也確信心靈的深處是沒有好壞，不需要道德律則，甚至否定也不存在。有時同一個字詞最後還是欺騙了，同時可以出現對立的意義；而榮格也說過許多次了，夢對我們越是告誡，我們越是走錯路。（*CW*10：§835）這一切的客觀本質並不需要用道德的斧頭來加以磨平。[44] 因此，對夢採取道德觀點並不會對夢產生任何的呼應，不會說出相近的語言。所以，讓我們心中永存著荷米斯

39　譯註：base 是基礎，而 baseness 則是卑鄙。作者在這裡玩了個文字遊戲，但也暗示了字源的相關。

40　譯註：波留克列特斯（Polygnotus）是古希臘著名畫家，提出許多繪畫定律，包括人的頭與身體比例應該一比七等等。

41　譯註：德爾菲（Delphi）是古希臘城邦的共同聖地，阿波羅神諭之所在。波留克列特斯最著名的作品是此處的壁畫。

42　原註 15：Rhode, *Psyche*, pp. 241-42，根據羅馬時代的希臘地理學家保薩尼亞斯（Pausanias，公元 2 世紀）《希臘志》第 10 卷，頁 28-31。這主題古典學上的研究，可參考 Carl Robert, *Die Nekyia des Polygnot*, 16, Hallisches Winckelmanns progr. (Halle, 1892)（《波留克列特斯中的召魂術》）。

43　原註 16：Cumont, *After Life*, p. 76;cf, Brandon, *Judgement*, p.194.

44　原註 17：「有時一個人會夢到自己做的，顯露出他最糟的面向。但夢本身……曾經有道德意圖……夢作是植物，大自然的產物。我們可以把它當作倫理的、哲學的、或其他等等的問題，但這些問題不是原本就在夢中的。」榮格「孩子的夢」（Seminar On Children's Dreams）講座（"Notes" by H. H. Baumann, trans. H. Henley[Eid. Tech. Hoch, Winter, 1936-37]）。

吧，黑和白可以十分弔詭地同時存在。

　　認為某個夢是好的或壞的，或是要從夢中導出結論來當作選擇的方向，或是從夢中找出對態度的糾正方式，這一切都是在加以道德化；這是將外來觀點硬插入地下世界。良心和超我雖然確實是心靈的一部分，這些觀念是可以在夢中找到它們的根據，包括法律代表的人物、治理的秩序和高層道德的權威，但我們不能將責任推給夢，就以為自己可以神奇地擺脫道德問題的負擔和尊嚴。我們期待夢可以為我們掌舵帶上正義的路，一旦犯錯就會警告我們。我們會說：「我做了一個警告的夢。」而這樣的情形其實是種陰險的「心理變態」：我們不自己下定決心，而假裝是夢幫我們作決定。（我的夢說我們應該分手了、有外遇了、該搬出去了等等這些。）我們不願活在社會利益的風險裡，而是要依靠私人夢裡這些所謂較高級、也所謂真實客觀的內在聲音。這是沒有社會道德的，也就是不負責任的，這只是一味地相信這些虔誠而不可反駁的心理裁決而已。而意象就像諸神一樣，對我們是有要求的，就好像夢要求要對它們進行工作一樣。但，夢是不會告訴我們該怎麼做的。

　　且讓我們牢牢記著這本書提出的主要觀點，其實佛洛伊德許久以前在考慮夢希望的道德性時也所說過的：「心靈的現實是一種特殊的存在，不要和物質的現實搞混了。」（*ID,* p.620）佛洛伊德和榮格兩個人都肯定了地下世界的無道德狀態認，這表示道德立場和心理理解是不可比較的。因此，用道德來解釋意象是不恰當的。在進行夢的工作以前，應該要有一些準備：對於兩千年來獨自被關在基督教義牢裡而深陷地上世界標準，且所有內在發展的想像都被道德評估了的靈魂，如今我們必須將之加以釋放。佛洛伊德在靈魂夢

境深處的所謂「不道德的、亂倫的和性倒錯的衝動」，指的是心靈的意象，而不是道德行動。

去除道德性的夢，除非解釋的人將意象當作社會行為，否則是不會變成心理病態的危險。這世界的心理病態行為，大多是因為解釋成物質現實的緣故，而不是因為意象本身。同樣的，真正的心理變態是和英雄自我有關。我們稱讚英雄自我的正面行動，然而對地下世界的人物，我們都害怕這些負面的幻想。夢中的殺手在生活中被解釋成心理病態的傾向；但殺手在心靈現實的地下世界裡，卻是死亡的神祕偽裝之一，而鐮刀死神只是一種較流行的說法。[45] 夢裡的謀殺者不僅僅只是作夢的人需要加以承認和整合的恨意、邪惡和「無道德的陰影」而已。在殺手之中有著神聖的死亡角色，不論黑帝斯、死神塔納托斯、克洛諾斯－撒頓（Kronos-Saturn）、狄斯（Dis Pater）或荷米斯[46]，都是可以將意識從生命的依戀中分離開來的人物。

同樣情形也出現在那些總是回來也一再回來，卻沒有任何改變的人物裡：從青少年以後就不會像我們這樣逐漸老去的男孩和女孩們；依然索求著我們鮮血的嚴厲父親和冷酷母親。而這些人物，包括埃阿斯依然孕育著他的不平，狄多依然頻頻回首，坦塔洛斯繼續想要取得他拿不到的一切[47]，這些人物都是情結中永遠不變的

---

[45] 原註 18：Herzog, *Psyche and Death*, pp. 28-37, 149-59, 202.

[46] 譯註：這些人名皆是和死亡或冥府有關的神名。

[47] 譯註：這裡指的應該是小埃阿斯（Ajax The Lesser），否認自己誘姦卡珊德拉而遭懲罰；狄多（Dido）是古迦太基女王，因為愛上特洛依英雄埃涅阿斯（Aineias），不得不離開故鄉，心碎而自殺；坦塔洛斯（Tantalus），宙斯之子，因為吞噬自己兒子而遭宙斯處罰，他想喝水時水就退去，想摘果子而果子就遠去。

心理變態部分。想要將不變的這些將以改變，根本就是完全錯置的；這個本體論的混淆將心理治療誤導到薛西弗斯 [48] 的迷思。在佛洛伊德（CP 2:260）和費希納的觀點裡，死之本能是尋求穩定；在柏拉圖的說法，淪落在黑帝斯處的靈魂是無法療癒的（《高爾吉亞篇》，〔 Gorgias, p.525e 〕）。這些是不會變的。我們面對的是情緒的基本面向，是遠遠超越道德性也超越「心理病態」的改變，然而這也是心靈最純粹和穩定的恆長，是哲學所謂的本質領域（realm of essence）。如果堅持心理病態的本質是要接受地上世界的道德價值，或堅持要撼搖它的固著，這就好像地下世界的赫克力斯或基督，與其說是拯救死者，不如說是從死者處獲得學習，柏拉圖（《克堤拉斯篇》，〔 Cratylus, p.403-04 〕；參考《斐多篇》，〔 Phaedo, p80d 〕）看到了這樣的固著，不只是來自因為無法離開黑帝斯靈魂而教人感傷的情緒，也是來自因為黑帝斯是如此有知識的人、如此有智慧的恩人，而讓靈魂想永遠留下來 [49]。就是在心理病態不變的牢固性當中，我們最能理解靈魂的本質。

　　要向地下世界學習，就是要向心理病態學習。這是十分艱鉅的任務。在夢中，我可能墜入陣陣的啜泣，看到我這把年紀的男人因為性的企圖而誘捉了小男孩，或是我兒子明明偽造簽名卻堅持否認──這些的罪行，還有更糟的罪行，不只是出現了，還一再重複。就是透過這一切，我可以對人格和行為有更多的洞見和更深的

---

[48]　譯註：薛西弗斯（Sisyphus）的名子代表著徒勞無功的努力。

[49]　原註 19：關於黑帝斯的知識淵源，參考《文藝復興時代的異教奧秘》（Edgar Wind, *Pagan Mysteries in the Renaissance* (Harmondsworth: Penguin, 1967), pp. 280-281）：「……康蘇斯 (Consus) 神，這位專門提供好建議的特別神祇，受到了地下羅馬人的崇拜。」

理解，而且能更深入陰影及其加諸於我們之上的限制。這些夢的重覆出現顯示出心理病態的穩定性，如今已經紮實地落定而成為性格的本質。如果性格是我們的引導靈（代蒙，daimon），是我們的命運，就如同赫拉克利特所說的一樣（frg.119），那麼這些重覆的模式是我們的保護靈，和我地上世界的關聯和方案有關，更是和我的命運有關。

　　然而，白天世界的自我還是堅持不妥協。它說：雖然這些讓道德感到恐懼的一切是出現了，但總該做點什麼的。道德的衝擊對這不可救藥的意象不得不企圖加以改變。我們於是又再一次發現，道德反應是如此的不恰當，即便只是對這意象的防禦機制亦然，因為現在已經威脅了真實的：因為道德恐懼而召來的社會志工情結（social-worker complex）。一旦我們嚇呆了，我們立刻進入社會面的觀點，透過病因、治療和表面的行動來將自己拉遠。然而，這恰恰就是心理病態的觀點：社會志工和心理病態者都會說：「這些全都走樣了，這些全都錯了。」兩者也都是在「做點什麼」。因為行動只是侷限在表面上，社會變態者沒辦法學到什麼，社會志工沒辦法削弱問題的心靈力量。白天世界的自我對無道德的陰影所做的努力，於是和地下世界的重覆一樣徒勞無功。事實上，地下世界的迷思是鍛鍊成慣犯了，心理病態永遠回歸到他的無道德，而社會的道德主義繼續永遠的矯正努力。

　　想要治療這一切不可療癒的渴望，讓我們看不到我們自己的侷限的本質，而這些侷限是和人格的心理病態本質一起存在的。甚至更糟的是：這渴望裡隱藏了一位擅於冒名頂替的人，他像快速變裝的藝術家，將自己立刻變形成為了一位社會志工。沮喪的重覆感

　　　　　　　　　　　夢與幽冥世界：神話、意象、靈魂

受以及對治療再三的絕望，兩者都有同樣的源頭：沒有發生的過程（non-process），地下世界非道德的本性。

關於這極其迷亂的主題，透過這些短短幾段的文字，至少可以說明心理病態為什麼現在還是心理學的大謎題：因為心理學將地下世界整個都投射到社會學的地下世界，想要在那裡揣測心理病態。反之，如果心理病態屬於心理學的地下世界，那麼研究就要從佛洛伊德留下來的那裡開始：死亡本能，而不是道德性。

冰

當冰的意象出現在夢中時，人們可以認為這指的是靈性領域：高峰的群山。遙遠極地的純淨，以及清澈之中纖細的龐大存在於水下的深處，地獄熊熊的火焰；而泥濘底下的，會是冰的第九層地獄。根據但丁的《神曲》，這裡就是該隱、猶大和路西法[50]的居留地。諾斯提學派的著作，也描述了地下世界的一處是冰雪的地區。[51]這結凍的地域是意象化的心理病態。除了這點，還有更多有關的。

降落進入地下世界和夜間的海洋航行，在很多地方是不一樣的。我們已經談過主要的差別：夜間航海歸來的英雄將有更好的人生目標，而招魂（NeKyia）裡，靈魂因為自己的緣故，掉入了永遠不「回頭」的深處。另一個不同是，夜間的海洋航行建立起內在的

---

[50] 譯註：該隱（Cain）是亞當和夏娃的兒子，殺死弟弟亞伯，是人類的第一起謀殺；猶大（Judas），耶穌的十二信徒之一，出賣了耶穌；路西法（Lucifer），墮落天使之一，或稱撒旦。

[51] 原註 20：Dieterich, *NeKyia*, p. 202.

熱度（tapas），召魂是像在受盡擠壓的容器裡，從受到熱情烈火的悶燒一般，向下走到了極度冷冽的地域。

如果仍然燃燒的問題只要塗抹藥膏就滿足了，那麼分析性的治療便是未完成的。分析還是要冒險穿越對許多詩人和探險家充滿吸引力的結凍深處，而對深度心理學而言是原型的結晶作用，是一動不動的抑鬱，也是緊張僵直（Catatonia[52]）的緘默，這一切的所在之處。

在這裡，我們會麻痺，全身寒冽入骨了。我們所有的反應，都是在冷藏的冰庫裡。這是恐懼和害怕的心靈空間，如此地深，來自神祕而熟悉的體驗。像是巫毒的死亡和假死的反射動作（Totstell refex）[53]。在冰裡有著一位殺手。或者，冰也可以以妄想者的距離來體驗，就如同尼采在《查拉圖斯特拉如是說》中〈夜歌〉所說的：「我是光明；……然則我被光明所縈繞，此乃是我的孤獨……啊，我的四周都是冰，我的手在寒冰上燒焦了！」[54]

在這裡，我們會回想到斯蒂克斯這一條冥河，浮滿結冰的仇恨來保護著地下世界；這冰凍的河也同時發誓著，一如神的誓言那般聖潔而永恆。如果冰在地下世界有這樣的功能，那麼我們本性裡冰冷地域在靈魂中也有它的功能。冰河那樣的冷冽，包括心理病態、妄想症、緊張僵直等等，均不是空無的感覺或壞的感覺，而是屬於它自己的一種感覺。該隱、猶大和路西法是超越在人性溫暖和

---

[52] 譯註：緊張僵直（Catatonia）在症狀學上是指心理和身體的不動狀態，整個行為呈現僵直狀態，1874 年德國精神科醫師卡爾彭（Karl Kahlbaum, 1828-99）提出來的。

[53] 譯註：Totstell 反射，指過度堅強而整個人進入了持續死亡狀態的反應。

[54] 原註 21：Friedrich Nietzsche, *Thus Spake Zarathustra*, sec. 31.（《查拉圖斯特拉如是說》）（譯按：本註在原書誤植為註 22）

心理學內心分享技巧之外的，而人道主義以為可以重建地球，讓所有的人性都生活在冷熱平衡的地域。該隱、猶大和路西法不是冷熱適當的，不是節制的；他們擁有的是另一種心。基督教義的陰影所出現的冰凍深淵是極其重要的領域，無法透過基督教義淌血的心來拉近。接近這領域的原型方法依循的是順從苦痛而逐漸接近（homeopathic）的原理：以毒攻毒。召魂儀式要進入冰是要需要寒氣的。[55] 一旦接觸到了，我們就可以對冰本身的極致冰冷進行工作。我們如果能意識到自己想要犯錯和背叛的慾望，想要殺死手足和殺死自己的慾望，知道我們的吻本身就帶著死亡，知道有一片靈魂永遠被驅逐在人性和天堂之外，我們就可以遇見該隱、猶大和路西法。這些慾望不渴望救贖，也放棄了所有的希望，卻也開始走進治療師的心中，而不是只靠治療師的慈悲和信仰。這些第九層地獄的慾望，讓冷酷的心理學之眼可以從下方往上看，就像意象困在自己的圈圈裡，這隻眼睛閃爍映照著路西法非人性的洞見，是光的承載者。

　　心原來就有一種寒冷，在這裡可以像冰箱一樣儲藏，而將生命力和日夜循環加以保存、抱持、保護、獨立和懸置，如煉金術裡將物質加以「凝結」（congellation）。而殘酷和蔑視是將永無止盡深化的私己感受加以包圍的一切。也許在我的冰裡，是我的童話公主待在裡頭，是自然心理學想要透過吻讓她活過來的；但也許她自己想獻身這寒冷直立的靜止不動，更深入地朝向第九層地獄，在一

[55]　譯註：原書沒有註 21，應是誤植為註 22 之處。而註 22 應是這裡。

　　原註 22：Dieterich, *Nekyia*, p. 96; cf. Farnel, *Greek Hero Cults*, p. 376。完整的研究且看 André Parrot, *Le "Refrigerium" dans l'au-delà*, (Paris, 1937)（《地下的「冷凍存鮮」》）。

切可以移動的底下，這樣的疏離和穩定，讓我們想起死亡冰冷的身體。這裡的夜裡形象，既不輕浮，不會讓人感到春心蕩漾，也不會鬱悶沉默。相反的，冰閃爍的光反射出完美；甚至什麼都沒有，但就只有結晶的洞見和尖銳的真理就夠好了。這是追求絕對主義的欲望，完美的絕對完成。而冰女僕是可怕的工頭，嚴厲且沒有任何情緒；然而，既然她的領域也是在心靈的地理地圖之上，極地的冷冽也是被允許的。因此，想要將寒冷加溫、將冰融化（對偶主義又一次出現了），反映出治療的努力並沒法觸及任何屬於冰的層級。治療的渴求掩藏了對第九層地獄的害怕，掩藏了對這麼快就走入深處的絕對精神病狀態所帶來的害怕。

異教徒和早期基督教徒墓誌銘提到死亡靈魂的時候，像是冰存起來（refrigerated）的：「在冰存永鮮裡，你的靈魂」；「神將我冰存」；「在冰存裡，在安息中」。文字的傳統還是繼續用著這個字，像凍起來。Refrigerium 是拉丁文冷藏保鮮，或是 refrigerare 是義大利文冷凍起來的意思，都用來形容死後靈魂的狀態。這約定俗成用法的來源，應該是希臘文轉用而成的拉丁文。希臘文寒冷是和心靈相近的。（Psykter 為冷酒器；Psychos 為冬天時光或冷天氣；Psychros：冷冽、不真實、冷心腸、寒冷。）而基本的字源，Psychō，是指像「吹出冷風」或「令人冰冷的呼息」那類的東西。在古代，冷的面向是和靈魂（anima, psyche）有關聯的。

心靈這個字的許多意思不僅是位於冰冷之處或是指冰冷的地方；這也用在讓心靈恢復的甜冷飲上，像是歐西里斯 [56]。難道我們

---

[56]　譯註：歐西里斯（Osiris）：原是埃及神話的冥王，現在也是一種冰冷的雞尾酒名稱。

對可樂、冰淇淋和kool-aid[57]的理解，可以不去在乎古老的背景？這裡的問題是出在將甜蜜變成糖（或糖的新結合產品）的表面過程，也就是對孩子天真自然的態度而言，如果這東西是甜的，嚐起來就必須是甜的；如果是冷的，就必須正確地覺得是冷的。當冷的地方也是糖的地方時，對地下世界的心靈需要和孩子的情感需要也就出現了混淆。夢的意象顯示出這個混亂了。（這個問題可以從飲料的顏色和名稱，還有意象出現的地方找到線索。）啜飲著巧克力冰淇淋蘇打的夢自我必須是暗深色的冰水上加上奶油泡泡的，而夢自我是吸吮著死亡的冷飲。

祭禮的飲食

有關於祭禮的飲食（ceremonial eating）（宴會、狂飲）的分析詮釋，也需要原型上的校正。只要戴奧尼索斯和黑帝斯是合而為一的，那麼所有用來慶祝生命的喜悅和力量的儀式，似乎都會有地下世界的陰影。這陰影是暗藏在與死者共食之中，也在和地下世界這神話主題元素（mythologem）特別有關的食物（蜂蜜、種子、石榴、玉米、小蛋糕及蘋果）的準備和分工過程之中的。在這裡順道一提，對森林民族來說（如婆羅洲的達雅克族〔Dayak〕），蘑菇是死者的靈魂雨後春筍般在活人的土地上冒出來的，這些潮濕、芬芳、忽然漲大的菌菇（puffballs）[58]，這些在通風的泥土或泥土

---

[57]　譯註：kool-aid：美國品牌，放到水裡可以融成果汁一般的飲料。

[58]　譯註：puffballs，是馬索力菌菇，球狀形體，會實體爆裂而散出孢子。但在這裡選擇字面上的直譯。

味的空氣中製造出來的「午夜蘑菇」[59]（引自莎士比亞《暴風雨》〔 *Tempast*, act 5, sc.1 〕），是新柏拉圖主義波菲立所謂的「眾神之子」[60]。在義大利的民間傳說裡，長出蘑菇的地方，下面就有個特殊的金屬體；這也就是來自其他行星的人物或是地下世界的原型體[61]。而佛洛伊德就像我們提到的那樣，將蘑菇恢復成為夢起源之謎的意象。

其他的食物，包括出現在希臘冥府祭禮（Greek chthonic cults）和「為死者舉辦的盛宴」裡的主熟的蔬菜、蛋、公雞，偶爾也提到魚[62]。飲料則包括：蜂蜜水、牛奶和酒。黑羊則是在犧牲儀式中被宰殺和完全焚燒[63]。正如我們看到的，獻祭的菜單可以是既長又多樣的，根據不同的地點、祭拜儀式和歷史階段而會有不同的重點。這些祭品放大的說明，譬如蜂蜜或牛奶，恐怕是需要用二十頁來描述的。

關於哪些食物只屬於地下世界而哪些則不，是不用太挑剔的，重點是要去感應這犧牲的氛圍，將「吃」轉換成一種心靈儀式的氛圍。如此一來，這樣的食物和這樣的餐點就可能會讓人瞭解是來自黑帝斯的，這位既「好客」[64]又隱身的生命宴會主人。那麼這些儀

---

[59] 譯註：莎士比亞《暴風雨》中，淪落小島的普洛斯彼羅，在第五幕剛開始時，形容聽他使喚的小精靈（愛麗兒和卡力班）的神奇力量，提到「在半夜中以製造蘑菇為樂」

[60] 譯註：波菲立（Porphyry of Tyre, 234-305 A.D.）新柏拉圖主義哲學家普羅提諾的學生。

[61] 原註 23：Cf. Robert Hertz, Death and the Right Hand (London: Cohen & West, 1960); Augelo de Gubernatis, La Mythologie des plantes (Paris: Reinward, 1882), 2:58.（《植物的神話學》）

[62] 原註 24：W. H. D. Rouse, *Greek Votive Offerings* (Cambridge: At the University Press, 1902)pp. 3-36，一整章討論這樣的「盛宴」；也參考 Goodenough, *Jewish Symbols* 6:166-172。

[63] 原註 25：Rhode, *Psyche* pp. 168-69.

[64] 譯註：好客（hospitable），源自 hospital 一字。這個字原指朝聖的中途休息站，後來變成醫院。這字延伸的意義包 hospice（臨終關懷，為治療朝聖卻因病重無法繼續行程），hostel（旅

式會打開與個人的「死者們」共同為伴的一條路徑。這些儀式通常是來自過去家族經驗的影響，就像生前沒經歷過的生命，是祖先們無意間攜帶了這些未實現的期待。我們透過跟祖先們同桌聚餐，既是餵養著祖先，也是開始被祖先們餵養。

心靈需要被餵養。這個想法從很多地方都可以看出來，包括到處都有在死者墓穴留下食物和料理食物的廚具；還有一些，舉例來說，在希臘每年一度的花月節[65]儀式，就是餵養那些從冥間回到先前住所的靈魂們（keres）。諸靈節[66]或萬聖節中，這儀式還是存在著：我們用可以食用的玩意，安撫帶著面具的人們。煉金術士有一種操作就叫作「餵養」（cibatio），還有一種叫作「浸泡」（imbibition），這是在個人靈魂製造的工作（the opus of soul-making）之際，工作所著手的心靈玩意所需要的某些正確的食物或飲料。

在伊甸園，吃是最初的原罪，人類的生命就是在咬下去的第一口開始的；而這一點當然不是指發展觀點裡的口腔和乳頭。跟「吃」有關的夢，一定要超越像口腔期或需求滿足這一些簡易的概念。食物是比性慾、攻擊或學習都還要基本，因此也著實讓人訝異，深度心理學對食物和吃意是如此忽略。因此，我們需要好好貼近看看這些跟吃有關的夢，同時要知道心理學傳統能給的幫助恐怕是很少的。

館，中途休息之處），hospitality（好客，當地人對朝聖者的提供食宿）。

[65] 譯註：花月節（Anthesteria）是希臘獻祭酒神戴奧尼索斯的四個祭禮之一，通常是一二月之間的月圓前後三天，是慶祝春天的開始，也是對死者的祭禮。

[66] 譯註：諸靈節（All Souls' Night），每年11月20日是天主教會和聖公會煉靈月的第二天，是對去世信眾的瞻禮日。

所以在一場夢裡面，我們要正確注意到是哪些人在吃東西？在哪裡吃？什麼時候吃？跟誰一起吃？因為這些都可以告訴我們餵養過程是如何進行的。我們也許因此可以瞭解到夢自我是用什麼在餵養，來自哪裡的餵養，跟誰一起進食。是有服務他點菜（或者不是）的女服務生端出食物給他嗎？他是出去「外面」用餐？還是在「家」用餐？而且「自己煮食」嗎？他有在街上大啖甜食嗎？還是在死寂的夜晚的時候進入他的冰庫（refrigerium）拼命地找他渴望的東西？

　　吃的東西喚起具體又自然的關聯，例如：「我討厭肝臟，它太營養又甜甜的。」「我早餐從來不喝茶，為什麼會夢到這樣的情節？」「柳橙汁很健康，即使我在夢中是囫圇喝下。」關於這些（相對於其他的事物），我們很難想到夢中的肝臟是（在所有的一切當中）最具有生命熱血的器官（不論這個人在白天世界是否討厭肝臟）；同樣也很難認出早茶是破曉的新儀式；而囫圇吞飲的柳橙汁就像它所說的：一種為了獲得明亮陽光的「果汁」而進行的狂躁強迫行為，就像在黑帝斯裡渴望生命的靈魂。因為食物的意象很具體，所以要穿透特定食物的意象通常是困難的；然而，我們在夢裡吃的不是食物，而是意象。

　　在埃及人的地下世界，靈魂之一的「巴」（見 Ba 一書，p.146）給屍體餵養食物及飲料。我們再一次地看到埃及人的地下世界是如何將白天世界上下翻轉。這裡所描繪出來的想法並非認為靈魂是從身體物質中長出來的——一個因為飲食而出現的伴隨現象（epiphenomenon）：吃啥變啥（you are what you eat）。更精確說，我們呈現出來的樣貌是身體向靈魂借來它所需要的營養。身體

的生命是需要意象所構成的靈魂玩意的。

更早之前，我們引用過的一個浪漫概念：意象是靈魂最好的食物。如果這樣，是否食物是靈魂最好的意象呢？順著這樣的想法，我認為在夢中的吃是滋養了我們鬼魂的嘴巴，同時也回報其他靈魂和我們自身的夢靈魂，我們心靈中的一部分。這是一個既是犧牲也是祭禮的行動。在夢裡吃東西的無論是誰，無論是什麼地方和什麼時候發生，心靈的人物因此有了夢意象帶來的滋養。因此，夢中的吃和飢餓的本能沒太多關係，反而是指心靈需求著可以帶來滋養的意象。只要是食物，無論是哪種，都是精確的意象。夢食物的可能來源，將是普魯托[67]的豐饒角（cornucopia）。

諸神太想要適合他們的食物了：記得祂們對想要傳遞某種二流東西的普羅米修斯所做的報復嗎？[68]這也不是該隱烹調時所渴望的。雖然果實、屠宰和火燃都是自然的，然而滋養這一切的不是表面的意涵而是犧牲的、隱喻的意涵。祭祀是具體的意象，而食物則是其中儀式的代幣；所以在我們夢境裡，吃是體變（transubstantiation）[69]的那一刻，它是最原始的儀式，用來保持神的活力、與我們之外的存在保持溝通，並且將這些存在當作每天需要三餐的家人一般。

---

67   譯註：普魯托（Pluto）手上永遠有著羊角容器的豐饒角（cornucopia），帶給人間富裕，從農業到金銀財寶。

68   譯註：應該是指普羅米修斯給人類的偷來的火。

69   譯註：體變（transubstantiation），文字上指物質結構的改變，在天主教儀式中，寶和葡萄酒變成基督的肉體和寶血就是這意思的用法。

歡鬧

現在我們談談幾種的歡鬧（revelry：音樂、嘉年華、馬戲團，還有小丑）。我們要記得的是：以下這些詞彙都圍繞相同一個整體主題——歡鬧：狂鬧的、叛逆的、不一致的、激昂的、歡樂的造反、笑聲的崩潰。

從「音樂」談起開始。音樂不能降到只剩兩個原型：奧菲斯和阿波羅。還有很多種的：冥想音樂、軍樂、情歌、葬禮音樂、悲劇音樂、放鬆音樂、船夫歌等等。謬斯女神是有很多位的，引發謬斯的方式因此也有很多種，但其中一種形式是和地下世界的連結特別接近的。敲擊的鼓、撞擊的鈴與鐘、高亢的橫笛，這些既可以用來禁止死去的惡魔，也可以將它們加以喚醒。這些既不和諧又神祕的音樂，有時會伴隨奇特的隊伍遊行來到夢中（像是柏格曼電影裡充滿朝聖者和跛腳人物的中世紀場景），一種怪誕的模仿、一種瘋人院的場景，在那裡連文字都變成聲音的瘋狂。我把這些怪異的音樂場景當作進行中的祭禮，將心靈中變形或被拋棄的元素加以聚合再重組而進入靈魂製造過程的行動。煉金術中物質的混沌狀態（massa confusa）現在上路，開始移動了。

然而，夢中出現的音樂，即便只是簡單的歌曲，都要懷疑有更深的意涵，下藏弦外之音（緩慢的心智，hyponoia）。在印度的托達[70] 民族相信：在夢裡唱歌的只有死者。[71] 我們也許可以透過朝

70　譯註：托達（Toda）印度南方的民族之一，在當地的種姓制度是屬於上層，現在只有不到1000 人。一妻多夫的社會制度。目前因為音樂而被列為保護。

71　原註 26：A. Waymen, " Significance of Dreams in India and Tibet," Hist. Rel. 7, no1 (1967): 6; cf. W.

230

夢與幽冥世界：神話、意象、靈魂

向死亡的耳朵，一只能聆聽心靈曲調的耳朵，去聆聽在夢裡的各種音樂。這意味著：我們不需要夢裡表面的聲音去理解夢的音樂（包括音樂的樂句、韻律、不和諧音、主調、反覆的主題，以及背後的和諧等）。我們只需要有個音樂的耳朵，能讓發生的一切成為音樂[72]。當音樂一旦在夢裡響起，首先就是這夢正在宣示著：它是能夠被聽到。我們可以這麼說：它想要被聽到。

在嘉年華的假面舞會、巡迴的市集或表演中，地下世界成為所有自動自發角色瘋狂而上下顛倒的生命活力，以巡迴偽裝的、隨性的、迷人的和嚇人的各種角色，漂流穿越夜晚，或在城鎮中心的夜間開始舉行。怪胎和騙子也來了，還有動物們（參考下文）在滾動的機械大圓圈裡（參考下文）前進。

在一個和父母緊緊依附的女人夢裡，她仍活在舒適的布爾喬亞生活水平和伴隨的價值觀，而自我卻被淫穢又來勢洶洶的怪異人物追逐，穿過了陰暗區域的街道。夢自我為了躲開追擊而偷偷溜坐到椅子上來保護自己，若無其事地和同桌的知識份子詼諧談話（當然，這是個歐洲的夢境）。威脅且刺耳的喧鬧幽默和陰暗區本身的淫穢都反映在夢自我裡，成為光明正大的事，也就是詼諧的談話。這也是一種隱藏（假裝若無其事）。她的防衛啟動著，因為街道的一切還停留在威脅的風格；她運用某些機制與假裝的意識來防衛。

另一個年輕女士，她因為想要改善「鬆散的習慣」而來進行分析。這些習慣包括飲酒、暴飲暴食、嗑藥、隨意發生關係。她在

B. Emeneau, " Toda Dream Songs," *J. Amer. Oriental Soc.* 85, no1 (1965): 39-44.

[72]　原註 27：Cf. Tom Moore, "Musical Therapy," *Spring, 1978* (Dallas, Tex.:Spring Publications, 1978), pp. 128-35.

夢中聽到了在暴烈的馬蒂·格拉斯節日[73]樂團所帶來令人感到害怕的細微樂聲，感覺是越來越近了。夢自我喚醒了恐慌中的她，她瞬間以為自己是在分析的房間。儘管在分析中，從夢自我逃入到分析的這個暴烈過程，雖然經由了分析，還是越來越靠近。鬆散並沒有如她預計的開始獲得控制。實際上，這分析的房間和暴烈的樂團都是同一意象的一部分。這意象要求她要給出一個具有分析能力的耳朵，能聽到這些鬆散的音樂，來自她靈魂的樂團的，是怎樣在她之內或伴隨她而出現的。聖灰星期三（Ash Wednesday，聖灰日）的松枝灰燼和肥胖星期二（Fat Tuesday，懺悔節）的狂歡音樂，都屬於相同的意象，並且建構著彼此。

第三個年輕的女士，她的理想是公社共享的關係（communal relationship），建立在真誠、開放的真理之上的社群。她夢想這裡有個化裝舞會，所有人物都戴上了面具。每個人各自跳舞，像瘋子一樣單獨在角落。其中的夢自我跟一位她無法辨識或看見的舞伴在旋轉舞蹈著，然後在充滿驚恐地醒過來，因為每一個人都不是真的。

死亡，如同戴著面具的舞者，是看不到的、啟動分離的力量，迫使我們每一個人都戴上各自不同形狀的面具、跳著沒有舞伴的舞蹈。從白天世界的觀點來看，這舞蹈不是「真實」的，所以自我透過醒來而逃入到所謂的真實。嘉年華既強調著公共事件（很多人物、小丑、舞會），但也強調不相關的和非人而冷淡的事件，所以

---

[73] 譯註：馬蒂·格拉斯（Mardi Gras）法文原意是「油膩的星期二」。在美國許多城市都有的狂歡節，其中紐奧良最盛。在基督教封齋節（聖灰日到復活節前夕40天）前一天的星期二，大家大吃大喝，還有音樂玩樂等等的事，也就是肥胖星期二（Fat Tuesday）。

沒有夫婦或配對，甚至親密群體也沒有。個人層面於是打破，而形成另一種經驗。

當戴奧尼索斯進入底比斯[74]，也有這種恐懼和興奮，認同開始變得不明朗。年輕婦女離開家庭的依附和個人關係，踏上了街和山丘。戴奧尼索斯和黑帝斯是相同的，所以這些夢將夢自我從白天的生活，移向以反抗或暴動作為標準的看法。

當嘉年華的隊伍出現，戴著面具的舞者也提出了邀請，夢自我像是和波瑟芬妮一樣，被看不見的幽靈所提出的要求追捕著。如果這幽靈沒有戴上面具，就可以直接取得表面的價值。從它呈現的面貌我們也許可以知道它是在追尋什麼。戴上面具是要激起好奇的詢問。為了揭曉而開始了尋找。這是對戴上面具或看不見的幽靈有著適當靈性的回應；一個人要學會如何跟這幽靈的需求一起共舞，不同於崇拜或奴隸的舞蹈。然而，這是會讓自我感到害怕的，而自我將這戴面具的陌生人稱為死亡、負面的阿尼姆斯（Negative Animus）或是吸血鬼。來到底比斯的戴奧尼索斯，則被稱為陌生人。

嘉年華（carnival）這個字是來自於拉丁字「carnem levare」，意思是「把肉或肉體（flesh / meat）丟掉」，這是潛意識浮現的心靈時刻（psychisation），我們想當然爾的本質主義態度因而拿掉了。如此一來，它感覺像是死亡。這種帶來「丟掉」力量的嘉年華人物，是夢自我的身體情緒所阻抗的。它們為自己的「生命」而感到恐慌，透過「嘉年華狂歡」來抵抗這一切陌生感，意味著要豐盛

---

[74]　譯註：酒神戴奧尼索斯的父親是宙斯，母親則是難產而死的底比斯（Thebes）之女。他曾一度回故鄉，被家族懷疑是否果真宙斯之子。

的肉。

埃及人地下世界所描述的那種上下皆顛倒的經驗並沒有比馬戲團更能展現這一切。[75] 那裡的一切似乎只有一個目標：將一切事物的自然狀態加以顛倒（topsy-turvy）的一種「對抗自然的工作」（opus contra naturam）：克服了地心引力，建立一個靈魂式的空氣世界（pneumatic world）。大象靠著兩條後腿站立，或是站立在充氣的大球上。一個人頭上頂起了其他十一人。越來越多的家庭物件垂直地向上堆疊，全部只靠一張椅子的其中一隻腳支撐著。人從空中由上而走下來，沒有什麼東西從魔術師手中落下。人肉砲彈射穿空氣，人像鳥一樣棲息在高空繩索上或是在空中。野獸飛躍過火圈。馬是純白的，昂首繞圈圈走著。

在這同時，有著死亡白臉的小丑們，他們像是在地下世界的靈魂，無聲無息地發出緩緩陌生的音樂，經常掉落下來又崩潰四散，總是慢了一拍或掉東漏西的，一直在重複著相同的錯誤，就在腹瀉的邊緣（參考下文），透過對我們地上世界行為的默劇模仿，像是透過反光鏡看著生活。

還有什麼地方像馬戲團這樣，讓我們可以在白天也能看到地下世界的：封閉空間的帳篷裡（參考下文），還有吊環，每一個人透

---

[75] 原註 28：關於馬戲團和小丑的文獻，對我有所助益的，是 Willian Willeford, *The Fool and his Scepter*, (Evanston, Ill.:Northwestern University Press, 1969); D. C. McClelland, "The Harlequin Complex," in *The Study of Lives: Essays in Honor of H. A. Murray*, ed. R. W. White (New York: Prentice Hall, 1963), pp. 94-119; Marie-Cecile Guhl, report on a lecture by Jean Starobinski, "La function mythique du clown," in *Circé I, Cahiers du Crntre de Recherche sur l'Imaginaire* (Chambéry, 1969), pp. 285-89（〈小丑的神祕功能〉收於《Circe I，想像力研究中心筆記》）。較晚取得但特別值得注意的是 David L. Miller, "Clowns and Christs: Wit and Humor in the Religious Imagination," 1978 Panarion Conference tape, Los Angeles。

過他們的藝術而得以靠近死亡，來自自然卻遠遠超過自然的怪胎，特別是那些重複而無意義的精確演出，彷彿伊克西翁、塔塔羅斯和薛西弗斯都曾經為玲玲兄弟馬戲團[76]工作過。

在透過夢境和積極想像的治療中，上下顛倒的主題出現的頻率比預期來得多。我們只要願意去找它，就會出現。一個人在電梯裡上下顛倒，他的腳比他的頭還要高。現在，他的頭變低了，而且成為腳的支點。現在腦裡會出現的想法將是新立足的觀點，屬於地下的觀點。這發生在電梯裡，驗證了赫拉克利特說的話：向上和向下都是一樣的方法。另一個人夢到自己在三個精確的翻筋斗之後，用自己的頭站立著。之後，他告訴我，他嘗試著用頭倒立站著，體驗到血液衝向他的耳朵。他之前從未想像過整個頭會充滿著血液；現在頭顱變成一個充滿血液的器官，豐富的、鮮紅的、圓的。他開始以新的方式思考，並開始擁有了他稱為血紅的許多想法，這些是造反且令人討厭的惡作劇。這股熱情的智慧是透過小丑而來到他身上的。

一位正第一次做積極想像的女士，看到一隻尾巴倒掛的猴子。這告訴了她，在治療的世界裡倒掛才是正確的，而如果她想要跟猴子在一起，就要學習這種倒掛的方式。她將感到害怕及失去平衡的。這像是快要發狂的方式——但也是一個笑話。另一位女士，她夢到馬戲團的小丑從高空繩索上垂降下來。小丑上下顛倒的方式垂降，靠得是綁在阿基里斯（Achilles）腳踝上的繩索。垂降的方式就是人類脆弱的方式。而對英雄而言，一切的弱點，就是小丑的支持

---

[76]　譯註：玲玲馬戲團（Ringling Brothers）是 1860 年由四個姓 Rüngling 的堂兄弟組成的，借用諧音改成 Ringling。現今歷經合併，仍是傳統馬戲團的代表。

系統：最柔弱的部分就是一個人上下顛倒時所需要的指引。

當我在寫這個的時候，腦海閃過許多相關的意象，更不用說那些透過費里尼 [77] 或藝術裡有關於小丑模仿默劇或馬戲團的。我們總像小男孩一般，想要跑去參與馬戲團，但是對小丑的認同，卻只是以模仿的方式演著模仿默劇。赫拉克利特就警告了這一點，他以假設的口吻說：「如果你要表現出喜劇感，表現得如此喜劇就不恰當了。」（frg.130, Freeman）小丑角色啟動了，這意味著是走向地下世界的引導。喜劇的心靈可以將我們帶到這裡，但我們本身不是嚮導：不是滑稽者（Harlequin）、搗蛋鬼（Trickster）或靈魂引導者的荷米斯（Hermes Psychopompos），甚至也不是小丑。這喜劇的心靈將我們的一舉一動全都化妝了：我們每一個人都是笑話，而且不需要畫上白色的臉。

然而重點不是如何成為一個小丑，而是如何從小丑的教導獲得學習：將我們毫無意義的重複、崩潰和病態，創造成為一種藝術，戴上死亡的臉就可以允許夢世界的進入，看著它將普通的一切便成了令人驚訝的意象，讓公眾人物變成笑柄。

我們跟著小丑，透過進入不同於白天世界秩序的反叛觀點而進到馬戲團，不需要任何理由或任何暴力的反叛。只要轉動成上下顛倒的，我們就可以將視為理所當然的一切細緻事物中所有的物理定律或社會規定的表面意義都加以去除了。我們透過小丑，進到幻想靈魂的觀點，小丑就是我們的深度心理學家。好好想想看，佛洛伊德和榮格，他們就是兩個老小丑。

---

[77] 譯註：義大利導演費里尼（Federico Fellini, 1920-1993），長期接受榮格分析師貝納德（Ernst Bernhard, 1896-1965）分析。

屋門和柵門

這是一個關於屋門（doors）和柵門（gates）的字[78]。黑帝斯的別稱之一就是「關門的人」[79]。就是這樣通往地下世界的門，赫克力斯曾經和黑帝斯在這裡搏鬥。赫克力斯為了能夠進入厄流息斯祕儀（Eleusinian mysteries）[80]，他先要獲得父神皮婁斯（Pylios）的領養[81]。皮婁斯是守門的神，因此赫克力斯才可以通過黑帝斯的門。

對赫克力斯自我來說，地下世界的問題在臨界點（threshold）、在邊界（borderline），這對他來說是兩種意識的分割。然而在荷米斯意識裡，不存在地上世界及相對的地下世界的問題。荷米斯就是居住在邊界上[82]，他的界碑（herms）立在那裡，他讓熟悉與陌生之間的交流變得容易。赫克力斯是將邪惡阻擋在外，也保護我們免於疾病；而荷米斯意識則是不同的，另一方，並沒有臨界，也沒有門，在通往所謂生病或慢性（或智障）的一側，因為在這裡，所有生命和死亡的經驗都是不可分的。而病理化讓兩者因此一直還是放在一起。邊界是公然交配的地方，也是屬於搗蛋鬼、舞者和滑稽者的地方。然而對赫克力斯來說，這是要透過搏鬥和流汗才能進來或出去的地方，是要同時去款待不同的代替、語言和習俗，也就是

---

[78] 譯註：Door 是進屋子的門，一扇木頭做成的門；Gate 則是柵欄，是一個封閉空間的進出口，通常是欄...。譯文中如果是前者，直接稱門；後者則稱柵門。

[79] 原註 29：M. P. Nilsson, *Geschichte*, 1:454.

[80] 譯註 53：通過這儀式，普通人可以提昇到神聖狀態。

[81] 原註 30：Kerényi, *Heroes*, p. 178.

[82] 原註 31：荷米斯的邊界意識，談得最好的是 R. Lopez-Pedraza 的《荷米斯和他的孩子》一書（*Hermes and His Children*, [Zürich: SpringPublications, 1977]），還有 N. O. Brown, Hermes the Thief (New York: Random House, Vintage Books, 1969)。

不同的心靈現實與物理現實。他的世界是對立的。他不知道要怎麼樣，才能夠不必有任何對立互換（enantiodromia[83]，「對立的爭鬥」），就可以穿過這道門，進入這瘋狂、進入神祕、進入女性的性。

屋門和柵門是「穿越」（going through）的地方，或是維多利亞時代稱為「越過」（passing over）的地方。這些就是讓穿越的儀式得以進行的結構。地下世界觀就是從這門的入口開始的；在那裡，進入就是代表了啟動儀式（initiation）。首先，一個人必須要先穿越入這個擁有雅努斯（Janus-faced）[84]雙面神面貌的雙重本質入口。這也就是為什麼在裡面所有事物的理解都可以是雙重意義的，是荷米斯式的、是隱喻的[85]。這入口讓地下世界觀點變的可能。

在夢中，我們遇見這門口的頻率反而少於醒來的片刻。這樣我們會感受到心是在臨界搏鬥。睡醒是在地下世界的意象和白天世界的計劃之間奮力的掙扎。當我們是赫克力斯狀態的，這種很積極起身行動的狀態，反而是最難回想起任何的夢。因此，當我們記不起夢時，可能是赫克力斯的存在，而不是黑帝斯將我們的門關上了。黑帝斯也許會關上門，但我相信不會關上很多以防讓夢溜走，而是避免透過赫克力斯溜走而回到他的自我，因為這樣我們就會將夢解釋成解決問題的行動。如果真的這樣了，就等於是從黑帝斯那裡搶

---

[83]　譯註：對立互換（enantiodromia）是榮格描述人格元素三個的交互作用之一：對立、補償和對立互換。這表示：任何事物遲早都會轉換到它的對立面。就像一般所謂的鐘擺效應。

[84]　譯註：雅努斯（Janus）是羅馬神話裡的門神，頭的兩面皆是臉龐。

[85]　原註32：雅努斯式的雙重本質，也可以以柵門本身也有門的意義看出來，不論是開是關，半開的，等待的，總是一種開放的可能性；參考 B. Haarløv, The Half-open Door. A common symbolic motive within Roman sepulchral sculpture (Odense, Denmark: Odense University Classical Studies 10, 1977）。

夢與幽冥世界：神話、意象、靈魂

走了夢，並且從夢工作的靈魂製造中逃走了。赫克力斯透過捕獲地獄犬這個關口的守衛者，對黑帝斯顯示出最根本的威脅：對臨界的破壞，讓地下世界永遠對上面來的侵入是開放的，實際的生活也就永遠可以進到靈魂的領域。基督想要根除地獄的任務，其實早在赫克力斯時就埋下了伏筆。這不只是神話，是當時的情況。正如同薩盧斯特[86] 說：神話從來沒有發生過，但始終存在。門毀了，地下世界也毀了，靈魂可以出現在任何的清晨。我們於是將引起夜驚的狗加以捕捉，直接進入了白日，肌肉始終繃緊而從床上站起來，而夢只是強化了我們的一切投射。

相對於荷米斯那種沒有兩個世界的狀態，這裡則是有兩種態度和這兩者之間的爭吵。這世界只有荷米斯模式是對所有各種世界的認識，都是透過詮釋的（hermeneutic）[87] 眼睛來看。

臨界的掙扎就好像是一個人內在和外在態度兩者之間的掙扎，只是赫克力斯觀點不全然是外傾的（extraversion）。這是理解意象的字面方式，比方說我們用地上世界的觀點看到他在地下世界的行為。因此，當我們將夢只著重在夢的詞語時，同樣的英雄自我也會出現在內傾的表面意義（introverted literalism）裡，而成為舊有靈性的訊息，例如：共時性的預言、個體化的神諭、自性的指引、過往的記憶、我們的感覺要說的事等等。是的，夢境很神奇的（wonderful），夢境使我們感到懷疑（wonder），但是夢境不是奇蹟（wonders）、神蹟、啟示、或事實。夢是屬於靈魂或靈魂的意象，而不屬於靈性的；可以出現在夢中的靈性現象，也將因為靈性

86　譯註：薩盧斯特（Sallust），西元前 86 年到西元前 34 年，古羅馬時期的著名歷史學者。

87　譯註：詮釋 hermeneutic 這個字，一般認為和荷米斯 Hermes 有關。

中出現的那些意象而不再只是表面意義了。內傾的表面因為成為訊息而失去了意象。

內傾的表面意義（應該找個更適當的用詞）發生在赫克力斯故事裡的另一個地方。希臘時代以後的古人將赫克力斯加以轉化，「從晦澀強壯的男人，變成了神祕拯救的象徵」[88]。然而，轉化（conversion）不過只是對立互換而已。意識的風格還沒有被探觸到。雖然行動的領域改變了，但新領域裡的態度還是一樣的。所以赫克力斯在我們要理解夢的時候，還是可以擄獲我們，只是現在不再是生活裡透過肌肉行動而來的訊息，現在則是「神祕拯救的象徵」。

對赫克力斯而言，門的鑰匙是在波瑟芬妮的手中。在古代有很多疑問，關於赫克力斯是否看過蔻蕊－波瑟芬妮（Kore-Persephone）[89]；因為如果他有看過，那麼他會有個新的起始。對我們來說，這意味著：在門口的搏鬥，也就是裡個世界之間的對立論，如果阿尼瑪可以從青春女神希比（Hebe）轉化成波瑟芬妮，如果幻想本身所渴望的不再是外在的成功或是內在的拯救，而是深度，那麼這一切就可以擺在身後了。

---

[88]　原註 33：Keuls, *Water Carriers*, p. 161.

[89]　原註 34：參考以下書中的討論：Keuls, *Water Carriers*, pp. 162-163；K. Kerényi, *Eleusis*, trans. R. Manheim ((New York: Patheon Books, Bollingen Series, 1967)), pp. 53, 83-84；H. Lloyd-Jones, "Heracles at Eleusis," Maia 19 (1967), pp. 206-229。譯註：波瑟普西芬妮的神話在阿提卡人的傳說中是以她的別名蔻蕊來稱呼，有少女的意思。

爛泥和腹瀉

在第五章「夢的材料」裡，提過巴修拉關於心靈物質可塑性（the plasticity of psychic substance）的概念，心靈物質就像是漿糊、黏土、麵團、熔化的金屬等等。這個講法讓人聯想到，地下世界像是爛泥或糞糊事物所構成的國度。柏拉圖（《理想國》〔 Rep, 363-c-d 〕）用爛泥（mud）來形容它，喜劇作家亞里斯托芬在作品《青蛙》中將地下世界形容成尿屎橫流的沼澤。匈牙利神話學者克昂尼（Kerényi）則描述赫克力斯穿越阿刻戎河的泥水 [90]，並且和斯廷法洛斯（Stymphalos）[91] 的沼澤來比較；而我認為奧格阿斯 [92] 那充滿糞的牛圈並無分別。

狄耶特利許 [93] 在翻譯《召魂》（Nekyia）文本時，受其啟發，激起他的靈感，開始觀察早期的基督－奧菲斯對罪惡洗滌（purgation）的著迷，也同樣對地下世界作為充滿血、髒、屎的汙穢地獄洞口的著迷，這兩種著迷反映出腹瀉（Diarrhea）的雙重意涵，既是令人作嘔的警訊所呈現的客觀意象，也是面對這意象而產生畏懼的主觀症狀。[94] 我們也許會想到埃及對地下世界的想像裡，死者是上下顛倒地行走，所以他們腸子這類的玩意會從嘴巴滑出來。

---

[90] 原註 35：Kerényi, *Heroes*, p. 179.

[91] 譯註：希臘柯林斯附近的城市，目前名稱是 Stymfalia。傳言赫克力斯十二項任務中殺死湖中怪鳥就是這產生。

[92] 譯註：奧格阿斯（Augeias）是埃利斯國王之子，赫克力斯十二項任務之一就是清洗他三十年沒打掃的牲口圈。

[93] 譯註：狄耶特利許（Albrecht Dieterich），1866-1908，是德國古典語文學家和宗教學者。

[94] 原註 36：Dieterich, *Nekyia*, p. 83 n.（《召魂》）

腸子如迷宮一般的管道，已經被當作內部化的地下世界，包括那股熱度、深藏的位置，以及硫磺的臭味。[95] 在我們的傳統裡，許久以來就認為腸子和瘋狂是相關的，[96] 甚至認為腸子是靈魂的所在位置。[97] 醫學裡依然用腸子出現的是隆隆的不滿聲（rumblingings）[98] 形容腹鳴（borborygmus），而這個字是柏拉圖（《裴多篇》〔69c〕）和亞里斯多芬用來形容地下世界汙穢泥沼的。在一首晚期奧菲斯的聖歌裡，稱死亡這領域的女神為borborophoba，可以看到對屎害怕的雙重意義：既可以讓一切停留不再前進，也可以讓這一切慌亂地流動。[99]

回顧這樣的背景脈絡，我們可以將腹瀉的夢，看作是進入地下世界激烈的驅策移動，或看作是地下世界以突然而無法抑制的生命出現在我們之間，這無關我們是誰或我們在哪。腹瀉就和死亡一樣，只要它喜歡就可以，而且是一視同仁的。糞便是偉大的剷平機。

我們現在正跨越邊界。腹瀉意謂著白日的秩序已經到「盡頭」。老國王崩垮了，糞便於是像個嬰孩一樣落地，分解和創造是

95　原註 37：Gilbert Durand, Les Structures anthropologiques de l'imaginaire (Paris: Presses Université de France, 1964), pp. 273-86. （《想像的人類學結構》）

96　原註 38：E. Fischer-Homberger, "Zur Geschichte des Zusammenhangs zwischen Seele und Verdauung," Schweiz. med. Wschr. 103(1973):1433-41 （〈靈魂和清化作用之間的歷史脈絡〉）。在文章裡，她討論了「分泌物精神醫學」（copro-psychiatry）也就是腸子中的糞便物造成的自體中毒，所產生的精神病理。治療方法是十分赫克力士的：用灌腸劑洗出屎糞來。

97　原註 39：Ernst Bargheer, Eingeweide. Lebens － und Seelenkräfte des Leibesinneren (Berlin and Leipzig: de Gruyter, 1931), pp. 101-113. （《內臟，活下去：以及心靈技藝》）

98　譯註：一般會將 rumblinging 這字直譯為蠕動，但其實原本是指充滿不滿的低沉聲音。

99　原註 40：Cited by Dieterich, Nekyia, p. 81.

同時出現的：失禁、羞辱、嘲弄，從撒頓[100]這位茅房及內衣的領主（Saturnalia）到農神節都是如此。這感覺像是無政府狀態將世界鬆動了，唯一的期望就是找到一個隱密的空間將褲子脫下。就像北方人朝向南方，這個長久以來夢想與冀望的假期，卻在廁所裡度過。這廁所像是希望的死亡，也是死亡的希望[101]，就像玩笑，是小丑的地盤。

我這種廁所幽默的骯髒笑話模式，其實是佛洛伊德及榮格兩人概念的延伸。佛洛伊德把腸子和肛門性放在一起，榮格則把它們本身和它們的產物當作是創造的表達：原初物質（prima materia）、或煉金術黃金（alchemical gold）。廁所的夢境，包括立即的大便需要、地下的下水道和糞便洪流、在眾人之間窘困而挫折地想要尋找可以解脫的地方、或是發現自己整個弄髒了等等；這些經驗都可以看作是來自地下世界的啟示。這些對白天自我來說，確實是死亡經驗，因為對他們而言，乾淨像是一種上帝的模樣。在埃及充滿了想像力的語言裡，肛門現在倒轉到口腔，一度抑制住的東西現在噴發出來，我們於是被釋放到潛抑的一切之中。還記得佛洛伊德對榮格想法的恐慌嗎？他認為這會鬆動精神分析這門科學對深層心靈的掌控，而掉到「奧祕主義（occultism）爛泥一般的黑潮裡」。

對於已經堆積如山的關於糞便的一堆說法又應該怎麼解釋，所謂大便到底是什麼「意義」（好像是為大便的問題在擲骰子）：

---

[100] 譯註：撒頓（Saturn）是古羅馬的神祇之一，是衍生、瓦解、富裕，週期循環的神，後來成為農神，也是土星；而他的名字衍生為農神節，大吃以後交換禮物和賭博等等。

[101] 原註41：Cf. N. O. Brown, *Life Against Death* (Middletown, Ct: Wesleyan University Press, 1959)，舉例來說，「排泄物」在最後一次的分析裡，對分泌物的特有著迷，就是人們對死亡的特有著迷。

是對父母表示愛的餽贈？用來塗抹或上色而進行的創意表現？健康的控制和良心的源頭？裡頭暗藏著死亡？無我（non-I）的誕生，因此可以分離及客觀？在這些極惡劣且充滿排拒的一切所隱藏的價值的負向大我（Self）？跟隨某人而在他身後的陰影？所有民族不是都有的糞便祭儀，以及講不完的廁所笑話？這一切都是肥沃的尷尬。這就是黑帝斯成為豐饒肥沃之原型，普魯托成為財富之原型的背景。當然，地下世界也是都由排泄物組成的，因為這一切綿延不絕地提供了幻想意象的豐富肥料。既然糞便是所有殘餘物的殘餘，糞便也就是永久當下的，也是持續更新的。糞便之所出現在夢境中，是因為我們每天都必須對地下世界致敬，這是不可能擺脫的。

氣味與煙霧

講完糞便，自然會想到氣味（smell）與煙霧（smoke）。統計研究顯示，大部分的夢境都是「看見的」，至少是視覺感知的語言所陳述的。只有偶爾的時候，我們會在夢裡聽到、觸摸到或嚐到什麼，至於在夢境裡聞到什麼。則是更稀少了。儘管如此赫拉克利特就這麼說（frg.98）：「在黑帝斯的世界，靈魂是用氣味來感知的」；他又說（frg.7）：「如果一切都化成煙霧，鼻孔還是可以區辨出的。」

如同我們前面所說的，古希臘羅馬之後的古代，人們都將死亡的幽靈視為氣流一般的存有（pneumatic beings）。居蒙[102]說：「這

---

[102] 譯註：居蒙（Franz-Valery-Marie Cumont, 1868-1947），比利時考古學家和歷史學家，專攻語文學，特別是金石學。

是拿來和風相比擬的，因為風是流動中的空氣，變成蒸汽，變成迅速逃脫的煙霧，想要抓住就跑掉了。[103] 柏拉圖（《克提拉斯篇》〔 Crat, 404d 〕）認為波瑟芬妮這字的字源是「捉住正在動的東西」。

那麼，我們要如何掌握靈魂的一舉一動？如何才能感知到空氣？古希臘人的想法裡「我感知」（I perceive）（這樣的意思還保留在乙醚〔 ether 〕和美學〔 esthetics 〕這兩個字裡頭）所指的是納入（taking in）和吸入（breathe in）（OET, p.74-75）。也許，赫拉克利特提出的議題不是人類往生後，靈魂擁有怎樣的感官知覺。根據科克[104] 更具體、簡單又基督化的譯本）[105]，而是什麼是心理感知最佳的類比。也許，對於那些看不見也摸不到的心靈深處，需要的感知模式是像嗅覺這樣的，透過無形的方式分辨出隱藏其間的無形感知。心理工作需要有敏銳的鼻孔可以感知精微的身體或身體的精微，直到追查出其中的本質。「本質」（essence）這個字有兩方面的意思：核心，或香氣的本質元素。氣味的隱喻評價或許也說明了精神科醫師們有趣的信念：精神分裂患者的嗅幻覺，比感知加以自閉退縮的其他疾病狀態，是還來得更真實而敏銳。彷彿精神分裂患者是隱退到氣動的地下世界，而靈魂透過氣味來進行他的感知。

這種精微的感知也許要歸因於那些看不見的眾神，他們透過氣

103　原註 42：Cumont, *After Life*, p. 166.

104　譯註：科克（Geoffrey Stephen Kirk, 1921-2003），以古希臘文學和神話而聞名的英國古典學名。

105　原註 43：Kirk, Pre-Socratics, p. 211(op. cit. "Abbreviations")，也參考他翻譯的（修煉過的？）希臘醫生靈克斯圖斯（Sextus Empiricus, 160-210）著作的《反對數學家》（*Adv. math.* 7:129）：「因為睡覺時，我們感知管道關上了，我們心智離開了四周的關聯，呼吸成為唯一保留的接觸點，像是植物的根……。」Cf. Burnet, p. 152(op. cit. "Abbreviations")。

味來辨識供奉給他們火化的祭品及焚香：「眾神的樣貌如火焰一般多變，如同混雜在許多不同的香料，每一樣貌是憑著聞到的氣味來加以命名的。」（frg.67）再次出現了：是鼻孔辨識出了眾靈。

因而，當赫拉克利特（frg.96）說：「丟一坨屎，不如丟一具屍」時，一般方式的解釋是無法滿足我們的，[106] 斐洛 [107] 那些是赫拉克利特覺得我們早已經知道的：死者的身體比屎還沒用處。從他常見的悖論風格來看，他的意思可能是說：腐敗的氣味比產生這一切氣味的屍體還更有價值；或者，更複雜的說法，肉體也許有價值，但靈魂透過脫殼（putrefactio）才釋放的。Fumus，這個意味是燻煙或精微煙霧的拉丁字，在字源上是和 fimus（屎）相互同源的，都是瀕死物質中升起的東西（OET, p.510-11）。來自糞便的（如我們前面討論的）心靈歷程，只有透過某一種感知的心靈模式才能辨識出來，而這種模式依循赫拉克利特的稱呼，就是「氣味」。

如果出現聞到氣味的這種罕見夢境，我們應該以這種有利的觀點來探究。如果只有鼻子知道，那麼除了想像夢境發生的只是動物或肛門的基本事件，或只是記憶的陳舊事件，或只是直覺功能先以某種氣味到來之外，我更會將這樣的夢境事件視為某種東西，是

---

[106] 原註 44：見斐洛（Philo）的論文《論夢》（On Dreams [London: Heinemann, Loeb Classical Library, Vol. V]pt. 1, pp. 47-60），是關於氣味的暗喻。當亞伯拉罕離開了這塊「土地」（立場、位置、觀點），是經由「看透」了一切平常感官知覺的表面意義，或者更恰當的說法「聞透」了一切。他的離開已經在他父親他拉（Terah）就預見了。他拉這名字有著「香味探索」這平常感官的字面意義。斐洛將他拉，這位第一位父親的父親，等同於蘇格拉底和他的自我學習。朝向覺醒的旅程是經由香氣的探索，將藏在感官知覺本身之內而看不到的地方，加以吸聞，才能夠如同有父親帶領一般的效果。也可進一步參考我的著作《情緒》（Emotion [Evanston, Ill.: Northwestern University Press, 1961], p. 235 n）關於氣味嗅聞和心靈感知的討論；也可以參考 David L. Miller, "Clowns and Christs," op. cit. 中關於鼻子感知的絕妙附篇。

[107] 譯註：斐洛（Philo Judeaus, 25BC-40 or 45AD），埃及亞歷山大城的猶太哲學家與政治家。

種本質的、氣流般的、美學的、甚至空靈的。當我們在聞某一束西時，我們是在吸取這東西的靈性，所以，知道我們正在聞什麼是重要的。空靈的（ethereal）意味著超脫塵俗又神祕的魔鬼氣息；而魔鬼也是可以從它的氣味中辨識出來的。所以，帶有氣味的這些現象是來自地下世界的，召喚著我們對它的本質有更強烈的心靈敏銳度。

氣味嗅聞是地下的感知（undersense）[108]，只有當一切都化為煙時，精神遲鈍（hyponoia，見前面第186-187頁）才能感知一切心靈的事實。而煙一方面指的是白天時肉眼光學感知的混沌和朦朧，另一方面也是汽化的或心靈化的狀態，是死者靈魂或意象靈魂離開肉身時的狀態。當醫生說用聞的就可以診斷精神病時，可能比「符合看到」的一切，還來得更有參考價值。[109]火出現在物質上以後，肉眼最先看見的是煙。煙既是稀薄的物質，也是厚重的空氣，介於精神與肉體之間的中間物質。所以煙和靈魂很相似，這一點觀察沒有被煉金術忽略掉[110]。菲爾萊特[111]說：「……煙、雲、蒸汽是在火和水之間的中間物質的不同形式存有，而本體上來說，靈魂也是屬於這領域。靈魂一旦汽化了也是十分煙霧的……」。[112]

在夢裡如果有煙，不能只是指出那兒有隱藏的火。（他們會說，是隱蔽的激情。）煙本身，獨立於火的存在，所指涉的一切其實也是很重要的。靈魂的製造還正在進行，這是種本質上不可逆轉

---

[108]　譯註：undersense 有下意識或內涵的意義這意思，這裡選擇字面直譯。

[109]　譯註：德國古典精神病理學裡，有「聞起來像精神分裂症」的說法。

[110]　原註 45：關於在煉金術中靈魂（阿尼瑪）如煙一事，參考 CW 12: 278n。

[111]　譯註：菲爾萊特（Philip Wheelwright,1901-70），美國哲學家和古典學者。

[112]　原註 46：P. Wheelwright, *Heraclitus*, p. 66.

的改變；如果認同這些元素的改變而太過貼近，煙昇起的同時也是讓人眼睛變盲，讓喉受嗆窒息的。（在這裡，我不討論吸菸的愉悅、儀式或成癮。）

空間

有個觀念是佛洛伊德從費希納那裡吸取來的，就是認為夢發生在它特定的拓撲裡（topos）[113]，我們因此認定空間（space）是所有夢的基本面向。所有的夢幾乎都有其心理定位，那是夢的意象得以存有的地方（見本書第 24 頁）。意象本來就在某個地方，它們有自己特有的空間特質。地下世界本身就是拓撲：黑帝斯的房子、瓦爾哈拉[114] 的神殿、諸河流、眾島嶼，甚至是下沉中的地方。關於深度最基礎的語言，不是感覺，不是人物，不是時間，也不是數字，而是空間。深度最重要的呈現是空間隱喻所描述的心靈結構。這是如此平常，如此顯而易見，以致我們往往忽略了，我們跟眼前每一意象的特定空間往往擦身錯過。

當我們強調夢的象徵面向時，往往就會失去夢的空間面向，夢的「所在何方」。如果所有原型，蘋果、魚或哭喪臉的女士，一切到處都有，這也就是等於都沒有。然而，如果這個蘋果、這條魚或這個哭喪臉的女士，是出現在特定夢境的特定空間，這些意象的深

---

[113] 譯註：topos 是古希臘字，有空間和主題等意思，這裡採用音譯。而 topology，佛洛伊德用來描述意識、前意識和潛意識或本我、自我、超我的，一般譯為地誌學，但這裡前後文的緣故，依然譯為拓撲學。

[114] 譯註：瓦爾哈拉（Valhalla）是北歐神話中，戰死的勇士被女武神迎到這裡，是英靈的神殿。

度也就只有在這空間湧現，就好像塞尚畫裡的蘋果、布拉克畫裡的魚，以及畢卡索肖像畫裡哭泣的女人。

所有地下世界的基本意象都是在被涵容的空間裡（contained space）（即使那裡的限制只是定義不清地加以覆蓋）。如果持續我們使用的相似（resemblance）原則，所有對地下世界的反應應該都是一種共鳴，來自相似的涵容空間，包括晤談室本身、貼近的治療關係、已經完成工作的荷米斯容器、夢的日記，或是在想像中持續向內探索。這些都是源於深度而隱密的地下世界。關於夢拓撲，我們的體驗就好像莎士比亞所說的「包圍、拘束、禁閉」（cabin'd, cribb'd, confin'd）（《馬克白》〔 *Macbeth*, act 3, sc.4 〕）[115]，就像是孵化、迷宮、懷孕，或是幽閉地下墓穴探索祖先骨骸。所以當我們提到「進入」分析，或是分析中找不到路「出來」，也就意謂著心理治療的深度已經成為今日體驗心靈空間的「地方」之一了。

有限空間的體驗對夢工作是十分根本重要的。在這裡我指的不是情緒的涵容，不是宗教皇土的概念。這裡指的是更平常的東西。我越來越相信心靈是被人潮擠壓的，被推上牆去，來自外在的他者們，也來自世界之谷的猛烈推擠；或是來自內在的，心靈的各種廉價裝飾，許多意象和來回交流旅程的收集。就好像稻殼，很多的稻殼；這些是白日的殘餘，就是這些廢物和垃圾製造了我們的夢。靈性會解放我們脫離這壓迫。靈性需要更多的空氣、更多的空間。做太太的會說：「我在婚姻裡沒辦法呼吸」；女兒則表示：「如果不離開這個家，我會窒息的。」於是，每個人搬到自己牆上有扇窗的

---

[115]　譯註：野心勃勃的馬克白繼承王位也殺掉可能威脅的班戈後，馬克白夫人開始心神不安，睡眠混亂，「被痛苦的疑惑和恐懼所包圍、拘束和禁閉。」

小小房間。

我們將夢日記寫成緊密的小腳本，觀察自己症狀任何細微的圖謀，珍視每一個的領悟，好似一沙裡有著一世界。當然，浩瀚的宇宙觀點也是重要的；我們要充滿自己的肺。只是，夢工作是小小事物上的藝術；而且，有時我們只有在壓力下才能變成又小又精確。這樣的緊密，也許是對死亡的準備，因為這樣我們在靈魂裡才能變得夠小而放到將納入棺盒的皺縮身體裡，同時也因為變得夠小，才能夠從為靈魂所切開的小窗溜出死亡的房間。也許，這種相當受限的涵容感受，是屬於心靈身體（psychic body）的經驗，也就是覺察到所有隱蔽的內在是潛伏在每個字詞和每個姿勢之中。

巴修拉在他的《空間詩學》裡闡述一些內在空間的意象（只有愉悅的部分）。他的著作將心理學進入了可以為它所用的新隱喻裡，分析心理學因此有了又一次的原型修正。我們所借用的這些分析夢境的詞彙，確實也已經太久了，對立、補償、元素、極點、能量，還有其它等等的這一切抽象作用。

如果夢空間是像賓斯旺格[116] 所說的[117]，基本上是個密閉的場景，那麼我們談夢的時候就應該少用心理戲劇的詞彙，這樣才能去體驗到夢場景的設置。我們看夢就像是在看戲劇節目。而場景設置《我母親的房子》、《我愛人的掀背小車》、《在綠色草原上》

---

[116] 譯註：賓斯旺格（Ludwig Binswanger, 1881-1966），瑞士精神科醫師，從年輕時代和榮格就是長期好友，透過榮格向佛洛伊德學精神分析，後採獨創存在分析，啟發了日後羅洛梅等人。

[117] 原註 47：L. Binswanger, *Wandlungen in der Auffassung und Deutung des Traumes* (Berlin: J. Springer, 1927), p. 62（《夢的觀點和解釋中的轉化》）. Cf. E. S. Casey, "The Image/Sign Relation in Husserl and Freud," *Rev. Metaphysics* 30, no. 2(1976):218，文中注意到場景對希望滿足之意象的重要性。沒有場景，沒有意義。這意味著語言的夢（幻聽般的命令、詩的片斷之等等），只是精神的呈現，而不是靈魂的呈現。

等，這些場景都已經決定了夢裡所有事件的心靈位置。所發生的一切事情，就是發生在「那裡」（there）。

從戲劇（drama）移向場景（scene）的，就像是從故事移向到意象、從英雄的主動移向到陰影。（我們或許都已經注意到，scene〔場景〕這個字和希臘字的 slcia〔陰影〕是同源詞。）這樣的移轉讓我們不再抱泥於夢的戲劇性觀點，但又同時保留劇場更深刻的概念。戲劇性觀點會讓夢及時完成四個階段[118]而達到消散（lysis）或分析的狀態。這觀點將夢的空間或設置只是當作情節的開場罷了。然而，從地下世界的觀點，重要的不是故事如何發生的，而是在哪發生的？現在在台上的是哪一區域的靈魂？因為這樣我才能從夢靈魂中知道「我現在是在哪裡」。這種對現場的感受，即便是演戲般的或通俗劇裡的歇斯底里感覺，都是試著將夢還原給戴奧尼索斯和黑帝斯，來到面具開始演出的這種生活感，而夢就是這些面具。劇場創造出同時融入劇中也在身體外面的解離錯覺，兩種靈魂的同時存在。我們既是整個人完全在夢中，但又覺知這一切是夢。我們，只是一場演出（an act）。

對夢的態度

有關面對夢的態度，讓我們通過夢橋的這端到夢的那端去面對吧。如果我們跟隨著夢來到地下世界，我們的意識將變得黃昏（vesperal），一種將進入夜晚的意識，進入夜晚的恐怖及夜晚的慰藉之中；或是一種波瑟芬妮的意識，追逐著意象而進入到深處的

118　譯註：榮格早期曾提到心理治療過程的四個階段：意識化、分析、社會意義教育和個體化。

興奮，並且在那裡與黑帝斯的才智交媾結合。即便夢的意象被後來的陽光擊斃了，黑暗的態度仍持續瀰漫。夢是夜神的小孩，我們要透過完全相同的煙燻眼鏡來看它們最明亮的白晝意象。所以我們進行夢工作時是不帶「初生的曙光」（Aurora consurgens）的先見之明：黎明女神厄俄斯（Eos）喜愛的是英雄，並且加以佔有。與之相反的，是死亡的復活。我們不再將夢看作是新的開始或看作是陷阱或退行的警告，而是將夢看作持續向下的過程，先是沒有希望的感覺，然後隨著心靈的眼睛在黑暗中瞳孔放大，開始有越來越多的驚喜與喜悅，表示地下世界已經出現的無助感覺，主要是在我們開始好好看夢的那一刻才恰恰出現的。因為意識逐漸變暗，夢才變得全然陌生而無法理解。普羅米修斯和潘朵拉，幫助者和希望者，只能留在深遠的彼岸。

　　意識將較不具視覺；這祭品一般的連結接上了「死者的神性，臉是避開的；沒有外表，只有聲音……」[119]。地下世界低聲呼嘯；那裡沒有情緒的血氣精力，這世界確實是遠離了像原初哭叫（primal scream）[120] 這類治療的那種喧鬧概念，像是原型進入了白天或孩子誕生將出現的。這一類的治療，就像所有的諮商和感知覺察的訓練一樣，都是為了生活中的自我；但夢工作，如我們看到的，是完全不同的方式。

　　一個人的敏感部位可以從眼睛延伸到耳朵，然後再進入觸覺、味覺和嗅覺，我們因此開始知覺到越來越多的細節，然而整體觀反

---

[119]　原註 48：Keréyi, *Heroes*, p.283.
[120]　譯註：原初哭叫（primal soream）借用佛洛伊德原始場景的概念，認為嬰兒哇哇誕生最早的哭聲有其意義。耶諾夫（A. Janov）根據這個，提出原初治療，讓原初感覺浮現再暢快宣洩。

而會越來越少。我們越來越清楚自己一切反射動作底下，是有著動物一般的區別能力來引導這一切反射。這種對知覺的再訓練，包括學習如何調對頻率和完成接觸，如何嗅出氣息和找到風味，根據意象裡讓意象本身隱藏不見的知覺，從最根本的地方去擺脫了我們感官知覺上的物質主義。

知覺想像（snesual imagination）恢復了意象「知覺的心靈基礎」（psychic basis of sensation）對它的重要性。將我們的知覺只用在自然感官知覺上，是一種自然主義的謬論。好像我們必須要看到意象才能夠去想像，或是聽到音樂才能充滿旋律。意象讓意象的感知變得可能。這翻轉了亞里斯多德以來的心理學教導：意象來自感官知覺，靈魂是在感知經驗（白晝的殘留）的磚塊所堆砌出來的。我們一旦將感官有關的文字都拆除了，用知覺的隱喻模式來感知，我們就終於可以跨過橋樑，轉身回頭看清楚那個強調堅固的磚塊結構，是我們用來和靈魂對立的人造防禦，是「擬人論（anthropomorphism）所謂的真實。」[121]

這不是容易的，既深奧又隱祕。然而夢的諸多理論裡，任何一個如果真的可以反映出夢，對白天世界的意識而言必然會十分陌生。佛洛伊德的理論過去曾經是不可思議地不普及。性對他的同儕和他的年代來說都是太過了。他的第一本偉大著作當時幾乎是沒有人讀的。而榮格的理論又太難了，要有足夠的智能才能瞭解。我們不僅要去弄懂他的新詞彙，還要對普遍文化的歷史探討感到自在，如此才足以辨識一切的象徵及原型。所以直到現在，榮

---

[121]　原註 49：Jung, *Letters*, ed, G. Adler and A. Jaffé, Bollingen Series (Princeton: Princeton University Press, 1973) 1:214.

格的主要鉅作都鮮少被好好閱讀。在這兩個理論成立之時，佛洛伊德理論的顛覆／性倒錯（per verse），榮格的理論的複雜／情結（complex）[122]，現在都看起來是理所當然了。

因為我論述的觀點有部分引用了佛洛伊德及榮格的理論，自然也就帶著他們的傳承。這本來不只是因此而同樣教人驚訝及感到困難，現在又多了死亡的因素，因此除了傳承而來的這一切，這本身也招來被排拒的理由。在書中，我提議的一切是牽強，不切實際又充滿視覺思考，但這樣的方式是為了接引到夢最源頭的領土，所謂的地府諸靈（chthon），那是遠方的氣動世界，是一個無法得知也無法正確呈現的領域；只能是清空其它位置的陰影觀點。這，是殺手。

佛洛伊德和榮格兩人都曾經嘗試用他們的作品帶給我們對心靈的積極知識。在他們各具特色方法中，他們對科學作出貢獻，讓人能「知道」關於夢的一切：本質、結構、動力、象徵、語言、意圖、內在機轉、意義等。相比之下，這本書則是嘗試去闡述一種對夢的「態度」，認為任何種積極的知識都是日光的移動，會冤枉了夢，也冤枉了靈魂。當我們相信自己知道那些看不見的，我們就展開了毀滅性的路程。我們現在收割的這一切無知妄想，是來自上一世紀有關自然的積極知識，而那些其實是喜愛躲藏的。我們以前認為我們已經知道看不見的那一切，像是原子、細胞、基因等，其實是騎著傲慢這匹馬向前衝，而現在是沒路可回頭了。如果我們現在相信有關夢的或心靈的積極知識，那我們不也是等於騎

---

[122]　譯註：作者在這裡用雙關語：性倒錯是佛洛伊德提出的觀念，有顛覆的意思；情結是榮格原創的理論，有複雜的意思。

著同樣一匹馬，同樣走向毀滅的路程？而且在一個世紀以後，這種時代錯置的、以本質為目的的心靈探索態度，早已經顯然無效了。如果要探尋的是未知（unknown）的一切，那麼基本的態度就是不知道的（unknowing）。這樣的態度才能留出足夠的空間，讓現象自己來說話。如果只有單純的現象，反而可以使我們遠離妄想。因此，我要強調兩件事情：讓原本的明亮變得不確定而可以看見暗處的眼睛，以及對於在那裡的究竟是什麼永遠保持審慎的精確，一種羅培茲－佩德拉薩[123] 巧妙地稱為「緊緊堅持著意象」（stick to the images）的方法。

在這一本書裡，你是看不到積極知識的。對所謂的事實、統計預測、命題證偽和歷史權威，甚至是證據和實例，一切都是明顯忽略的。像這樣的觀點，和佛洛伊德及榮格過去所做的是完全相反的，儘管他們兩人當時也都沒有仰賴這些方法來完成夢心理學的討論。然而，他們各自都建立了一套相當一貫性的後設心理學（metapsychology），據此來建構他們對夢的解析方法。他們試圖將一切建立成為前後一貫的體系，而我們反而主張在特定的神話領域裡，也就是地下世界，要有始終一致觀點。與其提出前後一貫的心理學理論，我們的目標則是保持始終如一致的心理態度。

前後一貫的理論和始終一致的態度之間的差異是；後者在企圖上較為謙遜，但在臨床實務上則是更大膽。這樣的觀點允許夢屬於任何人喜歡的理論（佛洛伊德的、榮格的或其他的），因為用來解釋夢包括夢的本質、功能、動力、象徵等等的一切後設心理學，

123　譯註：羅培茲－佩德拉薩（Rafael Lopez-Pedraza, 1920-2011），出生於古巴，在蘇黎世完成榮格分析師，執業於委內瑞拉。

跟夢本身和夢的意象都不相干。任何理論都不會去干擾夢做為意象的這種始終如一的地下世界觀點。我們緊緊堅持著這樣的方式，用意象／想像力的（imaginative）方式和靈魂製造的方式來進行夢工作。不用在乎任何的策略。地下世界不是理論，地下世界甚至連故事都不是。那是個神話的地方，只和心靈有關，別無其它。始終一致的觀點將會與心靈現實的意象感知逐漸一致，不必去管那些將心靈現實建構成極其精微的理論（包括佛洛伊德派、榮格派和其他）。

我們的後設心理學是全然神話又充滿意象的。它堅持著像深度、靈魂、死亡等等這些沒有系統的不可知。順應著這背景下的觀點，將企圖心加以限制起來。如果我們沒辦法描述，更不用說去定義我們語彙裡的基本術語，那麼又如何去建構所謂的理論呢？我們必須在沒有任何司令部的指令下就開始進入搏鬥，宛如沒有任何的司令部也沒有戰鬥的計劃。我們要徒手抓住每個夢，單憑著我們意象的手藝和始終一致的觀點就大膽地穿越一個又一個的意象，不需要有任何理論來指導說這一切如何出現，又何時這戰鬥會結束。正因為沒有任何的理論，我們只能緊緊堅持著夢。

這樣一來，和佛洛伊德與榮格的實踐上的差異就變得明顯了。我認為夢境和一個人的回憶或記憶之間的關係，會因為我們工作方式的不同而不同。儘管佛洛伊德學派對夢一直都是特別的關注，而榮格學派除了關注，也提出決定性、預測性意象的初始之夢（initial dreams）和大夢（big dreams）這樣的範疇 124，但像我們這

124　原註 50：在榮格的理論裡，「初始的夢」（initial dreams）是病人帶來分析的第一個夢。這個夢也許出現在第一次會談的當晚，在第一次會談之後，也許是病人最近想起的一個夢，甚至

樣激烈的態度逼著將橋燒了的步驟，他們都不會採取。他們將夢放回患者和他的生活脈絡時，我們則是把患者和他的生活放到夢裡。他白天世界的故事是他作夢之所在的更進一步地方，他的問題是他的意象更進一步的類比。這些意象是他的心靈脈絡，也是他的心靈現實，是身為心靈治療師的我們，最初也是最終要去關注的地方。我們的意象理論意味著：我們別無選擇，只能將病人安置在他的意象之中，在他的「材料」之中，兩個人都必須要待在地下世界裡，甩開後設心理學任何有關夢功能的目標：自我發展、整合、社會利益和個體化等等。

　　這表示如查個案病史一般的回憶工作，是要加以拋開的。過去我們經常蒐集病人的社會現實或個人經驗脈絡而來看他的夢。然而，從我們的觀點來看，夢本身永遠是最重要的，連解夢的方法都

是童年的夢。這被認為有診斷和預後的意義，指出問題之所在和這些問題將會造成甚麼。這夢讓治療啟動。在這裡，榮格派操作的開始，是將病人放回他的夢；這裡夢的記憶是先於意識的回憶工作。但榮格派操作並沒有這樣持續下去，雖然初始之夢在整個分析中被放在圖騰的位置或是預兆的意象，再過來的夢則是放到病人生活、問題和個體化的脈絡裡。到最後，初始之夢又拉回來掉到他者的脈絡之中。一開始，初始之夢是孕育的意象，相對於白天世界是突出的，但也許只是分析剛開始時回憶的方法還沒確立。隨著這脈絡的發展，初始之夢被整合到後來一系列夢當中的一個而已。

「大夢」（big dreams）在榮格實務中是宇宙的，十分高度象徵的、如同啟示的夢。對作夢的人來說，這是超出個人的挑戰，不是對他個人生命的補償。然而，在個人生活（記憶工作）和大夢之間的明顯差異，並沒有帶來心靈意象的地位。「大夢」更像是精神的現象。它更像是自性的聲音，不只是靈魂的意象，更多的回應是行動而不只是想像。在心理上，這不將個人放到他的意象之中。這不是地下世界的反映，不是夢巨大迴響的主觀而暗諭的類比。相反的，大夢是「集體再現」（representation collectif），彷如對整個部落的命運做象徵的陳述，例如新方向的預設和發現。這將聚來英雄自我的回應，也許是當作外傾或內傾（薩滿式）的任務來加以挑戰。我處理大夢的方式和別人都一樣，主要是為意象工作而不是為訊息。事實上，任何夢如果從訊息著手，都可能有成為大夢的風險，將這個人變成大夢的夢者，將他膨脹而充滿先知的、薩滿的和妄想的一切奇妙。

沒有比夢本身更為重要。我們應該加以保護的現象是夢，保護夢遠離白晝世界的連結，因為個人的回憶過程會將意象扭曲。我們的回憶工作就是夢本身，我們是透過病人的夢來瞭解他，從下方回歸他的心靈，就在白天世界的生活還沒開始以前。這樣的改變也就是在一開始就聚來地下世界，讓整個分析歷程從一啟動就朝下降落到未知的空間。

在引動的黑暗裡，兩個人憑著本能彼此越靠越近。一種聯結於是形成，彷彿在瀕死之門有著愛欲，這不是過去情感來的移情，也不是被照顧者或病人或醫生和引導者之間的愛，而是意象的神祕感所帶來的罕見又費解的感覺。

我不知道這是怎樣的愛。這愛完全無法還原成其他相似的形式。或許這是死亡中的愛欲體驗。或許這是神祕宗教（telestic）的愛欲體驗，正如柏拉圖在《斐多篇》提到的，靈魂的神祕和啟動所帶來的愛欲；或者是和一個人貼近靈魂時就會發生的創造性愛欲有關，邱比特（Amor）與賽斯（Psyche，即心靈）的神話穿過了我們的情緒。（*MA*, p.49-111）無論這本質是什麼，在夢工作裡是有愛的。我們感知到夢對我們意義，既支持又督促我們，比我們對自己的瞭解還瞭解的更深，擴大了我們的感性和精神，持續地創造新的事物給我們。這種被意象愛著的感覺，也因此滲入了分析的關係中，且讓我們稱之為「意象的愛」（imaginal love）吧，一種完全因為意象、透過意象所建立的關係而形成的愛，伴侶對夢裡的意象作用充滿意象的回應裡所出現的一種愛。這是柏拉圖式的愛嗎？它像是老人的愛，平常內在的愛因為老之將至而排空，但仍然緊密、愉悅、溫柔，又體貼地靠近。

「老人應該成為探索者」，這是詩人艾略特[125]說的。讓我們想像他們是意象的探索者，是夢的愛人。在莎士比亞《暴風雨》劇裡老國王普羅斯彼羅（Prospero），比起在米蘭達（Miranda）懷抱中的斐迪南（Ferdinand），反而選擇了航向拜占庭[126]。這般的愛並不是像繁複教導裡所說的，只是邁向合而為一。當我們愛時，我們會想探索的會更多，想區辨的也越來越廣，也不斷地延伸那些可以讓親密感更強烈的繁複細節。

　　讓我們想像一下吧！在治療裡的時刻，那些關於母親、童年和性罪惡感的，一開始是個人掙扎，而今成為家裡的戰爭，或是個案想要治癒的憂鬱和頭痛：治療彷如才剛住進了夢。我們的記憶方式是間接的，隨著夢的漫遊，帶向它們應該的去方向。靈魂為了移動而需要怎樣的記憶，記憶就總會即時出現。所有個案歷史的片段[127]，母親和父親，過去的愛和現在的埋怨，都會找到自己的方法來透過夢進入治療，然後成為意象。在初次會談裡我們尋求的是夢，讓我們開始一連串會談的也是夢，這讓療癒的相遇移向地下世界的心靈之土。過去的歷史和現在的生活走入了脈絡。

　　意象時常忘記了作夢的人所相信的是他的創傷，彷彿夢一點都不在乎將他帶來治療的那些失敗。夢境已經開始工作，好讓個案將記得的生活都加以遺忘。因為治療如果是要直接回歸到這些事物和

125　譯註：艾略特（T. S. Eliot, 1888-1965），美國詩人，現代主義的重要創作及理論家，1948 年諾貝爾文學獎。本句詩出自《四個四重奏》。

126　譯註：《暴風雨》中老國王普羅斯彼羅最後選擇了航向拜占庭告知一切，而愛上他女兒米蘭達的仇家兒子則回到家鄉。

127　原註 51：對個案歷史與靈魂歷史的關係，參見《自殺與靈魂》頁 77-82（台北：心靈工坊）；還有我的〈個案歷史中的虛構〉（"The Fiction of Case History" in *Religion As Story*, ed, J. Wiggins [New York: Harper & Row, Colophon Books, 1976]）。

苦難，就唯有透過重新建構出來的英雄自我。遺忘是地下世界的歷程，所以我們不想要讓個案留在他的記憶裡，而是要將他夢裡的記憶加以溶解。

從夢開始著手，可能沒有看起來那樣的基進。我們只能順從柏拉圖式的本質事實。對柏拉圖而言，或是現代的一些行為研究而言，夢的發生是在意識生活之前。從動物睡眠時的踢腳、顫動和腦電波模式，我們可以知道它們正在作夢。然而這樣相似的行為訊號，在人類的嬰兒還有胎兒都可以看到，於是提出這樣的假設：他們所作的夢，就算不是和成人的全然相同，至少也是類似。在白天世界如事實一般地展開而出現了發展之前，夢已經在工作了。[128]。心靈的活動，是早在外在經驗及社會經驗的表現之前的。同樣，靈魂早在我們將它放到脈絡中以前，就開始想像了。

即使是古典心理治療（佛洛伊德派及榮格學派）的操作上，和我們在這裡所描繪的，雖然有這些的不同；但我們和他們都同樣是仰賴著逆轉（reversion）的方法，是將夢轉回到夢之外的神話。我們都是提供願景而將夢恢復到最普遍也最深刻的神話後設心理學，所以這三者都是結句重疊（epistrophe）的文章，就像這本書一開始所提到的。

所有的夢加以逆轉而成的神話，都是同一個，也就是地下世界。這是深度心理學的基礎與共同之處，總是在其中扮演著最重要的角色。然而，佛洛伊德及榮格傾向於將神話轉譯成觀念，將地下

---

[128] 原註 52：有些治療學派是了解表面層次的柏拉圖式回憶方式，認為人格中唯一真正的失憶，是需要回到在世界還沒影響之前的羊水，來喚起出生前的夢。我不主張這個方法，這只是將自我人格描述得神聖不可侵，如神話中神聖的英雄（的誕生）。

世界轉譯成潛意識的。這樣一來白天世界如果移動，更多都變成觀念了：潛抑、對立、自我、力比多，於是離夢和神話更遠了。如此一來，反而招來了更多的神話：伊底帕斯（Oedipus）、愛欲（Eros）和死亡（thanatos），原初部落（primal horde）、英雄、阿尼瑪和阿尼姆斯、一元世界（the unus mundus）和四重根（the four-fold root）。[129] 每個都從神話原則中建立起宇宙論及後設心理學。

佛洛伊德和榮格承認自己就是這樣在做，但是他們就是沒法將神話就只看成神話。即便榮格透過人格化原型（personified archetypes），嘗試發展出明白的神話模式。他們沒辦法擺脫將心理學概念化的方式，所以傾向於用後設心理學來理解神話（而我們嘗試用神話來想像後設心理學）。他們將神話轉譯為比基本還更上位的原則（superordinate principle），而夢境則是這些原則的圖示。他們用夢來做為支持的證據。對他們來說，夢是拿來對心理學科學貢獻的，幫助促進對心理律則的認識。就如同他們將夢視為「實證材料」的態度，在治療中神話也從未被放在最主要的部分；從他們有關夢的書寫中，就可以清楚發現這種態度。即使夢和神話相互連結，也只是要展現這個美學——神話是在心靈裡運作的。夢對他們來說，主要只是他們的後設心理學的見證。

就是這裡出現的小裂縫，將我們原本共同的基礎開始拉開了。當這個裂縫將他們的方式和我們的切開來時，一切可能打開而成為裂口，因為這也將意識分成的兩時期，他們的意識是屬於更遠大的

---

[129]　譯註：前三個是出現在佛洛伊德理論，後面這一段則是榮格理論。

強度，德語稱為 kein Vergleich（無法比較的）；但他們無比的天份只侷限在醫學經驗主義的實證態度。即便有這麼多的巨人，也都無法從歷史的限制中鬆解出來。他們的結句重疊是還原到實證想像的神話：系統而客觀的建立，相信表面上的事實。於是伊底帕斯情境宣稱是舉世皆然的，原型是普遍的本能。力比多不是真理的思索（theoria），力比多就是力比多；自性／自體（self）不是信念，自性就是自性。所以他們夢理論的基礎正確的名稱應該是形上神話學（metaphysical mythology），這詞意味著形上（meta）是輸給了本質（physis）的實體（substantiations），神話（myth）則輸給了表面的學門（logies）。

而今將夢還原成神話，其實並沒有比夢本身還更豐富，無論是夢還是夢在地下世界的脈絡，都不能拿來當作相互支持的證據。關於夢，我們所聲稱的一切，是不經由神話中的體驗或神話裡具體扎根（grounded）來確定的。神話要做的不是扎根（ground），是要去打開（open）。我們依然保持著深度的觀點，雙腳可站立的除了深度別無他物。深度心理學就像它字面的意涵，因為深度本身就是一種隱喻，是指沒有底部的（no base）。

最後一句話反映出了深度心理學創立者們和我們之間的差距；我們追隨的不是表面取向的，而是這個詮釋取向的時代。他們需要有基石；儘管他們知道，甚至有時也說這些基石就是意象，但對他們而言意象並沒有比幻想更豐富。如此一來，我們的夢工作方式是只能作沒有根據（baseless）的主張，像是每一晚的每一個夢，都是在要求你接受這個「來自視覺而無底限的結織物。」意象是心靈，沒有任何還原的可能，除了還原成心靈自己的想像（imagining）。

最後談實踐的這一章，是想像的練習，而不是解釋的練習。最後這章的最後一部分，試著將這本書想表達的意圖重新概括：一種讓夢持續在靈魂裡工作的態度。我自己經常會落入舊的模式來談論夢，像解釋著夢的可能「意義」，或是將夢的意象當作象徵。然而，就像我之前對讀者的警告，這樣的模式是夢書這文類不得不的結果。還有就是，我們每人心裡對某種實證而肯定的東西，還是有著一定的需求。

　　然而，如果我們回想對我們曾經重要的那些夢，隨著時間流轉，我們就會對夢有更多的反思，更多的發現，並且帶出更多樣的方向。每次我們對夢有了想法，無論是多肯定，只要再好好研究，立刻又出現無法清楚構思的複雜。甚至連最簡單的意象，它的深度都是深不可測的。這樣無止盡又持續環抱的深度，是夢展現愛的方式之一。

　　因為我們知道不可能從以自己期望的那種正向方式來認識夢，隨之而來的挫敗感形成了我們對夢的態度。我們對夢不再想要知道更多，而是用穿透而精微的探尋方式，去抵達夢的更深處。這樣的態度帶出了荷米斯詮釋的方法。所以，我們堅持夢是黑暗的，但不是隱晦不清的愚民方式（obscurantism），也不是因為夢的不可知而想放棄的憤世絕望，更不是只想在夢中徘徊而沉溺其中的自由放任（laisser aller）。相反地，夢的黑暗鼓勵了更多的探尋和更努力的工作。朝向夢，面對它，不帶惡意的預設，不要從不當的理論及白天世界教科書的立場來瞭解夢，因為這些總是要將夢移到心理知識系統當中。

　　我不認為夢只是心靈的一小部分，就像心理學教科書學中與記

憶、知覺、情緒等等並列的一部分。夢是心靈本身進行著它自己的靈魂工作。對這樣的靈魂工作我們的瞭解還不夠，因為我們並沒有全然地身在夢所在的地方；我們不是「死者」，不是全部的心靈，一旦離開地下世界，就會變成教科書列出的各種其他的部分靈魂。

因此，我們的目標是要盡可能不要讓夢（dreams）和作夢（dreaming）被整合到對夢知識有積極感受的心理學系統，而是將這些心理學系統看作是夢。我的主張在這裡聽起來也像是種理論（關於幾個靈魂在不同的領域，關於整體與部分），所帶來的表達如同啟發式的設置，是可以鼓勵求知欲受挫時依然持續的態度。這樣一來，我們才可以將夢從白天世界想抓住它的企圖當中加以解離出來，讓我們的欲望死亡而進入夢的意象之中，而這似乎是夢唯一可以採取的立場。

儘管佛洛伊德和榮格兩人終其一生都關注著人性的黑暗，也關注著心靈作為深度領域的想法，然而心理治療，不論是佛洛伊德派還是榮格派，對生活的涉入都是越來越多，於是讓心靈變成是依附在生活之上。這樣一來，讀夢的目的也就變成是為了服務生活。

心理治療在這樣過度樂觀的情形下，也就越逐漸拋棄了自己祖師爺原來的深度。如果一切如同榮格所說，現代人是在找尋失落的靈魂，靈魂在我們的生活裡已經部分遺失了；現代的心理治療將夢和生活加以連結的努力，是以靈魂作為付出的代價，強化了自我，所追隨的是血氣精力而不再是心靈。每一個情結的地下世界面向（在這裡情結觸及了死亡），是心靈未改變的本質之所在，也是心靈重新發現的地方。地下世界和它的意象想像擁有最深的謎語，最後將是每個人靈魂製造的首要關注。

既然夢是睡眠的保護者，所以夢的工作，不論你的或我的，都是保護著夢所起源的一切深度——所有屬於祖先的、屬於神話的、屬於意象的以及所有管理我們生活的那些躲藏不可見的一切。夢是睡眠保持警覺的兄弟，死亡兄弟會的一員，夜晚降臨時的守望先鋒，而我們對待它們的態度不妨學習黑帝斯：接納、熱情好客，然而持續這樣的深化，與這夜曲逐漸同調，同樣的昏暗，還帶著一絲隱微恐懼的冰冷才智，這樣才可以對人類已經不可救藥的那些狀況提供永恆的庇護所。

1972 年 1 月到 1977 年 12 月

參考書目

ABBREVIATIONS

Ba   *A Study of the Ba Concept in Ancient Egyptian Texts*, by Louis V. Žabkar, Studies in Ancient Oriental Civilization 34 (Chicago: University of Chicago Press, 1968)

BPP   *Beyond the Pleasure Principle*, trans. J. Strachey (London: Hogarth Press, 1950)

CP   *Collected Papers*, by Sigmund Freud, 5 vols., trans. various (London: Hogarth Press, 1924–50)

Cults   *The Cults of the Greek States*, by L. R. Farnell, 5 vols., reprint (New Rochelle, New York: Caratzas, 1977)

CW   *Collected Works*, by C. G. Jung, trans. R. F. C. Hull, Bollingen Series XX, vols. 1–20 (Princeton: Princeton University Press, 1953 ff.), paragraph nos.

EI   "The Ego and the Id," by Sigmund Freud, in *Standard Edition of the Complete Psychological Works of Sigmund Freud*, vol. 19 (London: Hogarth Press.)

EJ   *Eranos Jahrbücher*, vols. 1–38 (Zurich: Rhein-Verlag, 1933–69); from vol. 39 (Leiden: E. J. Brill, 1970 —.)

ERE   *Encyclopedia of Religion and Ethics*, ed. James Hastings, 12 vols. (Edinburgh: T. & T. Clark, 1908–21)

ID   *The Interpretation of Dreams*, by Sigmund Freud, trans. J. Strachey; one vol. reprint of vols. 4–5 of the *Standard Edition* (London: Allen and Unwin, 1954)

IL   "Introductory Lectures in Psycho-Analysis I and II," by Sigmund Freud, *Standard Edition* 4.

Lex   *Ausführliches Lexikon der griechischen und römischen Mythologie*, by W. H. Roscher, reprint (Hildesheim: Olms, 1965)

MA   *The Myth of Analysis*, by James Hillman (Evanston, Ill.: Northwestern University Press, 1972); also (New York: Harper & Row, Colophon Books, 1978)

NIL   *New Introductory Lectures in Psycho-Analysis,* by Sigmund Freud, trans. W. J. H. Sprott (London: Hogarth Press, 1933–57)

OD   *On Dreams,* by Sigmund Freud, trans. J. Strachey (London: Hogarth Press, 1952)

OET   *The Origins of European Thought About the Body, the Mind, the Soul, the World, Time, and Fate,* by R. B. Onians, 2d ed. (Cambridge: At the University Press, 1953)

OPA   *The Origins of Psycho-Analysis: Letters to Wilhelm Fliess, Drafts and Notes, 1887–1902* (London: Imago, 1954)

OTL   *An Outline of Psycho-Analysis,* by Sigmund Freud, trans. J. Strachey (London: Hogarth Press, 1949)

PW   August Pauly, ed., rev. by Georg von Wissowa *et alia, Realencyclopädie der klassischen Altertumswissenschaft* (Stuttgart: Metzger und Alfred Druckenmüller, 1893—)

RP   *Re-Visioning Psychology,* by James Hillman, The Terry Lectures (New York: Harper & Row, 1975)

TD   "Metaphysical Supplement to the Theory of Dreams," by Sigmund Freud, in *CP* 4:137–51

N.b. HERACLITUS: All *numbering* of Heraclitus' fragments follows the Diels-Kranz arrangement, translated into English by K. Freeman in *Ancilla to the Pre-Socratic Philosophers* (Oxford: B. H. Blackwell, 1948). All *translations* of Heraclitus used in this book are those of M. Marcovich, *Heraclitus: Greek Text With a Short Commentary,* 1st ed. (Merida, Venezuela: Los Andes University Press, 1967), where all the main divergences are represented and discussed. In some cases, other English versions of Heraclitus' fragments are used and so indicated. These are: J. Burnet, *Early Greek Philosophy* (London: A. and C. Black, 1930–48); G. S. Kirk and J. E. Raven, *The Pre-Socratic Philosophers* (Cambridge: At the University Press, 1963); W. K. C. Guthrie, *A History of Greek Philosophy,* vol. 1 (Cambridge: At the University Press, 1962); P. Wheelwright, *Heraclitus* (Princeton, N.J.: Princeton University Press, 1959).

SELECTED REFERENCES

Bachelard, G. *On Poetic Imagination and Reverie.* Translated by C.Gaudin. Indianapolis, Ind.: Bobbs-Merrill, 1971.

Béguin, A. *L'Âme romantique et la rêve.* 2d. ed. Paris: Corti, 1939.

———. *Traumwelt und Romantik.* Translation of *L'Âme romantique,* by J. P. Walser. Bern and Munich: Francke, 1972.

Berry, P. "What's the Matter With Mother?" Lecture No. 190. London: Guild of Pastoral Psychology, 1978.

———. "The Rape of Demeter/Persephone and Neurosis." *Spring 1975.* New York and Zürich: Spring Publications, 1975.

Brandon, S. G. F. *The Judgement of the Dead.* London: Weidenfeld & Nicolson, 1967.

———. "The Personification of Death in Some Ancient Religions." Bulletin John Rylands Library. Manchester, 1961.

Büchenschutz, B. *Traum und Traumdeutung im Alterthume.* Berlin: Calvary, 1868.

Cumont, F. *After Life in Roman Paganism.* New York: Dover Press, 1959.

Dieterich, A. *Nekyia.* Leipzig: Teubner, 1893.

Dietrich, B. C. *Death, Fate and the Gods.* London: Athlone, 1967.

Dodds, E. R. *The Greeks and the Irrational.* Boston: Beacon Press, 1957.

Dumézil, G. *La Religion romaine archaique.* Paris: Payot, 1966; *Archaic Roman Religion.* Trans. by P. Krapp. Chicago: University of Chicago Press, 1970.

Ellenberger, H. F. *The Discovery of the Unconscious.* London: Allen Lane, 1970.

Farnell, L. R., *Greek Hero Cults and Ideas of Immortality,* Oxford University Press, 1921.

Goodenough, E. R. *Jewish Symbols in the Greco-Roman Period.* New York: Pantheon Books, 1965.

Guthrie, W. K. C. *The Greeks and Their Gods.* London: Methuen, University pb., 1968.

Herzog, E. *Psyche and Death.* Trans. by D. Cox and E. Rolfe. London: Hodder & Stoughton, 1966.

Hillman, James. *Suicide and the Soul.* 2d ed. New York and Zürich: Spring Publications, 1976.

Huidekoper, F. *The Belief of the First Three Centuries concerning Christ's Mission to the Underworld.* New York: James Miller, 1876.

Jones, Ernest. *Sigmund Freud: Life and Work.* 3 vols. London: Hogarth Press, 1953.

Kerényi, K. *The Heroes of the Greeks.* New York: Grove Press, Evergreen edition, 1962. Also London: Thames & Hudson, 1959.

Keuls, Eva. *The Water Carriers in Hades: A Study of Catharsis Through Toil in Classical Antiquity.* Amsterdam: Hakkert, 1974.

Lattimore, R. *Themes in Greek and Latin Epitaphs.* Urbana, Ill.: University of Illinois Press, 1962.

Miller, David L. "Clowns and Christ: Wit and Humor in the Religious Imagination." 1978 Panarion Conference tape. Los Angeles.

Neumann, Eva. *The Masked Dancer,* Philadelphia: St. Joseph's College Press, 1965.

Nilsson, M. P. *Geschichte der griechischen Religion.* 2nd ed. Munich, 1955.

Otto, W. F. *Dionysus.* Translated by R. Palmer. Bloomington, Ind.: Indiana University Press, 1965.

————. *Die Manen.* Darmstadt: H. Gentner, 1958.

Paulson, Ivor. "Untersuchungen über die primitiven Seelenvorstellungen mit besonderer Rücksicht auf Nordeurasien." *Ethnos* 1, no. 2 (1956).

Rohde, E. *Psyche.* Translated by W. B. Hillis. 8th ed. London: Kegan Paul, 1925.

Snell, B. *The Discovery of the Mind.* New York: Harper & Row, Torchbook, 1960.

Steffens, H. *Caricaturen des Heiligsten.* Vol. 2. Leipzig, 1821. Quoted in Béguin, *Traumwelt.*

Wilamowitz-Moellendorf, V. von. *Der Glaube der Hellenen.* Vol. 1. Berlin: Weidmann, 1931.

延伸閱讀

- 《重讀佛洛伊德》（2018），佛洛伊德（Sigmund Freud）、宋文里，心靈工坊。

- 《創傷的內在世界：生命中難以承受的重，心靈如何回應》（2018），唐納・卡爾謝（Donald Kalsched），心靈工坊。

- 《生命轉化的技藝學》（2018），余德慧，心靈工坊。

- 《童話中的陰影與邪惡：從榮格觀點探索童話世界》（2018），瑪麗-路薏絲・馮・法蘭茲（Marie-Louise von Franz），心靈工坊。

- 《附身：榮格的比較心靈解剖學》（2017），奎格・史蒂芬森（Craig E. Stephenson），心靈工坊。

- 《傾聽靈魂的聲音》（2016），湯瑪斯・摩爾（Thomas Moore），心靈工坊。

- 《自殺與靈魂：超越死亡禁忌，促動心靈轉化》（2016），詹姆斯・希爾曼（James Hillman），心靈工坊。

- 《靈魂密碼：活出個人天賦，實現生命藍圖》（2015），詹姆斯・希爾曼（James Hillman），心靈工坊。

- 《靈性之旅：追尋失落的靈魂》（2015），莫瑞・史丹（Murray

Stein），心靈工坊。

- 《神話的力量》（2015），喬瑟夫・坎伯（Joseph Campbell），立緒。
- 《人及其象徵：榮格思想精華》（2013），卡爾・榮格（Carl G. Jung）主編，立緒。
- 《轉化之旅：自性的追尋》（2012），莫瑞・史丹（Murray Stein），心靈工坊。
- 《榮格人格類型》（2012），達瑞爾・夏普（Daryl Sharp），心靈工坊。
- 《榮格心理治療》（2011），瑪麗—路薏絲・馮・法蘭茲（Marie-Louise von Franz），心靈工坊。
- 《榮格心靈地圖》（2009），莫瑞・史丹（Murray Stein），立緒。
- 《人的形象和神的形象》（2007），卡爾・榮格（C.G.Jung），基礎文化。
- 《榮格解夢書：夢的理論與解析》（2006），詹姆斯・霍爾博士（James A. Hall, M.D.），心靈工坊。
- 《空間詩學》（2003），加斯東・巴謝拉（Gaston Bachelard），張老師文化。
- 《諾斯替宗教：異鄉神的信息與基督教的開端》（2003），約納斯（Hans Jonas），道風書社。
- 《千禧之兆：天使・夢境・復活・靈知》（2000），哈洛・卜倫（Harold Bloom），立緒。

HO129

夢與幽冥世界
神話、意象、靈魂

The Dream and the Underworld

詹姆斯‧希爾曼（James Hillman）——著
王浩威——審訂
王浩威、康琇喬、陳世勳、陳俊霖、鄭惠如——翻譯

出版者—心靈工坊文化事業股份有限公司
發行人—王浩威　總編輯—王桂花
責任編輯—趙士尊　特約編輯—鄭秀娟
內文排版—龍虎電腦排版股份有限公司
通訊地址—10684台北市大安區信義路四段53巷8號2樓
郵政劃撥—19546215　戶名—心靈工坊文化事業股份有限公司
電話—02）2702-9186　傳真—02）2702-9286
Email—service@psygarden.com.tw　網址—www.psygarden.com.tw

製版‧印刷—彩峰造藝股份有限公司
總經銷—大和書報圖書股份有限公司
電話—02）8990-2588　傳真—02）2290-1658
通訊地址—248新北市新莊區五工五路二號
初版一刷—2019年2月　ISBN—978-986-357-142-1　定價—450元

The Dream and the Underworld
Copyright © 1979, 2007 by James Hillman
Complex Chinese Edition Copyright © 2019 by PsyGarden Publishing Company
ALL RIGHT RESERVED

國家圖書館出版品預行編目資料

夢與幽冥世界：神話、意象、靈魂 / 詹姆斯.希爾曼(James Hillman)著；
王浩威等譯. -- 初版. -- 臺北市：心靈工坊文化, 2019.01
　面；　公分
譯自：The dream and the underworld
ISBN 978-986-357-142-1(平裝)

1.解夢　2.心靈學

175.1　　　　　　　　　　　　　　　　　　　　　　108000343

書系編號—HO129	書名—夢與幽冥世界：神話、意象、靈魂

姓名 _____   是否已加入書香家族？ □是 □現在加入

電話 (O) _____ (H) _____   手機 _____

E-mail _____   生日   年   月   日

地址 □□□ _____

_____

服務機構 _____   職稱 _____

您的性別—□1.女 □2.男 □3.其他

婚姻狀況—□1.未婚 □2.已婚 □3.離婚 □4.不婚 □5.同志 □6.喪偶 □7.分居

請問您如何得知這本書？
□1.書店 □2.報章雜誌 □3.廣播電視 □4.親友推介 □5.心靈工坊書訊
□6.廣告DM □7.心靈工坊網站 □8.其他網路媒體 □9.其他

您購買本書的方式？
□1.書店 □2.劃撥郵購 □3.團體訂購 □4.網路訂購 □5.其他

您對本書的意見？
□ 封面設計   1.須再改進 2.尚可 3.滿意 4.非常滿意
□ 版面編排   1.須再改進 2.尚可 3.滿意 4.非常滿意
□ 內容   1.須再改進 2.尚可 3.滿意 4.非常滿意
□ 文筆／翻譯   1.須再改進 2.尚可 3.滿意 4.非常滿意
□ 價格   1.須再改進 2.尚可 3.滿意 4.非常滿意

您對我們有何建議？

_____

10684台北市信義路四段53巷8號2樓
讀者服務組　收

免　　貼　　郵　　票

（對折線）

加入心靈工坊書香家族會員
共享知識的盛宴，成長的喜悅

請寄回這張回函卡（免貼郵票），
您就成為心靈工坊的書香家族會員，您將可以——

⊙隨時收到新書出版和活動訊息

⊙獲得各項回饋和優惠方案